EYE FOR AN EYE

UM DEBATE SOBRE PRISÕES

Catalogação na Fonte
Elaborado por: Dayanne Leal Souza
Bibliotecária CRB 9/2162

E977e
2024

Eye for an eye: um debate sobre prisões / André Luiz Augusto da Silva (organizador). – 2. ed. – Curitiba: Appris, 2024.
338 p. : il. color. ; 21 cm.

Inclui referências.
Vários autores.
ISBN 978-65-250-6132-0

1. Cotidiano carcerário. 2. Relações sociais. 3. Cárcere.
I. Silva, André Luiz Augusto da. II. Título.

CDD – 304

Livro de acordo com a normalização técnica da ABNT

Appris editora

Editora e Livraria Appris Ltda.
Av. Manoel Ribas, 2265 – Mercês
Curitiba/PR – CEP: 80810-002
Tel. (41) 3156 - 4731
www.editoraappris.com.br

Printed in Brazil
Impresso no Brasil

André Luiz Augusto da Silva
(Organizador)

EYE FOR AN EYE

UM DEBATE SOBRE PRISÕES

Appris editora

Curitiba - PR
2024

A prisão pode ter várias dimensões bastando que alarguemos nossa perspectiva, nesse sentido, dedico à presente obra ao povo brasileiro, que de vários modos se encontra aprisionado em nebulosa axiologia societária.

AGRADECIMENTOS

Agradeço aos autores da obra pela confiança e empenho, ao prefaciador que de maneira singular esboçou os aspectos contidos na obra. Especialmente agradeço a população carcerária que é em si o objeto dessa análise, pois facticidade que toca a realidade concreta dos homens e permite sopesar a perspectiva estrutural e filosófica sobre as dimensões de retribuição e humanização da pena.

APRESENTAÇÃO

As prisões, se tomadas a partir do plano abstrato, representam parte do ideário social como um modelo falido de combate à criminalidade, todavia uma contradição se estabelece quando se sopesa o sentido retributivo da pena, sobretudo no romantismo de se garantir uma sociabilidade mais segura. Nesse aspecto observamos que o cárcere acaba por atender a um segmento social específico e colaborar com o sentido de controle necessário no processo econômico da sociabilidade vigente.

Igualmente, uma característica que sobressai neste debate é a idealização desse espaço enquanto meio para o exercício cabal da justiça, que se materializaria por meio da remota, embora simbolicamente, vigente lógica do "**eye for an eye**".

Todavia o universo penal contém um vasto feixe de significados e determinações que necessitam de análises mais concretas e radicais para seu real desvelamento. Destarte, justiça e paz podem ser consideradas como abstrações que ocultam, em grande medida, um rol de variáveis que se conjugam também no sistema penal, para afirmar determinados modelos ideológicos e societários.

A coletânea de textos que ora apresentamos oferece um conjunto de reflexões que buscam contribuir para a sistematização de saberes e a elucidação de temas pertinentes ao universo das prisões, apresentando, portanto, importantes colaborações àqueles que buscam a compreensão e o descortinamento do cárcere.

Reflexões essas que se desdobram em recortes temáticos, possibilitando ao leitor transitar em discussões teóricas balizadas em pesquisas e exames empíricos, obtidas por meio de experiências e vivências dos autores, que apresentam rigor científico e o caráter crítico necessário à indissociável relação proposta.

Com a preocupação de ofertar um debate colado à realidade, os autores possuem relevante presença no universo intramuros, seja pela pesquisa, pela gestão e mesmo pela experiência efetiva de convivência nessa realidade. Todavia se destaca ainda mais a relação dos autores com a reflexão e com a cientificidade necessária para o exercício de analisar a realidade vivida e propor sua exposição racional e, ainda sugerir prospecções para um modelo comprometido com o sentido de dignidade humana.

Destacamos que esta coletânea é resultante dos estudos e reflexões realizados pelo Grupo de Estudos em Ética e Área Sociojurídica da Universidade Federal do Tocantins (**GEPE-ASJ-UFT**) e seus membros pesquisadores em parceria com a Editora Appris, bem como com os autores e pesquisadores convidados, que se propõem a refletir sobre o universo multifacetado do sistema penal.

O GEPE-ASJ-UFT, instituído em 2012 na Universidade Federal do Tocantins, vem desenvolvendo estudos e projetos de pesquisa e extensão nas áreas das Ciências Sociais e Humanas, com destaque para o Serviço Social e o Direito em sua reflexão crítica.

Sua proposta é refletir o universo sociojurídico e a ética, assim sendo, a presente obra propõe-se a discutir o cárcere e suas nuances, sejam as instituições para o público adulto ou adolescente, considerando os debates sobre a pena e a norma, além da percepção do cotidiano da realidade intramuros.

Obviamente que, por termos diante de nós uma temática complexa e rica em determinações, trata-se de um desafio, no entanto não possuímos dúvidas quanto à relevância do compêndio apresentado e sua colaboração no debate de pesquisadores, gestores, profissionais e estudantes da temática.

Assim, almejamos que a obra possa contribuir com as reflexões já produzidas acerca do sistema penal e socioeducativo, despertando o interesse e a realização de novas pesquisas e reflexões nessa área, além de propiciar maior interação entre a universidade e a sociedade em geral.

Boa leitura!

André Luiz Augusto da Silva

PREFÁCIO

CISCOS NOS OLHOS

I

Eye for an eye – Olho por olho – é um título potente para uma obra que se propõe a produzir "um debate sobre prisões"!

Evoca, de imediato, o Princípio de Talião, presente em textos legais antigos (o "Código de Hamurabi", ou mesmo livros bíblicos do Antigo Testamento), e nos sugere ter que lidar com as possibilidades ambivalentes desse código para interpretar dimensões contemporâneas da execução das penas privativas de liberdade.

De sua remota origem, o preceito tende hoje a ser interpretado mais sob a perspectiva da vingança e da brutalidade retributiva da punição. Mas se sabe que, contextualizado em relação às sociedades a partir das quais temos seus primeiros registros, deve ser recepcionado mais como limitação ao excesso punitivo do que uma autorização dele.

Aqui, portanto, uma primeira potência do título em relação à obra: o que permite, ou mesmo determina, cada possível leitura do princípio – se vingança e cruel violência retributiva, ou limitação proporcional e civilizadora da punição em relação ao crime – será o exercício de contextualizar histórica e socialmente tal sistema de penalidade... algo que os capítulos deste livro instigam a todo instante!

Da complexidade do castigo como instituição social – conforme propõe David Garland[1] – emergem e se delimitam,

[1] GARLAND, David. *Castigo y sociedad moderna*. México: Siglo XXI, 1999.

por meio de sobredeterminações históricas, o(s) sistema(s) de penalidade(s), ou seja: o vínculo entre determinada sociedade e uma ou mais modalidades concretas de castigo.

Um sistema de penalidade(s) organizado e gerido socialmente emerge e mantém-se em uma sociedade histórica particular, inclui os discursos de justificação e as dimensões de gestão política das punições que o compõe. Como não poderia deixar de ser, corresponde a construções compatíveis e necessárias à manutenção do modelo societário no qual está inserido: assim, vinculando-se a estruturas sociais igualitárias e comunitárias, permitir-se-á assumir sentidos e funcionalidades diversos daqueles que estruturas sociais desiguais e individualistas comporão (de forma velada ou explícita).

Analisar o sistema de penalidade(s), ou mesmo qualquer de seus aspectos, sem tal contextualização, é direcionar-se a uma armadilha: ampliar a probabilidade de não tornar visíveis as conexões mais densas entre estrutura social e punição, ficando apenas à mercê dos discursos justificadores que sobre ela se produzem.

II

É da natureza do castigo a produção de alguma dose de dor ou sofrimento. É uma exigência política que se justifique esse elemento na perspectiva de que se constitua como "uma justa medida de dor". Trata-se de uma necessidade que os sistemas de penalidade exigem a si próprios: a conquista de níveis de legitimidade que lhes garantam uma expectativa de vigência social não identificada apenas como manifestação de violências, mas também como instrumentos de expressão e afirmação da moralidade coletiva (com todos os paradoxos que essa moralidade possa conter).

Neste ponto emergem os discursos que sustentam um sistema de penalidades. E frente a eles, sobretudo em relação àqueles que são construídos a partir das fontes estatais e oficiais de governabilidade, é necessário estar atento, pois se é importante reconhecermos que há um sentido civilizatório a permear a história das punições, é imprescindível também atentarmos para as apropriações ambíguas do poder punitivo em relação a esse sentido. Elas resultam na construção de discursos que, de forma ambivalente, podem mascarar paradoxos e, sobretudo, ausências de compromissos políticos humano-dignificantes.

Olhar a prisão apenas sob o referencial dos discursos político-normativos, que sobre ela são produzidos, não é conhecer a realidade da prisão, mas tão somente aquilo que programaticamente tenta produzir sua legitimidade, no mais das vezes exaltando perspectivas civilizatórias que não se sustentam quando contrapostas em relação à estrutura social, alicerce referencial do sistema.

III

Parafraseando Pierre Bourdieu[2], que se refere à Sociologia como uma ciência que perturba, já que revela coisas ocultas e que muitos prefeririam que assim permanecessem, podemos dizer que um bom livro é aquele que também perturba, que desacomoda, no sentido de nos fazer ver como o mundo e as instituições sociais operam, para além daquilo que suas aparências superficiais demonstram.

Sobre a prisão, aqui encontramos um livro que perturba e desacomoda. O fio condutor dos textos não é realizar análises dos

---

[2] BOURDIEU, Pierre. Uma ciência que perturba. In: BOURDIEU, Pierre. *Questões de Sociologia*. Rio de Janeiro: Marco Zero, 1983. p. 16-29.

discursos político-normativos – justamente aqueles que procuram dotar a punição privativa de liberdade, seus ambientes e suas práticas de uma legitimidade palatável – mas sim explorar a realidade das instituições de sequestro (os encarceramentos de jovens e adultos) sob a ótica da conexão sócio-histórica e estrutural.

Cada texto, ao nos fazer olhar aspectos relacionados com os encarceramentos, não está, em verdade, buscando apaziguar as tensões do cárcere, nem tampouco as que temos em relação a ele. Atuam como provocadores do olhar... jogam ciscos em nossos olhos, para por meio deles nos desacomodar e produzir uma mais crítica compreensão da realidade e dos projetos prisionais e punitivos.

A contextualização da prisão brasileira como conectada a um sistema capitalista, então comprometida com a reprodução dele, é ponto marcante desde os capítulos iniciais da obra. Por meio dela é que se pode reconhecer os ocultos sentidos de práticas, dinâmicas e fenômenos da execução penal e dos ambientes prisionais, tais como o próprio trabalho, a educação e as sociabilidades.

O revisitar dos processos históricos de constituição de nossos sistemas de encarceramento – de jovens e adultos – também permite clarear o sentido político dos percursos dos sequestros institucionais no Brasil. Ao lado das propaladas boas intenções, encontrar-se-ão os também ocultos sentidos dos projetos de ordem vigentes na sociedade; em relação a quem (ou quais grupos), então, a segregação deveria operar.

Tais compreensões permitem que o plano das alternativas ao encarceramento, dentre as quais a própria justiça restaurativa, seja enfocado dentro de perspectivas críticas, e não como panaceia para todos os males prisionais.

IV

Para bem olhar a prisão, no sentido de seu enfrentamento como também expressão da Questão Social, é melhor ter "ciscos nos olhos" do que estar com eles anestesiados em relação a qualquer desconforto.

Sobre a prisão, os discursos político-normativos tendem a ser ilusórios; as abordagens da mídia, não raras vezes sensacionalistas; as estatísticas oficiais, incompletas, imprecisas e nebulosas. Está, portanto, no compromisso da Academia investir no desvelamento dessa que, como Michel Foucault já se referiu, é uma das regiões mais escondidas de nosso sistema social[3].

É contribuição deste livro a produção de tal olhar sobre a prisão. Algo que permitirá a cada leitor, desacomodado pelos ciscos nos olhos, melhor ver a prisão real e o "olho por olho" (então em sentido preciso) que ali se executa.

Luiz Antônio Bogo Chies[4]

Universidade Católica de Pelotas, outubro de 2016

---

[3] FOUCAULT, Michel. *Estratégia, poder-saber (Ditos & Escritos IV)*. Rio de Janeiro: Forense Universitária, 2003.

[4] Doutor em Sociologia pela Universidade Federal do Rio Grande do Sul (2006). Doutor em Ciências Jurídicas e Sociais - Universidad Del Museo Social Argentino (1999). Possui Pós-Doutorado em Direitos Humanos e Democracia, pela Universidade Federal do Paraná (2017). Graduação em Direito pela Universidade Federal de Pelotas (1992) e graduação em Comunicação Social (Habilitação em Jornalismo) pela Universidade Católica de Pelotas (1992). Atualmente é professor adjunto da Universidade Católica de Pelotas, possuindo vínculo com o Programa de Pós-Graduação em Política Social: Linha de Pesquisa; Cidadania, Proteção Social e Acesso à Justiça;. Tem experiência na área de Sociologia, com ênfase em Sociologia Jurídica, atuando principalmente nos seguintes temas: questão penitenciária, execução penal, direito penal, cidadania, acesso à justiça e políticas publicas de segurança.

SUMÁRIO

CAPÍTULO 1

RESSOCIALIZAÇÃO! UMA REPRODUÇÃO INTRAMUROS DA SOCIABILIDADE CAPITALISTA.

Léia Lediane Gross
André Luiz Augusto da Silva
André Luiz Augusto da Silva Filho

O capítulo trata de uma das políticas mais questionáveis do Estado brasileiro, qual seja a ressocialização/reintegração. Com uma análise provocativa e colada na realidade social, o texto apresenta como referencial teórico a filosofia da práxis. Demonstra as conexões da sociabilidade capitalista e o universo carcerário, possibilitando maior compreensão da sociedade hodierna. Com o objetivo de desvelar a política de ressocialização/reintegração, conclui que, ao fim e ao cabo, o elemento preponderante efetivado pelo sistema carcerário no Brasil é aquele do desenvolvimento de um mercado jurídico/penal específico e do controle de classes sociais, favorecendo o processo de acumulação.

A questão da ressocialização/reintegração – política pública do governo brasileiro, gestada no Ministério da Justiça, que na contemporaneidade pretende reconduzir para a sociedade aqueles que são levados ao cárcere por determinação judicial –, é um tema que suscita um debate nacional, pois se propõe a efetivar uma "metodologia de tratamento" para aqueles que de algum modo incorrem em litígios com os preceitos legais determinados pelo Estado brasileiro.

Do assunto se ocupam diversas áreas do saber e das profissões, dentre as quais o Serviço Social em sua dimensão sociojurídica, que busca atuar em um universo de impositividade do Estado e manifestação grave da barbárie, no que tange, nomeadamente, a realidade social do crime e da violência.

Apesar de presente ao largo da história da humanidade, constata-se que atualmente o evento averiguado encontra sua lógica mais profunda no modo de reprodução das relações sociais na sociedade capitalista, sendo esta, que em última instância, constitui-se como fator determinante do processo hodierno de agudização da realidade apresentada.

Nesse sentido, diversos estudos buscam equacionar e dar sentido lógico à existência da violência e do crime, assim, seja pela fundamentação da frenologia de Gall (CALDAS, 1999), ou com o criminoso nato de Lombroso (2013), como também nas propostas das "janelas quebradas" (ROLIM, 2007, p. 83-96), que baseiam o programa de tolerância zero, ou mesmo nas unidades de pacificação dos morros cariocas, além de tantas outras tintas orientadas pela criminologia e teorias da segurança pública, a constatação é de que a facticidade exibida impõe grave ameaça à sociabilidade do capital, que debalde luta pelo seu controle.

O presente capítulo se ocupa do universo exposto e é fruto de análises sobre o cárcere e sua política atual de atendimento aos usuários do referido equipamento, apreciações estas que são realizadas nos estudos do GEPE-ASJ-UFT e embasadas na filosofia da práxis.

Portanto o objetivo é problematizar alguns elementos afetos à política de ressocialização/reintegração, que se propõe a atuar na recuperação dos indivíduos que são alcançados pela pena por meio de propostas retributivas e humanistas aos atos praticados e tipificados como de fato típico antijurídico e culpável.

Violência e sociabilidade

Observa-se, no tempo presente, a violência se apresentar nociva para a sociedade em geral e, portanto, receber medidas para sua contenção, pois tal questão demonstra uma grande complexidade, diante da qual o Estado torna-se ineficiente, conjuntamente a sociedade se encontra perplexa com o aumento das práticas denominadas de "marginais".

Se por um lado é nesse cenário que as ações de ressocialização/reintegração conjugam atitudes de eufemismo, pois buscam imprimir metodologias de inclusão para determinações estruturais de exclusão provenientes dos típicos arquétipos balizares da reprodução material da vida social pela via do modo de produção capitalista, impondo realidades sociais compreendidas pelo "conjunto das expressões das desigualdades sociais" (IAMAMOTO, 2001, p. 10), por outro, com profunda incongruência em relação ao chavão inclusivo, acentua algumas estratégias de segregação, produzindo preconceitos e moralismos que deslocam socialmente – para uma franja social específica – o sentido natural do humano e os apresenta espontaneamente como "ex-presidiários".

Em tempo, nos enfrentamentos das ações coletivas, trata de realizar um investimento ideológico e jurídico com fins de criminalizar as lutas dos trabalhadores e dos movimentos sociais, ao exemplo dos "sem terra", "sem teto" e atualmente no polêmico debate dos *black bloc*, que são apresentados para a sociedade por ações midiáticas como movimentos associados ao vandalismo e à criminalidade, retirando-os da esfera do confronto político e atribuindo um mero tratamento jurídico penal.

Nos estudos de Iamamoto (2008, p. 125), observa-se que a barbárie é elemento social determinado pela lógica do desenvolvimento econômico, uma vez que:

> A banalização do humano, que atesta a radicalidade da alienação e a invisibilidade do trabalho social – e dos sujeitos que o realizam – na era do capital fetiche. A subordinação da sociabilidade humana às coisas – ao capital-dinheiro e ao capital mercadoria –, retrata, na contemporaneidade, um desenvolvimento econômico que se traduz como barbárie social.

Como exemplo singular do referido processo, cabe destaque ao movimento em favor da educação pública superior no Brasil, por meio da luta docente e dos técnicos administrativos do ensino público superior.

A política oficial foi a de deslegitimar a luta taxando o movimento de "movimento de sangue azul", deixando uma impressão para a população, principalmente de baixa renda, de que os docentes do ensino público superior são bem remunerados e pertencentes à elite nacional, claramente obscurecendo sua política de mitigação e desestruturação da carreira docente e do ensino público superior, com o objetivo de ampliar o mercado à iniciativa privada e produzir uma universidade pública fisiológica aos desígnios do capital, uma vez que o ensino superior, mas não só, coloca-se no contexto da política neoliberal brasileira como um serviço que se assenta na lógica de uma mercadoria a ser adquirida.

O contexto apresentado, associado à natureza de exploração da sociedade capitalista, identificada por Marx (1988) como inerente ao seu modo de produção, tem acentuado a violência não só pela acumulação que com o seu desenvolvimento se amplia consideravelmente, ainda mais pela axiologia que desenvolve, permitindo que o sucesso social dos indivíduos apenas ocorra pela derrocada do outro.

Essa lógica é tão real, que em matéria de relações sociais no tempo presente, seja no mundo objetivo ou no moderno mundo virtual, as recomendações de todos os especialistas da área de segurança para a sociedade "pós-moderna" – as análises na área de segurança no Brasil possuem forte nexo nas concepções da pós-modernidade, e em grande monta nas referências da teoria da complexidade[5] –, em suas variadas dimensões são as afirmações: desconfie, crie senhas robustas, use cercas elétricas e câmeras, aprenda a reconhecer um possível agressor, o tirocínio policial se fundamenta, por exemplo, em fragrante fundamento estético quase sempre com significativo veio econômico, ou seja, se afirma um considerável apartamento social.

Para além da falsa sensação de segurança que se busca com tais comportamentos, essa é uma importante proposta de não coesão social e facilitadora da dominação e exploração, violência fundamental da condição do homem como um ser político, pois:

> Veremos que ao homem a sensação de segurança se estabelece pelo suposto de afirmação coletiva, o qual garante sua individualidade, sendo que essa perspectiva se estabelece então naturalmente. No desenvolvimento da história social humana chegamos à sociedade capitalista com relações sociais baseadas no individualismo e no egoísmo, o outro ao contrário, não será visto como suposto de afirmação, porém de disputa e conflitos, portanto, enquanto perdurar essa lógica estará o homem, conscientemente materializando o "estado de natureza" hobbesiano. Se a sensação se perde, é possível notar que com ela se perde também a própria segurança, e claro que entre rivais permanentes estabelece-se em potencial uma sociabilidade em constante perspectiva de conflito, a humanidade se perde, o mercado se estabelece e os fundamentos são aqueles da mediação das relações pela lógica de superação mútua. (SILVA, 2014, p. 142).

Ainda em matéria de violência, conforme pronunciamento

---

[5] Interessante que o ensino fundamental no Brasil possui nexo com pensadores como Morin e Perrenoud.

do Senador Cristovam Buarque no Senado Federal em 18/03/2013, o Brasil ocupa o 85º (octogésimo quinto) lugar em desenvolvimento social e o 6º (sexto) lugar na economia, entre outros dados que determinam a existência de uma ampliada desigualdade, seja de natureza econômica, educacional, urbana, de serviços, do endividamento familiar, entre tantas outras determinações associadas a um sentido contraditório de produção e reprodução da riqueza social, pois o Brasil apresenta um Produto Interno Bruto (PIB) elevado, porém de baixa qualidade e sem justa distribuição social.

Dessa maneira, observa-se que a violência que se apresenta com relevo pela ação midiática está relacionada majoritariamente a atos físicos, e é efetivada pelas populações periféricas, porém, outras modalidades, até mesmo mais nocivas, pois abarcam populações inteiras, são escamoteadas e relegadas a debates jurídicos de abastados operadores do direito[6].

Novamente, em relação ao aspecto abordado, vê-se a postura de eufemismo do Estado, uma vez que assume um discurso de crescimento e avanço, não reconhecendo a vergonha social instalada no Brasil pela pequena política, pois se reconhecessem os equívocos poderiam buscar ações de maior amplitude no combate da desigualdade e, concomitantemente, da violência, e rever caminhos escusos em que segue a passo ganso a politicagem nacional, inclusive, nos mais diversificados processos de sufrágio, tais como os parlamentos, as pastas de comando do poder executivo, as associações de bairros e mesmo as academias[7].

---

[6] Observe-se o sentido dado ao "mensalão", "petrolão" e a tantos outros crimes cometidos pelas elites burguesas.

[7] Vide os processos de eleições que se efetivam em universidades, seja de reitoria ou de direção de Câmpus, e as conquistas dos que realizaram um fragrante fisiologismo e politicagem com ações que chegam mesmo a dificultar o funcionamento de cursos que consideram rivais a seus posicionamentos e interesses, inclusive inculcando estudantes com estratagemas de cortinamento das ações, promovendo o bajulamento e exercendo estrategicamente as instâncias de poder institucional (bancas de concurso, seleções de bolsas, etc.), quase sempre, esses seguimentos estão imbricados com a politicagem partidária e parcamente produzem no cenário intelectual.

Os pontos referidos nesse cenário nada mais revelam que um momento de tamanha violência em suas mais variadas dimensões, pois que é violento e em muito contribuem para a manutenção da miséria social as ações de luta pelo poder, por meio dos processos de manipulação de dados e mesmo de imposição da politicagem partidária, com ações de elites coronelistas e próximas a posturas carismáticas, pois obstam a democracia utilizando-se da ignorância popular e de escusos interesses de segmentos que buscam privilégios e favores na velha lógica brasileira do compadrio.

Tal violência, nos diversos processos por sufrágio, recebe ainda o apoio de uma pequena burguesia e vacilantes pusilânimes, que assistem ao naufrágio societário inertes em suas parcas conquistas e demagógicos discursos, que descolados do mundo real, se efetivam na ideia e nela insistem em imaginar um mundo com mais justiça a partir da omissão.

Com essa temática tão complexa e em dimensões variadas, a violência perpassa e cresce na vida coletiva, se individualiza nas ações que buscam reconhecimento no cotidiano social, recebendo no texto legal uma proposta de contenção ineficaz frente à axiologia concebida ao largo da existência dos sujeitos que se objetivam com a potência do que internalizam como valores, e que os guiam na estrutura planetária.

Principalmente, no contexto da violência e de sua existência, em relação aos que por algum motivo transgrediram as leis vigentes, a ressocialização está intimamente ligada ao conceito de ética entendida pelo Estado, que possui a tutela do Sistema Prisional e, portanto dos "transgressores", mas, principalmente pela legitimação que lhe é concedida pela sociedade em geral, assim, com seu programa de ressocialização/reintegração, busca restabelecer a plena cidadania ao indivíduo encarcerado, afirmando a axiologia da sociedade capitalista.

No Brasil, observa-se que o Estado está a serviço de uma classe (NETTO, 1991), portanto, o conceito de ética entendido pelo Estado terá suas bases ou premissas estabelecidas pela classe dominante, fato que impõe a autocracia burguesa nacional uma agressiva investida ideológica de seus fundamentos, para determinar seus interesses na afirmação da norma e cultura que interfluenciam na moral afirmada socialmente.

As ações para tal finalidade abrangem desde fundamentos midiáticos, como impositividades, que são veiculadas por diversos equipamentos sociais, demonstrando uma clara artificialidade no processo de construção dos bens sociais que logo serão transformados em bens jurídicos e defendidos pela lei e pena, asseverando a veracidade das análises de Poulantzas (1978, p. 343):

> [...] A estrutura jurídica capitalista desempenha as funções principais de regular e definir os limites da articulação de poder do Estado. [...] enquanto o direito for compreendido como perpetuação da dominação política de classes, poderá regular o exercício do poder político pelos aparelhos de Estado e o acesso a estes aparelhos, por meio de um sistema de normas gerais, formais, abstratas, estritamente regulamentadas, fixadas explicitamente de modo a permitir (certa) previsão. [o direito] assegura a impossibilidade do acesso [das classes dominadas] ao poder, segundo as suas regras, ao mesmo tempo em que lhes cria a ilusão, de que esse acesso e possível.

Obviamente, que a adesão ao juízo da ideologia propagada, ou ocorrerá por completa alienação, em que repousa a maior parte da população, ou pela coerção e suas dimensões de violência, naturalmente os que no intervalo proposto não se acomodam fazem parte da elite dominante.

Acontece que em busca de encobrir as reais determinações do capital e na defesa de um suposto conceito de ética dado pela superestrutura, que possui sua baliza axiológica apoiada no egoísmo fundamentalmente imbricado ao modelo utilitário econômico (PELUSO, 1998), com vistas à manutenção do *status quo*; busca-se então, apresentar em tal suposto conceitual, um discurso de uma pauta universal e de proteção aos ditames dos direitos humanos, apontando para uma garantia da cidadania.

Porém, a citada preleção se contrapõe a sólida realidade de exclusão, exploração e eliminação vivida tanto na sociabilidade intramuros como extramuros, legitimadas pela competição que absorve aqueles com maior capacidade, essencialmente originadas pelo acesso às benesses da sociabilidade capitalista.

Essa contradição, entre o discurso e a prática, torna-se um fator inevitável, haja vista que, na lógica do capital, o Estado "[...] baseia-se de que só é possível haver organização na base da dominação. O mesmo seja dito em relação à questão da autoridade" (TONET, 1995, p. 66), e o sistema prisional trata fundamentalmente da imposição da autoridade do Estado, frente aos transgressores de uma Lei axiologicamente disputada.

Coloca-se a legitimação da Lei em dúvida pela compreensão de que esta, apesar de se apresentar com tintas democráticas e mesmo científica, é expressão de fundamentos de lutas sociais e de correlações de forças, em que é inevitável se perceber a pujança da elite em impor pelo controle, fetiche e alienação sua vontade e interesses, conseguindo, inclusive, adesão da classe dominada por clara incapacidade de objetivação livre do ser.

Assim, a busca de uma *eudaimonia* requer uma ação com fundamentos gnosiológicos alinhados à vontade livre do ser, que certamente deverá afirmar-se enquanto individualidade na suprema constelação da coletividade.

Portanto, vê-se que a ossatura das ações que visam minimizar o quadro angustiante da desigualdade social que explode na sociabilidade extramuros e no cárcere é muito frágil, pois existe uma tendência a justificar a existência do Estado burguês, tendo em vista a determinação naturalista que explica a experiência da questão social.

Consignação encontrada nos pensadores da economia política clássica, que compreenderam naturais ao ser as categorias do capital como o mercado e o dinheiro, a moral liberal costuma justificar os valores do capital como funções insuperáveis e, portanto, apoia-se na perspectiva de manutenção da ordem vigente e em ações que tentam equilibrar o que chamam de desvios e mesmo de questão social, agindo com políticas públicas e benefícios diversos em suas expressões.

Em vários aspectos, os objetivos do capital são legitimados pela lei e por muitos aceitos, mesmo que estes não concedam espaço para o investimento no ser humano, pois colocam os "mais fracos" como passíveis de serem eliminados ou mantidos estrategicamente como exército de manobra, logo, "[...] exclusão social [é] a não integração no mundo normal do trabalho, desnecessidade econômica e em decorrência, a possibilidade serem eliminados" (OLIVEIRA, 1997, p. 17-30).

Para tal aceitação acontecer, existe toda uma estratégia de alienação, que de forma multifacetada vai dar conta de todas as demandas estabelecidas pelo capital, principalmente as demandas oriundas de seu desenvolvimento, ou seja, suas anomalias.

Nesta perspectiva, é que o Estado defende a ressocialização/reintegração por meio de instituições que dentro de sua formação estão interagindo toda a "ética" capitalista, apoiada nos fundamentos do neoliberalismo, para que assim, possa desenvolver uma estratégia de recondução do homem encarcerado ao controle social – vivido pelo mesmo antes do cárcere –, baseado num processo sócio educacional e retributivo (SILVA, 2014).

Tal contradição não permite que uma estratégia de resgate do homem possa ocorrer de maneira eficiente e concreta, uma vez que o próprio Estado é produtor da maximização da desigualdade social, intimamente ligada ao aumento da violência e a grande maioria das transgressões das leis vigentes, dando espaço aos altos índices de criminalidade e reincidência carcerária, sendo que o último chega a atingir - segundo o Juiz das Execuções Penais da 1ª Vara de Pernambuco, Sr. Adeildo Nunes (2003) – a casa dos 85% (oitenta e cinco por cento).

Nunca, na história da humanidade, observou-se tanta riqueza produzida socialmente e, por outro lado, tanta miséria entre os membros dessa mesma sociedade, em que no Brasil e mesmo nos Estados Unidos da América do Norte, milhões de seres humanos estão vivendo em miséria e fome dentro de um celeiro de alimentos e em uma "imensa coleção de mercadorias" (MARX, 1983, p. 45).

Sociabilidade e ressocialização

A ressocialização se apresenta como uma resposta da sociedade capitalista brasileira para uma das demandas ou consequências de sua crise estrutural, a moral liberal que fundamenta a ética do desvalor (HELLER, 1972, p. 1-15), e que atende ao interesse colossal de acumulação é matéria primeira a ser preservada, dessa maneira, se estabelecem níveis de controle na sociabilidade, dentre os quais, aquele exercido pelo cárcere e sua política de gestão.

Com efeito, na "ética" do capital, tal clientela nada mais representa que uma produção esperada de uma demanda da superpopulação relativa, ou seja, produção de riqueza e produção de miséria, equação básica do modo de produção capitalista, processo de exclusão intrínseco ao seu modo de existir.

Consequentemente, a existência de conflitos sociais é

variável lógica e, traduzida para a contemporaneidade, recebe formas de tratamento que no cárcere é atendida por meio da política de ressocialização com fins de contribuição no processo de exploração capitalista.

Obviamente, toda essa realidade contraditória ao gênero humano é bastante lógica para o capital, que mesmo com tal nível de degradação humana, ainda demanda uma possibilidade de maior exploração do homem encarcerado.

Em matéria de ressocialização, a exploração se ampliará, a exemplo do dito trabalho pela remissão, ou como alguns querem instituir o termo do "preso voluntário", em que parte da população carcerária irá trabalhar sem receber pelo menos a remuneração estabelecida em Lei, que já é extremamente parca, sem contar com outros aspectos como descumprimento das jornadas de trabalho, maus tratos, dentre outros, realidade a ser verificada em estudos que considerem a Constituição Federal, os Direitos Humanos e a OIT.

Em torno da ressocialização se cria um novo mercado, com fundos como o FUNPEN (Fundo Penitenciário) que possui relevantes fontes de arrecadação, como percentuais de jogos da loteria federal, entre outros modos de arrecadação e destinação das rubricas do orçamento dos governos estaduais para o sistema prisional.

Todo esse cenário de orçamento gera um mercado eclético de serviços e fornecedores, que alcança desde o provimento de "quentinhas", estivas, entre outros serviços, até mesmo equipamentos de última geração tecnológica, como as estruturas arquitetônicas apoiadas nas propostas da retribuição, o monitoramento por sensores e câmeras e do armamento letal e não letal, além das estruturas jurídicas que engloba tribunais, promotorias, polícias e as formativas como faculdades, universidades, cursinhos, diversas modalidades profissionais que atuam no sociojurídico etc.

Todavia, em nome da ressocialização, a estrutura existe para atender a lógica institucional de um mercado e do Estado neoliberal, que normalmente contempla o fisiologismo e o interesse de uma classe – acima do bem comum – na busca de formas seguras para efetivar a dominação e sua lei sagrada da acumulação, inclusive com a privatização do *Jus Puniendi*.

Com relação a este aspecto, tomamos como exemplo a remissão, proposta que tem como escopo diminuir o tempo de execução da pena, e que, por si mesma, representa uma modalidade do trabalho explorado intramuros, a população carcerária passa a vivenciar um novo estranhamento e seu conceito de mercadoria é efetivado. Torna-se, portanto, um veículo para se alcançar um objetivo, ou seja, a estrutura existe não para a construção do objetivo da ressocialização, conforme solicitam as instituições defensoras dos direitos humanos, e como discursa o Estado.

Contudo, o discurso da política de ressocialização parece ser algo paradoxal em relação à lógica capitalista, uma vez que tal proposta retira do mercado de trabalho parte da população, gera mão de obra para aqueles que combatem o crime efetivando um mercado significativo, demonstrando que participa ativamente do processo de acumulação, controle e exploração da sociabilidade capitalista.

Portanto, conforme Marx (1818) nos demonstra, os papéis dos meios de produção de riquezas colocam-se também intrínsecos ao mundo do crime, ou seja, o crime igualmente fomenta o mercado e este é bastante robusto, basta relembrarmos algumas dimensões do amplo mercado jurídico que apresentamos anteriormente, além da produção de equipamentos, dentre os quais figuram com pujança os armamentos.

Parece-nos claro que a burguesia nacional por meio do Estado, de um lado pretende equacionar e estabilizar a evolução da demanda populacional carcerária, ou pelo menos criar a sensação de que assim o faz, maquiando a lógica do mecanismo ressocializador, uma vez que deixa a estrutura prisional no campo das Leis e em sua lógica cotidiana, pronta para uma brutal exploração da mão de obra carcerária por parte de empresas privadas e do próprio Estado.

Por outro lado, não podendo atuar nas reais causas da violência e do crime, uma vez que o próprio Estado as maximiza, assiste perplexa a explosão da violência no país, que atualmente atinge a sociedade em geral, inclusive a classe burguesa que possui bens, que são o alvo de desejo por todos os que buscam legitimidade social.

O cenário de conflitos verificado se mostra natural à sociabilidade capitalista, que em seu modo de desenvolvimento não vislumbra possibilidades concretas de ser suplantada, realidade que demanda medidas paliativas por parte do Estado com supostos de solução definitiva, a exemplo da política de ressocialização.

Na Inglaterra, por exemplo, vê-se que o entendimento dado para o aumento da desigualdade social não é apreendido como uma expressão da própria lógica de desenvolvimento do capital, haja vista que, já no ano de 1834, o parlamento inglês com o seu *Amendment Bill*, atribui à falha administrativa o aumento do pauperismo, administrando o remédio por meio dos *Board of Guardians*.

Embora alguns séculos tenham se passado, e resguardada as especificidades entre a estrutura social da Inglaterra e do Brasil em relação à desigualdade social, o que se apresenta na atual conjuntura como estratégia de combate ao acréscimo da população carcerária brasileira é o projeto de ressocialização referido, que se propõe como uma tentativa, diga-se patética, de resgate do aludido segmento à estrutura social.

Parece, portanto, que o termo ressocialização é um chavão de aceitação e de não debate, pois, quem da população poderia ir de encontro ao resgate do homem desgarrado?

No entanto, se observarmos mais atentamente, um resgate pressupõe que se resgatará para um lugar bom ou para uma situação melhor, todavia, a proposta de retorno para a sociedade quando ocorre é ainda mais degradante, uma vez que as condições objetivas anteriores ao cárcere são ampliadas com o estigma do ex-presidiário, além da mitigação dos laços sociais e familiares determinada pela segregação.

O capital cria a figura do cidadão que se baseia na capacidade de consumo e na propriedade privada, ou seja, no egoísmo, no entanto, não atende à demanda populacional e cria exércitos de não cidadãos, que, vivendo numa sociedade de consumo capitalista, são impedidos de consumir.

Acontece, porém, que o capital depois de despertar a vontade do consumo, não consegue manter esta vontade neutralizada, e esta parcela da população que deveria assumir um papel passivo, revoltar-se brutalmente e violentamente, na maioria das vezes assumindo um *modus operandi* violento para a satisfação do "sagrado" desejo da acumulação.

O fetiche da ressocialização

Alienare, esta é, portanto, uma das bases do capital, sua existência não permite a emancipação humana, pois com essa, seu propósito não mais teria escopo: o valor real seria atribuído às relações sociais do gênero humano, com bases originais nas determinações reais postas por meio do trabalho na consciência do ser social, e não nas relações entre coisas. Conforme demonstrou Marx (1983), em um dos pontos centrais de sua tese, quando diz que o ser social determina sua consciência com o ato do trabalho, pois existindo a alienação desse ato, determinante à consciência do ser social, esta capta o estranhamento e a relação de coisas, transformando tudo e todos em mercadoria, que se convertendo em realidades soberanas tornam-se tirânicas.

Mais que capital, a sociedade humana emancipada é capaz de criar respostas reais e justas as possíveis dificuldades em relação ao aumento da população mundial, bem como as diversas problemáticas da sociabilidade humana.

Uma base relacional fundamental seria a superação do trabalho explorado pelos fundamentos do trabalho associado, logo cada um daria o que pudesse e receberia o que faz jus para viver com dignidade. Recebendo, assim, todas as benesses do conhecimento humano, sem a mercadorização das transformações da natureza para atender às necessidades humanas, e com a liberdade de atribuir as coisas seu valor real, e ao homem seu valor principal.

Nesse sentido, é que Marx (1983), de forma original, descobre o porquê da luta impenitente do capital em aprofundar os mecanismos de alienação, que em nossa contemporaneidade, chega ao completo domínio das tecnologias de mídia e TI (Tecnologia da Informação), que tem sido uma expressão cabal desse fenômeno.

Assim sendo, as bases da obra de Marx têm sido constantemente solapadas pelas teorias legitimadoras da classe burguesa, pelo fato de ter descoberto que nas relações de classe ocorre a exploração do homem pelo homem, e que a superação do modo de produção capitalista é determinante para a sobrevivência do homem no planeta (MESZÁROS, 2008).

Nessas relações de homens e coisas surge a possibilidade da discussão ética, que "[...] pressupõe a criação de princípios e valores capazes de orientar a conduta dos homens em sociedade e a relação que estes estabelecem com o muno objetivo do qual fazem parte" (MUSTAFÁ, 2001, p. 48). Essa contribuição da ética para determinar e orientar a conduta humana é nociva ao capital, pois torna mais clara a possibilidade de visualização de um caminho a fim de chegar-se além do capital.

Como a alienação é à base deste, pois com ela o homem não busca sua condição emancipada, tampouco sua liberdade, antes sim torna-se escravo e algoz de si próprio, mantendo sua condição humana genérica, numa dimensão latente dentro de si, fazendo com que o capital possa estabelecer, por meio das relações sociais, o significado da mercadoria, do lucro, a exploração do homem pelo homem, a mais-valia. Ora, é nesse sentido que o capital passa a ser mais importante que o próprio homem, isto é significativamente um dos seus propósitos, diga-se a manutenção da alienação a fim de subsistir.

Marx (1983), porém, nos traz um campo fértil, capaz de inflexionar nossa consciência, que latente, aflore para a necessidade da sociedade emancipada, em que os homens desenvolvam-se humanamente.

Nessa perspectiva, como então pensar uma ressocialização nos moldes do capital, se contraditoriamente, esse homem expropriado pela própria sociedade burguesa em sua essência, recebe como medida ressocializadora, os mesmos supostos que o levaram ao cárcere, e que limitando sua convivência com os seus afins, diga-se, a população carcerária, reproduz de forma ampliada toda a lógica egoísta de afirmação pela eliminação e superação do outro?

Dessa forma, obviamente que a política de ressocialização não confere estatuto de cidadania, antes, sim, impõe-lhe uma condição de subsunção, ainda maior.

Ora é quase impossível transmitir de forma clara a necessidade de limitar sua liberdade por transgredir as leis, quando a própria elite burguesa que participa ativamente da construção dessas leis, e o próprio Estado, que se põe a serviço do capital, as transgride diariamente.

Essa postura alienante coloca em cheque de maneira definitiva a ressocialização, não obstante as ações marginais das elites e da população subalternizada atentarem para as garantias fundamentais ao ser humano.

Parece-nos então, que a ressocialização capitalista legitimada pela retribuição penal, aplicada para os que descumprem a lei, não consegue também cumprir as mesmas leis que estabelece e assim, não possui lastro para impor sua lógica à população carcerária, efetivando então a possibilidade de um conflito axiológico entre e Legalidade punitiva e a ilegalidade dos que punem.

Nesse sentido, a perplexidade do Estado é evidenciada no dito Estado paralelo,[8] que disputa espaço, além de dificultar a efetivação da exploração da população carcerária nos moldes previstos pela lei, também representa uma ameaça objetiva a sociedade em geral. Uma vez que, ultrapassando os limites dos muros das prisões, proporciona um aumento da violência, tornando principalmente nos países periféricos, sua elite refém de sua própria acumulação, trazendo para o cenário da violência generalizada a população perplexa.

No entanto, longe de realizar uma luta contra o capital, esse estado paralelo faz parte de sua contradição, e, portanto, encontra-se intrínseco ao universo do capital, alimentando sua lógica e nos conduzindo a passos de gigantes para um estado de barbárie. Conforme nos demonstram, Davidson e Barreto (1979), quando observam que paulatinamente o cidadão vai impondo-se um regime de prisão domiciliar, ameaçado, amedrontado, acuado e sobressaltado, pois os ladrões no Brasil estão erigindo

[8] Grupos armados que visam tomar o comando de certas áreas como favelas e unidades prisionais. No cárcere em específico, embora de maneira geral, não dispondo de armas de fogo, esses grupos conseguem manter um poder paralelo.

a maior prisão domiciliar da história, uma vez que todos somos prisioneiros em potencial.

Ademais, no universo carcerário, a aceitação das ações produzidas pelo Estado é recebida com incerteza e desconfiança, e por vezes são rejeitadas, pois facilmente se nota como os representantes desse Estado são desprezados pela grande maioria da população carcerária. Mesmo os membros dessa população que interagem com tais representantes, o fazem parcialmente.

Esse cenário de resistência e disputa, que ainda não alcança um patamar de Estado paralelo propriamente dito, mas que assim é denominado como uma forma de por olhos a realidade, tem se desenvolvido há bastante tempo no interior dos presídios e penitenciárias brasileiras, sendo combatidos com uma política esfacelada desde sua origem.

Obviamente, o mercado que opera por trás de uma dada política de ressocialização realiza para tal proposta sua falência e determina que as razões precípuas do encarceramento, que estão para além da epiderme do ato criminoso, sejam reproduzidas no interior das Unidades Prisionais.

Considerações finais

A ressocialização, como tem se apresentado no modo de produção capitalista, longe de ser um resgate do homem, é uma estratégia do capital por meio do Estado brasileiro e de suas elites, a fim de impor suas leis de dominação. Em seu princípio real, impõe à mão de obra carcerária uma máxima exploração, por intermédio da ocupação prisional que é intensamente disputada, e que repetindo a lógica extramuros, nas unidades ressocializadoras, também se submete à lei da pouca oferta e da legitimação de uma dada estrutura.

Um dos principais obstáculos a uma possível ressocialização no mundo atual se encontra na existência de condições objetivas que atendam às demandas sociais e humanas, nas quais estão as pessoas que infringem a Lei.

Entretanto a análise desenvolvida até aqui revela que o conceito de ressocialização representa uma prática caracterizada pela máxima exploração prisional, em outras palavras, a realidade da vida no cárcere desmitifica o próprio conceito de sociedade democrática, revelando o caráter totalitário e autoritário do Estado a nível nacional e mundial.

Na prisão, o Estado pode ditar as regras para aqueles que desobedecem às Leis, embora o próprio Estado não as obedeça, gerando uma contradição própria do capital, que, para existir, carece da efetivação da desigualdade social, e que, ao mesmo tempo, realiza projetos de contenção dela.

Na realidade, como nos demonstrou Benjamin (2004), esses projetos não passam de ferramentas, para que nas devidas expressões da dominação do capital, realize a grande alienação do ato que possibilita determinações à consciência do ser social, assim a existência do capital se estabelece acima da vontade emancipatória do homem.

Dessa forma, a unidade ressocializadora entra em processo de permanente falta de sinergia e competência cria ambientes próprios para a corrupção e o descaso, possibilitando uma aliança entre o Estado marginal e os marginais fabricados pela axiologia societária afiançada pelo próprio Estado.

No entanto o que de fato não se esperava é que esse estado de coisas fosse transbordar por sobre os muros das unidades ressocializadoras, e, mais que isso, uma sociedade intramuros, formada pela "escoria social" do sistema fosse, como a um laboratório, transferir tal experiência para o mundo social extramuros.

Com bastante evidência, tal realidade não nos levará a uma

situação para além do capital, antes sim poderá nos conduzir a situações de barbárie e degradação humana, como já vimos ocorrer em larga escala no século XX.

Em síntese, podemos afirmar que a proposta da ressocialização não consegue se efetivar no modelo capitalista, pois não atua efetivamente na questão fundamental que leva a maioria dos homens ao cárcere. Longe de focar essa questão, a ressocialização se perde na problemática do cotidiano institucional, que é eficiente em contrapor o discurso oficial do Estado.

Contudo, observando o tema por meio de uma perspectiva ética, reiteramos para a necessidade de transformação da sociedade, que atrelada a uma proposta ética norteará as mudanças nas relações e valores sociais e individuais, capaz de contribuir para o processo de composição de uma sociedade emancipada, livre das ameaças sedutoras da burguesia.

Compreendemos, portanto, que essa transformação aponta no sentido de uma redução e eliminação da violência e, consequentemente, da condição de encarcerados, isso significa a concretização do valor fundante do ser social, que é a liberdade, na base efetiva de um novo modo de produção material da vida social.

Referências

BENJAMIN, C. *Bom combate*. Rio de Janeiro: Contraponto, 2004.

CALDAS, A. C. *A herança de Franz Joseph Gall*. Porto Alegre: Mc Graw-Hill, 1999.

DAVIDSON, P. da R.; BARRETO, J. B. *Carta aos policiais:* razões do assalto, como combatê-lo. Belo Horizonte: Mimeo, 1979.

GRAMSCI, A. *Nosso Marx*. Escrita Ensaio. São Paulo: ed. Escrita, 1983.

HELLER, A. *O quotidiano e a história*. Rio de Janeiro: Paz e Terra, 1972, p. 1-15.

IAMAMOTO, M. V. A questão social no capitalismo. *Temporalis*, ano 2, n. 3, jan./jun. 2001. Brasília: ABEPSS, Grafline, 2001.

______. *Serviço Social em tempo de capital fetiche:* capital financeiro, trabalho e questão social. 3. ed. São Paulo: Cortez, 2008.

LOMBROSO, C. *O homem delinquente*. Tradução Sebastião José Roque. São Paulo: Ícone, 2013. (Coleção fundamentos de direito).

MARX, K. *O capital:* crítica da economia política. São Paulo: Nova Cultural, 1988.

______. *O capital*. São Paulo: Abril, 1983. Livro I.

MESZÁROS, I. *A educação para além do capital*. São Paulo: Boitempo, 2008.

MUSTAFÁ, M. A. M. *Possíveis interpretações dos princípios éticos do serviço social a parti da análise das tendências éticas contemporâneas* – Presença Ética. Recife: Unipress-Ed. JEP, 2001.

NETTO, J. P. *Ditadura e Serviço Social:* uma análise do Serviço Social no Brasil pós-64. São Paulo, Cortez, 1991.

NUNES, A. *Programa Nacional de Capacitação do Servidor Penitenciário – Apostila de Lei de Execução Penal.* Brasília; DEPEN, 2003.

OLIVEIRA, J. L. G. de. *Exclusão social:* questões conceituais e doutrinárias. O social em questão. Rio de Janeiro: PUC, 1997.

PELUSO, L. A. *Ética e utilitarismo*. Campinas: Alinea, 1998.

POULANTZAS, N. *Facismo e ditadura.* São Paulo: Martins Fontes, 1978.

ROLIM. V. H. Tolerância zero: um sinônimo para a repressão. *Revista O Alferes*, Belo Horizonte, v. 22, n. 61, pág. 83-96, jan./jun. 2007.

SILVA, A. L. A. da. *Retribuição e história:* para uma crítica ao sistema prisional brasileiro. Rio de Janeiro: Lumen Juris, 2014.

TONET, I. Prefácio às Glosas críticas... de Marx. *Revista Práxis,* n. 5; Belo Horizonte: Projeto Joaquim de Oliveira Editora, 1995.

CAPÍTULO 2

A SOCIEDADE DO CÁRCERE: UMA ANÁLISE DAS ALIANÇAS QUE COMPÕEM O COTIDIANO CARCERÁRIO - A REALIDADE *ZÉ POVINHO*.

Felipe Alves da Silva
Denildes Amaro da Silva
Jônatan Martins dos Santos
André Luiz Augusto da Silva
Wellington Macedo Coutinho
Sabrina Katyelly Martins Fontinelle

A justiça é a vingança do homem em sociedade, como a vingança é a justiça do homem em estado selvagem.

Epicuro[9]

Uma análise da realidade

A questão penitenciária no Brasil entra na ordem do dia e passa a fazer parte de programas de governos de vários partidos políticos, infelizmente não se apresenta como uma política de Estado prioritária, mas solapada no conjunto das disputas politiqueiras que encorpam os entes federados e uma democracia[10] forjada nos cânones da exploração.

[9] In: < http://www.citador.pt/frases/citacoes/a/epicuro/10>. Acesso em: 17 ago. 2016.

[10] Evidente a singularidade do modelo democrático que vivemos e sua importância, mas não é menos evidente a necessidade de seu aprimoramento.

Em tal alinhamento, imbrica-se o contexto da segurança pública e a ação governamental que não consegue sequer mitigar o avanço da criminalidade, que não raro se faz presente no próprio aparelho de Estado, dessa maneira a população tem cada vez mais sua existência ameaçada[11], estabelecendo um link com a prisão que deixa de ser um simples espaço de segregação e esquecimento, integra-se à sociedade e lhe cobra o preço do abandono, escancarando a perversa relação existente entre o Estado e a população carcerária.

O cenário posto converge para uma crise axiológica que desnuda a incapacidade e mesmo a tendência de o Estado não cumprir suas próprias leis, desencadeando uma confusão valorativa que retira o sentido dado à pena, seja em sua relação com a moralidade cristã, seja pela lógica retributiva, propiciando assim um campo singular para o surgimento de partidos criminosos[12] e uma espécie de realidade de manifestação da consciência coletiva de violência, latente nas prisões brasileiras.

Em geral, a questão carcerária tem sido debatida e apresentada à sociedade de várias formas. Todavia a apreensão da realidade que possua a condição e as determinações para a construção de uma análise crítica, colada à realidade intramuros, daquilo que chamamos de convívio carcerário, ou cotidiano carcerário, não é dado àqueles que não participam da "vida da cadeia"[13], estabelecendo muitas vezes uma percepção esvaziada

[11] Nos anos 60, no município do Rio de Janeiro, verificou-se a existência de quadrilhas organizadas que atuavam contra pessoas jurídicas (PAIXÃO, 1991). Hodiernamente a complexidade das ações criminosas e suas cadeias de articulação com o poder estatal e privado requerem um aparato governamental mastodôntico, no que tange à quantidade de equipamentos e recursos humanos, mas também no tocante ao refinamento tecnológico e um esforço incontido da sociedade para efetivar um sistema de justiça mais democrático.

[12] Contemporaneamente no Brasil, a carga semântica "partido" parece ter singular associação com práticas tipificadas penalmente.

[13] A vida na cadeia pressupõe a possibilidade de apreensão diária dos fatos e contextos próprios de tal universo. Seja na "Contagem" (totalidade), na "boia" (refeição), nos atendimentos técnicos, na "BR" (corredor do pavilhão), no "comi quieto" (momentos íntimos em espaços construídos pela população carcerária no interior da cela), na "cafua" (castigo), no "Japão" (castigo) na "rocha"

de contextualização específica das alianças inerentes às relações sociais construídas intramuros, para tanto se veja as peculiaridades do presente capítulo, só possível à sensibilidade de quem as vivência.

Assim sendo, o convívio carcerário não é de forma alguma a percepção de convivência que temos na sociedade extramuros. Lá, na prisão, o contexto se estabelece com as determinações de linguagem, axiologia e barbárie próprias de um "universo" construído historicamente para punir e controlar uma parcela da população que são em si próprias, expressões da questão social, interessante nesse mote a reflexão de Melossi:

> Portanto, o único ensinamento real que a sociedade burguesa tem para oferecer ao proletariado. Se fora da produção pode imperar a ideologia jurídica, dentro dela impera a servidão, a desigualdade. Mas o lugar da produção é a fábrica. Assim, a função institucional que cumprem a casa de trabalho, primeiro, e a prisão, como se verá depois, é o aprendizado, por parte do proletariado, da disciplina de fábrica. (2004, p. 134).

Essa dinâmica de controle molda-se no cárcere, a partir de pressupostos intensificados das expressões axiológicas do capitalismo, que determinam no limite de punição do Estado a objetivação da barbárie.

Obviamente, a complexa e perversa estrutura de relacionamento, acrescida à precariedade generalizada dos estabelecimentos penais, entre estas se destacando a falta de gestores qualificados para a administração da questão penal, a timidez dos

(castigo), durante o dia e durante a noite, na espera (cela dos novatos), no momento da "água na sopa" (momento de chegada à prisão de um novato), e de todas as entrelinhas que compõem os movimentos intramuros. Cada espaço e momento possuem singularidades de acesso e permanência com regras e objetivos, além de controles específicos do Estado negociador e da população carcerária.

serviços prisionais no Brasil, a pouca coerência[14] administrativa efetivada nos diversos parques penais brasileiros, impõe ao Estado um cotidiano de negociação com a população carcerária que, diante de tal estrutura, cria mecanismos de enfrentamento, ameaça e sobrevivência.

Vivenciando essa realidade, com a interiorização de tais pressupostos valorativos, é comum no convívio carcerário a retórica proveniente da população carcerária: de que *fazer alguém*[15] é *nenhuma*[16], nós assumimos o *pacote*[17], variáveis evidenciadas pela mídia:

> Chaveiros ditam leis em cadeias:
> Eles nasceram no vazio histórico da ineficiência governamental, se perpetuaram ao longo dos anos e receberam do Estado o carimbo de força paralela de gestão do falido sistema prisional de Pernambuco. Os chaveiros, detentos privilegiados, legitimados pelas autoridades, têm atribuições claras de poder público. Punem, transferem colegas, acompanham a situação jurídica dos presos, cobram taxas para reforma de pavilhões, têm acesso livre à direção e controlam rentáveis mercados das unidades. São intocáveis, eleitos pelo voto direto e com mandato vitalício. Um detalhe: carregam nos bolsos as chaves da cadeia e recebem salário por isso. Abrem e fecham as celas dos seus iguais. Só perdem a "patente" quando morrem ou ganham a liberdade. (JC. CIDADES, 25/11/2007).

No cárcere se perpetua a lógica que é vivente na formação social brasileira, alimentada pelo poder que estabelece uma relação interessante, qual seja, a do compadrio, essa relação alcança todas

[14] Salientamos que cada esfera da federação cria seu modelo de gestão e mesmo em certo grau legisla sobre a forma de execução, o fator de convergência preponderante é a Lei de Execução Penal e as sugestões do DEPEN.

[15] Matar uma pessoa.

[16] Linguagem própria das populações carcerárias para indicar a falta de problema, ou seja: não tem problema.

[17] Cadáver.

as esferas das instituições nacionais, raramente a meritocracia (mesmo com as críticas que podemos deferir a tal proposta) se faz evidenciada, e quando esta se mostra, deverá ser acompanhada pelo conhecido simbolismo do *tapinha* nas costas que simboliza uma aliança para além da competência e da austeridade.

No Brasil, a política se confunde com politicagem e afirma uma relação de troca de favores, realidade que se amplia nas relações sociais intramuros e evidentemente colabora para a denominada crise do cárcere, que possui origem bem antes da vida intramuros, instaurada pela sentença.

Percebamos que os processos de exploração e exclusão são datados, todavia a perspectiva da sociedade capitalista, especialmente em sua expressão liberal, na qual o conceito de Estado mínimo procura atender à expansão do mercado e seu anseio por lucros e acumulação, por meio do princípio egoísta e individual, nos impõe a uma apreensão fática de exploração do trabalho humano com cortinas de liberdade em intensa relação de promiscuidade entre o público e o privado. Todavia já nos fora alertado de que:

> A riqueza das sociedades em que domina o modo de produção capitalista **aparece como uma imensa coleção de mercadorias**, e a mercadoria individual como a sua forma elementar. Nossa investigação começa, com a análise da mercadoria (MARX, 1988, p. 45) (*grifo nosso*).

Deste modo, a imersão da população nessa lógica ganha fôlego inclusivo com a capacidade de riqueza efetivada na sociabilidade, ou seja, todos individualmente buscando sua riqueza particular para que assim possam se constituir em *sujeitos de direito*[18] respeitáveis.

Destarte, a ação de controle das classes subalternizadas,

---

[18] Esse conceito, no debate do Serviço Social será tratado em "Opus" que brevemente será apresentado ao público pelo GEPE-ASJ-UFT.

com base na composição liberal e suas instituições, nos conduz neste capítulo à instituição carcerária, que se destaca por apresentar todo um universo teórico, defendido no discurso institucional com vistas à construção de ações de humanização da pena, entretanto nos parece com forte veio de fracasso.

O debate argumentativo no horizonte demonstrado, de fato, é arguto, e com a hermenêutica, ponderamos que o mundo é interpretação, dessa forma poderemos compreender a validade das análises de Benjamin (2004), ao que chamou de *não debate*, as formas multifacetadas da ideologia burguesa de impor um modo de pensar a população, camuflando suas reais intenções que, no entanto, nada tem a ver com a realidade concretizada no cotidiano, e que nos diz: "Nomear é muito mais eficaz que silenciar ou mentir. [...] quem tem o poder de dar nomes define como os demais vão pensar. É o poder das palavras, que vem sendo exercido à exaustão". (BENJAMIM, 2004, p. 11).

Portanto a ressocialização/reintegração procura sua legitimidade, buscando o não debate e a aceitação pacífica de uma utopia chamada *humanização da pena*, direcionada à população pobre, que com fantástica hermenêutica impõe uma ideologia de liberdade em quiproquó de complexo controle e exploração.

Ocorre que o processo de legitimação social hodiernamente ocorrerá por via daquilo que Marx comentou: "a riqueza [...] aparece como uma imensa coleção de mercadoria" (MARX, 1988, p. 45), nesse ínterim, conforme já asseverado, a busca da legitimidade social passa, sobretudo, pela composição de uma imensa coleção de mercadorias de posse individual.

Como somos seres de afetos, os afetos se afetam, ou seja, de um lado grita o medo da pena, de outro o desejo de ser legitimado socialmente. Nem sempre a consciência relata o placar favorável ao medo, essas análises não são modernas, em verdade estão presentes em juízos gregos.

Vejamos que, quatro séculos antes de cristo, Glauco (PLATÃO, 2001) já havia percebido que só atende às convenções aqueles que se acham passíveis das consequências, para os que se percebem acima das consequências, as convenções nada dizem. Essa perspectiva é em certa medida afirmada na relação pobreza e riqueza na sociedade brasileira, determinando uma séria lide social.

Diria, portanto, que diante de tal constatação, além da carência de se legitimar socialmente, a crise do cárcere já se efetiva também na revolta vivida anterior ao cárcere, o que determina certo aumento da criminalidade extramuros, mas esses modelos de criminalidade, que geralmente apresenta um significativo alcance de violência física, são acompanhados por mecanismos criminosos sofisticados, que, se não atingem diretamente aspectos físicos, promovem um dano social com alcance econômico singular e de baixíssima punibilidade.

É importante notar que intramuros se objetiva a proposta de retributivismo penal, fundamentada em variados aspectos da criminologia, com certa prevalência, mesmo nos dias atuais, ao pensamento cristão, que assinala a punição como elemento purificador do corpo e da alma.

Assim, a didática da pena se baseia em aspectos punitivos e ditatoriais[19]. No cárcere a lógica de se ensinar pelo sofrimento, para que se redima dos pecados cometidos, passa de um romantismo interpretativo para uma cruenta afirmação sadista.

Nesta perspectiva, verificamos que historicamente, o próprio nome, *penitenciária*, possui relação com membros da Igreja. Penitentes que dilaceravam seu corpo para regozijo dos pecados, esses foram chamados de penitenciários. Mas também é certo que a criminologia irá buscar no debate um sentido para a pena, uma utilidade, uma maior humanização da pena, e, nessa

[19] Observemos que não só a pena, a didática jesuíta fazia amplo uso de punições e competições em nome do Senhor e do aprendizado.

contenda, humanismo e retribuição se enfrentam, portanto em tal aspecto, que fale a população carcerária e os servidores do cárcere, para demonstrar o placar da lide citada.

Reportando-nos a uma instituição total como o cárcere, vamos nos deparar com uma estrutura burocrática de pouco alcance das ações com base no conhecimento científico, e avaliações frágeis, objetivos e metas afirmam-se por meios ideológicos, impossibilitando o planejamento de suas ações que passam por uma deliberação de ocupação dos cargos estratégicos pelo nexo da indicação política e pela ação incoerente e não harmônica das variáveis de reintegração, nos levando a uma perspectiva em que podemos entender, como hipótese, a institucionalização de uma política prisional, balizada apenas no retributivismo, na compensação de cargos implícitos no jogo de interesses politiqueiros, na publicização de dados que iludem a realidade e criminalizam a pobreza, impondo um controle, punição, exploração e vigilância com sentido de classe.

Por outro lado, no Brasil a ação midiática realiza uma exposição do cárcere em dimensões singulares, a apresentação realizada ocorre com nexo ideológico alinhado aos fundamentos do Estado penal, propicia uma sintonia entre crime e pobreza. No entanto os elementos determinados nas peças dos Conselhos Penitenciários Estaduais, Comissão Parlamentar de Inquérito, Tribunais Internacionais de Direitos Humanos, entre outras, que demonstram, dentre tantas variáveis, que na condução da política carcerária, o Estado não garante a aplicação da lei que a ele cabe afirmar, essas variáveis não recebem devidamente o tratamento midiático a fim de propiciar um salutar debate junto à população extramuros.

Evidentemente que tal realidade permite a possibilidade da existência de procedimentos inadequados ou mesmo ilegais na prestação dos serviços prisionais, variável que, de modo generalizado, pode desencadear processos de violência e corrupção intramuros.

A lógica do compadrio habita o cárcere em comunhão com a *lei de Gerson*[20], e nesses supostos imbrica-se a alienação do modelo societário vigente, propiciando a depreciação da espiritualidade humana e desencadeando a efetivação da barbárie.

Surge assim uma questão moral que se estabelece cada vez mais forte nas prisões, pois que a chamada *vida na prisão* personifica os valores próprios da sociedade do cárcere, com códigos de conduta e intervenções em seu cotidiano por meio do relacionamento entre população carcerária, Estado e sociedade em geral.

Os partidos criminosos apresentam-se, portanto, como a personificação de uma sociedade intramuros, que reproduz toda a lógica social extramuros, inclusive é estimulada a isso com a abstração de igualdade dada pela sentença, com intencionalidade de estabelecer nas prisões uma segurança das populações encarceradas, que, entretanto, são abandonadas pelo Estado. Mais ainda, os partidos realizam uma espécie de proteção de seus integrantes frente aos próprios agentes do Estado, estabelecendo controles e hegemonias de poder de grupos determinados e específicos nas prisões, todavia na mais perversa lógica da barbárie e dos valores egoístas do capitalismo.

Ora, a relação é aguda, assim como outrora, a forma de dominação multifacetada apresenta um Estado cooptado por uma classe social impondo-se por meio da força e repressão, lógica datada e bem utilizada pelo *establishment*. É justamente neste momento que se verifica claramente a criminalização da pobreza, entendimento ratificado por Melossi (2004, p. 125), o qual afirma "que é na formação do proletariado que a relação entre a pessoa como criminoso e a pessoa como um trabalhador fica clara".

Como dissemos, o debate no tema é amplo e datado, vários autores já demonstraram a relação econômica vivente nos fun-

---

[20] Argumenta a necessidade de se levar vantagem em tudo.

damentos do cárcere, assim como sua singular relação com o poder, são elementos da sociabilidade que se gestam no âmago da estrutura carcerária a fim de estabelecer um campo de afirmação ao *establishiment*, nesse sentido Melossi (2004, p. 125), sopesando Marx, argumenta:

> A redução do homem a outro-de-si que está na base da rebelião, do desejo de reapropriação do delinqüente, tinha a sua mais clara expressão na introdução de um sistema de vida baseado em relações de produção capitalistas e, em particular, nas condições de vida do operário. (2004, p. 126).

Com tal premissa, observamos que a axiologia capitalista estabelece uma relação direta entre a consciência humana alienada e sua busca impenitente em atender as suas necessidades cada vez mais estilizadas, e uma sociedade marcada pela violência de toda ordem, pois nos encontramos nos tempos do homem prisioneiro, escravo de sua ganância e de seu egoísmo, o tempo em que a glória é a posse, ou seja, a propriedade, pois tudo é mercadoria. No tempo da competição de todas as formas, no tempo em que conforme "tudo aquilo que, outrora, os homens consideravam inalienável tornou-se objeto de troca, de tráfico, podendo alienar-se" (MARX, 1982, p. 41).

Neste tempo, o respeito à norma, defendida por várias correntes, a exemplo do federalismo, como princípio fundamental para a existência de um Estado central forte, não é capaz de suplantar a axiologia capitalista imbricada nas populações em geral, porém utilizará os recursos da norma, para criminalizar a pobreza e apresentar o cárcere como alternativa à explosão violenta em busca da matéria, assim como foi apresentado o chão de fábrica nos idos de 1700, descrito por Marx:

> A extirpação da preguiça, da licenciosidade e das divagações românticas de liberdade, assim como para a redução

> da taxa dos pobres, para o incentivo do espírito da indústria e rebaixamento do preço do trabalho nas manufaturas, nosso fiel Eckart do capital propõe um meio eficaz, a saber, encarcerar trabalhadores que passam a depender da beneficência pública, em uma palavra *paupers*, numa casa ideal de trabalho - *Workhouses*. (1984, p. 219-220).

No Brasil, a questão carcerária apresenta um nível de complexidade maior, sobretudo porque por aqui a lei nem mesmo abeira-se a afiançar a correspondência jurídica e formal que a noção de cidadania prescreve; ao contrário, a alegação escancarada de privilégios que monopoliza a vida social de ponta a ponta nega qualquer possibilidade de efetivação de direitos prometida pela lei, charada simples de ser notada no registro da história da formação social do país, especialmente no trato da coisa pública, por meio de um Estado que carrega consigo o espólio arrepiante de uma ordem legal elitista, conservadora e oligárquica.

No âmbito do sistema prisional, nossa história demonstra que a democracia brasileira, produto de um parto da ditadura, plagiando Florestan Fernandes, não agenciou assaz o reordenamento institucional nas esferas que executam o cumprimento de pena ou disposições de sentença, uma vez que os programas institucionais de cumprimento de pena são veiculados a propostas do humanismo. Contudo como é possível um programa conter na sua formulação, características fundamentadas em valores como a cidadania, a democracia e os direitos humanos e ser executado por instituições que carregam uma funcionalidade repressiva?

São, portanto, retóricas que se esvaziam de realidade, e como nos disse Descartes (apud BUZZI, 2003, p. 10): "eu sempre tive um imenso desejo de aprender a distingui o verdadeiro do falso, para ver claro nas minhas ações e caminhar com segurança nesta vida". Dessa forma, aos ideólogos que defendem a norma e um Estado penal, sopesa Hamilton (apud WEFFORT, 1991, p. 247):

> Governar subtende o poder de baixar leis. É essencial à ideia de uma lei que ela seja respaldada por uma sanção ou, em outras palavras, uma penalidade ou punição pela desobediência. Se não houver penalidade associada à desobediência, as resoluções ou ordens que pretendem ter força de lei serão, na realidade, nada mais que conselhos ou recomendações.

Tal concepção habitou a mente de pensadores da antiguidade filosófica. Para alguns gregos notáveis, nada pode uma norma quando essa não possui um aparelho estatal capaz de fazer valer a lei, o que nos inspira a notar que a lei é obviamente uma impositividade, e longe está a adesão à lei pela livre consciência.

Referendamo-nos na realidade para explicar o contexto histórico-social, evidentemente que a facticidade não se deixa apreender completamente pela teoria, muito menos quando se fazem alicerçados em suposições ideais, o real é talvez a medida segura de partida do conhecimento e essa objetivação apresenta-se para nós como o concreto que carece de ser pensado. Dessa forma, a esses ideólogos Marx (apud MISSE, 1979, p. 11) nos diz:

> Os mesmos ideólogos que puderam imaginar que o direito, a lei, o Estado, etc., brotam de um conceito geral, talvez, em última instância, o conceito de Homem, e que se desenvolveram graças a este conceito; estes mesmos ideólogos podem também imaginar, naturalmente, que os crimes se cometem simplesmente para desafiar a um conceito, que não são senão uma maneira de enganarem-se os conceitos e que só se castiga para dar reparação aos conceitos violados.

Nesse debate, entre as diversas justificativas para a pena, sua legitimidade no seio do Estado, o construto ideológico de exploração e controle afirmado em sede de liberdade, e, sobretudo, a realidade fática demonstrando que a vida concreta pertence aos que possuem a riqueza, conjugam elementos perigosos para a vida social.

Se a convenção nasce com o suposto de organização social, no qual em dado momento a justiça pôde ser pensada com um sentido de harmonia[21], em outro se fez rogada pela proposta da lide[22] e mais adiante pelo sofrimento (PLATÃO, 2001), hodiernamente sua efetivação passa pela condição econômica.

Nesse contexto de extrema dominação e degradação humana, estão as populações carcerárias, que por meio de seus instintos expressam sua revolta, de forma desordenada, porém com objetividade. Sua revolta, que se inicia bem antes do cárcere, reclama uma participação social negada na realidade objetiva, porém estimulada na lógica da axiologia social vigente.

A solicitação por um reconhecimento social, mais que isso, pela participação nos néctares das benesses sociais, produzidas inclusive coletivamente, explode no âmago das gentes excluídas, determinando uma vida de esperança na conquista dessa realidade, desinteressando-se pela proposta da esperança de um porvir paciente, ou em outro reino.

Essa realidade brutal de exploração e dor impõe ao Estado a efetivação de mecanismos salientes no processo de controle, mecanismos que, em conjunto com a pena, imponham pela dor a efetivação da obediência, fato que nos clarifica o romantismo de se pretender humanizar a pena, uma vez que seu princípio ou função de espraiamento do medo ainda deve ser buscado.

Sabemos que tal sentido em casos mais específicos tem se perdido, como é o caso do terrorismo, mas também se evidencia uma popularização do não medo da pena[23], é o que se observa

[21] Vide as análises sobre a justiça no pensamento mitológico, o conto do Rei Midas.

[22] Vide a proposta sobre justiça no pensamento cristão, o julgamento do Rei Salomão.

[23] Interessante perceber que o convívio intramuros dos familiares pode contribuir para isso, melhor que explicar é verificar a ambientação das crianças no cárcere, vide como referência a capa do livro de Silva e Duarte (2016).

em gerações de crianças e adolescentes que participam do tráfico nos morros cariocas. Essa realidade obviamente chega aos muros das unidades prisionais, determinando uma mudança singular do caráter de suas populações carcerárias.

Uma reflexão axiológica

Pensar a ética "enquanto princípios e valores que norteiam e conduzem o homem na sociabilidade plena" (MUSTAFÁ, 2001, p. 48) nos remete a dimensões que sugerem sua construção pelo nexo dos costumes, da cultura e das normas, que são alicerces para a sua teorização e reflexão, considerando inclusive a estrutura social em que estão inseridos os indivíduos. No entanto, como já asseverado, tal base se funda na sociedade do capital pela lógica da exploração e do controle.

Os homens dos muros[24] costumam refletir de alguma forma elementos diferenciados em sua socialização, uma vez que tal experiência – o cárcere – é de tal complexidade, que sua interferência no processo de relacionamento social objetivado pelos indivíduos que ali estiveram ou estão, sejam igualmente determinados por uma altíssima lógica de diversidade, obviamente ratificando a condição inerente às trajetórias individuais e às respostas de cada qual. Contudo com um traço comum a todos, aquele afeto aos fatores resultantes da experiência direta com a barbárie[25] em sua dimensão de "desumanidade" e violência.

Neste sentido, os profissionais, os familiares e os encarcerados vivenciam modelos e estruturas de sociabilização intra-

[24] Todos os que de alguma forma vivem a experiência do cárcere, seja pelo labor seja pela norma penal.

[25] Vide análises de Cornelius Castoriadis, Jean François Lyotard, Claude Lefort etc. O debate sobre essa temática se inspira, em termos semânticos, em uma frase de Rosa Luxemburgo, no ensaio de 1916, denominado *The Junius Pamphlet*, o termo utilizado aparece então como: socialismo ou barbárie, que demarcou um posicionamento de determinado grupo no interior da Trotskista Quarta Internacional.

muros que desafiam a sobrevivência, empalidecendo a luta pela emancipação do gênero humano, ou seja, nessa realidade, a lógica que se estabelece é a de ampliação da barbárie.

Essa condição se estabelece por processos impositivos e judicializantes, que por vezes estão alicerçados por quinquilharias de uma gestão funcionalista e por isso mesmo perversa, que se arvora a solucionadora das questões afetas à sociabilidade humana por vias das burocracias da gestão e da dor[26].

Os cenários de degradação e diminuição do gênero humano tem se demonstrado uma constante ao largo da história humana, especialmente nos modelos de encarceramento que, desde a vis corporalis, estabelecem momentos dramáticos de convivência, especificamente quando dos aparatos institucionais para a contenção de corpos com fins de assegurar a aplicação da pena em tempos de sofrimento do corpo, mas também na proposta cientificada da segregação como fundamento de defesa social.

O momento de convivência intramuros revela uma série de elementos que, antes de propiciar uma defesa social, impõe um conjunto de fatores que, uma vez internalizados, mais ainda se mostram nocivos para a sociedade.

Os elementos dos quais estamos pondo relevo não só se determinam pela lógica do encontro entre afins e com propósitos semelhantes[27], mas também por conhecimento de técnicas adequadas a ações específicas do mundo da criminalidade e pela ampliação da disputa por benesses próprias da sociedade do capital, pois os fundamentos mais determinantes à efetivação das objetivações humanas pela barbárie se apresentam pela atarracada axiologia

[26] Devemos nos atentar que esses fundamentos estiveram também presentes em outros regimes, amplamente rejeitados pela sociabilidade, como foi o caso do Nazismo e do Fascismo.

[27] É importante perceber que no ambiente prisional se efetivam rixas que são originárias extramuros e intramuros, mas também se estabelece encontros e reencontros que podem efetivar propostas de ações futuras e atuais, basta verificarmos na atualidade a interface do sistema prisional com a sociedade para além dos muros.

desenvolvida na convivência entre os homens dos muros.

Relevante é perceber a capacidade de acesso e análise das informações que hoje estão disponíveis nas unidades prisionais e que será em dado sentido debatida no capítulo quarto da presente obra. Neste ínterim, relembramos aos leitores que, nas unidades prisionais nacionais, é comum o acesso ao sistema de televisão aberta ou exclusiva, o que possibilita certa capacidade informativa, mas também às mais diversificadas modalidades de mídia, mesmo a internet.

Todavia não só pela mídia televisiva se chega a informações das relações sociais fora dos muros. Seja por um ou outro meio, comum é a informação de sérios desvios de recursos públicos e crimes de diversas ordens praticados pelo mundo do mercado, entre empresas, empregados de escalões superiores e empresários, políticos e decisões judiciais que não seguem os preceitos legais e que destroem famílias[28] e tudo impunemente se efetiva e se mantém.

Com essas informações, embevecidos pela revolta e fundamentalmente motivados pelo encontro mencionado anteriormente, que resulta em associações e partidos como o exemplo do Primeiro Comando da Capital e tantos outros, a população carcerária percebe que na lógica relacional da sociabilidade capitalista com o crime, sua composição é de natureza estrutural.

Obviamente essa compreensão não se dá pela via de uma análise complexa, por elementos que se determinem com categorias teóricas e mediações robustas, porém ocorre pelo fatalismo do senso comum, no qual a perspectiva de não superação

[28] A lógica que em muitos municípios brasileiros se estabelece em relação à destituição do pátrio poder revela uma sórdida punição à pobreza, retirando-se a responsabilidade societária e com ela a do Estado, além de pautar uma subserviência à adoção internacional, facetas que denotam posturas de autoridades que revoltam e sugerem profundas investigações. O caso se apresenta tão aviltante que já se faz necessário uma associação de vítimas de destituição de pátrio poder. Dentre outras evidências se verifica um grave problema na composição dos membros dos conselhos tutelares, carentes de formação específica, este é um debate urgente.

das condições objetivas e mesmo de melhorias possíveis na realidade humana, especialmente em suas condições no cárcere, revela uma acurada relação estrutural entre mundo capitalista e criminalidade. Dessa maneira, suas ações no cárcere não se pautam por elementos contidos em contextos cristãos, anteriormente citados por nós, porém se efetivam pela referência da resistência nos termos de Locke[29].

É com essa contradição de base que veremos o Estado tentando transmitir à população que a metodologia da segregação possui lógica de recondução social pela política de ressocialização/reintegração, que esboça tintas de cientificidade e estatísticas de ineficiência.

A constatação por vias da clareza matemática poderia e deveria ser fundamentalmente suficiente para determinar novos rumos, contudo um arsenal ideológico de legitimação e culpabilização dos sujeitos busca determinar a necessidade da estrutura penitenciária, e mais que isso inviabiliza possíveis alternativas.

Esse esforço de legitimação confere referência ao mercado da prisão já determinado e amplamente em expansão. Mercado este que além de possuir um grande número de empresas fornecedoras de bens e serviços, também ocupa significativamente o desenvolvimento tecnológico de equipamentos e estruturas na área jurídica criminal.

O sistema penitenciário, portanto, apresenta uma complexa cadeia de elementos estruturantes de certa condição de coexistir intramuros, tais protótipos de convivência se estabelecem por características intrínsecas aos atores sociais presentes no cárcere e como *a priori* se objetivam, considerando a singularidade do ser, porém condicionada a certos conceitos de grupo e classe preestabelecidos.

---

[29] Vide: fundamentos do direito de resistência em John Locke (1632-1704).

É claro que estamos nos reportando ao fato de que no cárcere teremos variados grupos com significados e objetivos diversos, todos com formas muito específicas de lidar com a população carcerária, que já em si mesma participa dessa cadeia de existência intramuros.

Salientamos que toda essa forma especial de relacionamento possui como pano de fundo a axiologia capitalista, variável que em momentos mais acentuados determina também a barbárie descontrolada por fenômenos de violência, ou mesmo sua versão passional pela lógica da eficiência por vias da tortura. Seja de um ou outro modo, o que se perde é o gênero humano e sua possibilidade de emancipação.

Constatação que nos convida a imediatamente pôr olhos nesta realidade e com o aprendizado profundo de seus nexos, lograrmos alternativas que subvertam a lógica societária de mitigação dos princípios libertários do ser humano. Pensando nesse contexto, vamos particularizar alguns aspectos referentes aos atores da cena carcerária por dentro dos muros.

Inicialmente analisando a ação profissional dos Agentes Penitenciários, alcançamos uma perspectiva conflituosa e confusa, que se gesta desde antes do seu ingresso na instituição carcerária, uma vez que elementos da sociabilidade específicos os levam a competir em concurso a uma possibilidade de atuação no cárcere.

No Brasil, esses profissionais podem ser servidores públicos estatutários ou funcionários terceirizados, no entanto uma peculiar característica se insere entre esses trabalhadores, a perspectiva do "poder" de polícia[30].

Uma considerável parcela dos agentes penitenciários apresenta em seu histórico a saliente característica de terem ou estarem prestando concurso para as instituições policiais, sejam

---

[30] Essa característica certamente com toda a carga de ações que a ela se alinha na história do Brasil, certamente em dado momento contribui para o surgimento da realidade *Zé povinho*.

as Militares, a Judiciária, Rodoviária Federal, Federal ou outras de natureza policial.

Esse dado visto pela empiria pode nos revelar a relação direta entre a prisão e os elementos que determinam o conceito de polícia, considerando que tais variáveis representam um modo específico de relação que em geral se constitui pela imposição da autoridade pela força e coerção.

Vários esforços são tentados no interior do sistema prisional e mesmo das instituições policiais no intuito de aproximar os agentes dos fundamentos dos direitos humanos (BALESTRERI, 2003), por meio de capacitações e cursos de formação, certamente sem muito êxito. Principalmente se observarmos as estatísticas sobre envolvimento de ações policiais em atos de desrespeito aos direitos fundamentais da pessoa humana, hodiernamente poderemos verificar que Estados como Alagoas e Maranhão apresentam significativo índice de homicídios, por meio de ações policiais, de jovens negros e pertencentes à periferia.

Todavia teremos um sentido prático nesse aspecto da realidade carcerária. Se na polícia as características da coerção e ostensividade[31] são evidentes, nas gestões prisionais o veio militarizante e policial é fundamento relevante para a gestão. Tal característica é fundamental a fim de compreendermos alguns princípios que norteiam a direção das relações intramuros.

As características dos profissionais determinam modos específicos de acesso e de ação. Se a presença e a força são elementos da ação de alguns profissionais intramuros, para outros pesa o universo por dentro das unidades prisionais e toda sua carga punitiva[32] que evidentemente alcança não apenas para os

[31] Essa proposta se pauta no respeito pela presença, assim deve ser fundamentada na imposição da força pela simples constatação da presença com o poder de ação pela força.

[32] "[...] se o homem é formado pelas circunstâncias, se devem formar humanamente as circunstâncias. Se o homem é social por natureza, é na sociedade onde desenvolve sua verdadeira natureza, e a força de sua natureza deve medir-se pela força da sociedade e não pela força do

que estão cumprindo penas ou encarcerados por deliberação da sentença e mesmo por medida de segurança, mas também toda a ação profissional existente intramuros.

Neste sentido, os elementos que perpassam a ação profissional, em especial aquela afeta aos Assistentes Sociais, são solapados pela judicialização que, segundo Borgianni (2012, p. 14), possui a característica de que "o jurídico é antes de qualquer coisa o Lócus, de resolução de conflitos pela impositividade do Estado", essa impositividade no ambiente intramuros ocorre por via estatal, mas também pelos princípios estabelecidos pela população carcerária.

Evidenciar essa realidade se torna fundamental para que possamos estabelecer os fundamentos dos princípios e valores que são determinados por meio das relações sociais no ambiente intramuros.

Dessa maneira, os princípios e valores que irão nortear as ações de coerção ou mesmo de ressocialização, por parte dos agentes penitenciários, se fundamentam pelo veio axiológico da sociabilidade capitalista, especificamente nos quesitos que se determinam pela impositividade, ou seja, ao fim e ao cabo, os fundamentos axiológicos do cárcere representam uma equalização daqueles presentes na sociabilidade extramuros e que interinfluenciam em todos os processos intramuros, inclusive as ações profissionais.

Essa característica possui uma relação histórica, e se verificam no contexto da relação entre capital e violência os elementos que se complementam[33]. Obviamente aquilo que se internaliza como valores é objetivado no cotidiano das ações individuais, dessa forma a lógica que permeia a ação profissional dos serviços prisionais se estabelece pela prevalência da capacidade operacional com base na segurança.

indivíduo particular". (MARX apud MACHADO, 1991, p. 121).

[33] Para essa verificação, um excelente trabalho é visto em Huberman (1981).

O termo introduzido se traduz em competência de responder a agressões e mesmo tomar iniciativas de contenção. São ações com base em fundamentos táticos, de uso da força e de treinamento bélico, ocorre que os investimentos em tempo e recursos para tal finalidade são consideravelmente superiores à formação humanista recebida pelos agentes penitenciários e são esses fundamentos que irão objetivar.

Insistimos em destacar essa realidade, pois que todas as ações dos serviços prisionais são apoiadas pelos agentes penitenciários, assim, o sentido axiológico que opera sua prática profissional determina sobremaneira a efetivação ou não de todos os demais serviços intramuros, elemento preponderante de prevenção da realidade *Zé povinho*.

Mas não só em relação à formação dos agentes penitenciários, como também as legitimações das ações profissionais passam por tal característica que são critérios de eficiência e competência para aquele agente que responde ofensivamente às ocorrências no ambiente carcerário, uma vez que não compreendem que, "não convém castigar os crimes no indivíduo, senão destruir os focos antissociais donde nascem os crimes e dar cada qual o espaço social necessário para o desenvolvimento essencial de sua vida. (MACHADO, 1991, p. 121).

Essa realidade possibilita um condicionamento ostensivo de agressividade e imposição das ações inerentes aos agentes penitenciários. Destarte os elementos que se apresentam, outros fatores são fundamentais para se perceber as determinações da forma de objetivação por esse segmento, agora chamamos a atenção para o não cumprimento da legislação, como exemplo, o Conselho Disciplinar que parcamente atua, e quando opera determina um nexo de desconsideração da relevância que a estrutura, ou melhor, a falta de estrutura estabelece nos processos de conflitos e faltas disciplinares.

Tal observação é relevante ao trabalho dos Assistentes Sociais e que trataremos a seguir, por hora é preponderante observarmos que a estrutura legal de punição intramuros não se efetiva e nesse sentido os agentes penitenciários buscam compensar com suas ações que veladamente são toleradas pela gestão. Salvo quando ocorre exposição midiática e nesse momento esse segmento fica isolado e não raro recebe punições que variam desde a abertura de processos administrativos disciplinares como também responsabilização penal, contudo é importante destacar que essa realidade só se estabelece pela via da denúncia e exposição ou por perseguição administrativa, muito comum na gestão penitenciária e que se associa ao que se denomina hodiernamente de assédio moral.

O fato é que depois de "usar" as ações de coerção aplicada à revelia pelos agentes penitenciários, o Estado se utiliza da legislação de acordo com sua conveniência para legitimar a gestão nas disputas dos espaços institucionais ou, quando a mídia revela ações do gênero, a punição será proporcional à extensão da repercussão, seja em relação à sociedade seja em relação à população carcerária.

Para esclarecer melhor a abordagem acima, o espaço intramuros é disputado palmo a palmo por diversos segmentos, entre os quais se destacam: a população carcerária, as corporações policiais, a categoria de agente penitenciário, os técnicos que são os demais profissionais que atuam no espaço intramuros e os apadrinhados politicamente, que são os cargos de provimento em comissão.

Estrategicamente o segmento dos agentes penitenciários é mantido isolado, sendo repudiado pela população carcerária, pelos familiares dos presos e sentenciados, pela sociedade em geral e também pelo Estado, o que é bastante conveniente às gestões policiais que alimentam a disputa por gratificações entre os agentes penitenciários, possibilitando a ampliação do isolamento, pois a unidade na categoria funcional ainda é incipiente.

Dessa maneira, os valores que norteiam o cotidiano dos agentes penitenciários ainda alcançam o imaginário do "herói", muito bem retratado na música dos "Racionais MC's"[34], apresentando uma axiologia individualista e de sobrevivência a qualquer custo, então estão no ambiente prisional para terminar o plantão com sua integridade física garantida e tirando o maior proveito das situações que se estabelecem[35].

Portanto objetivam condutas policialescas, repressivas, egoístas e colaboram com revoltas pela precariedade de seu processo de trabalho e de sua baixa valorização, apresentando-se compromissados com os fundamentos do ganho pessoal, do acirramento do sofrimento intramuros e frieza frente à barbárie e mitigação do gênero humano.

Neste sentido, seu sucesso profissional em geral passa pela derrocada do outro e mesmo pelo melhor proveito que retira de situações limites e aviltantes, uma lógica perversa que impõe valores estritamente degradantes e egoístas. Esse nível se faz presente não só no cotidiano carcerário do pavilhão, em que se faz presente o plantão, mas também nas disputas já referidas, de gestão e cargos em comissão e ou gratificados, na relação da segurança com a população carcerária etc., destacando-se a afirmação de Telles:

> [...] nesses tempos de barbárie e violência, a questão, pois está a desafiar a imaginação e a exigir a reinvenção da própria política, diz respeito ao difícil problema de tornar comensurável a heterogeneidade social, cultural e simbólica de que é feita a vida em sociedade. (1994, p. 87).

[34] "Na muralha, em pé, mais um cidadão José. Servindo o Estado, um PM bom. Passa fome, metido a Charles Bronson". (Trecho da Música *Diário de um detento*, é uma canção de *rap* do grupo Racionais MC's, escrita pelo ex-detento Jocenir. A letra da música aborda a rebelião do presídio do Carandiru, ocorrida em 2 de outubro de 1992, quando 111 presidiários foram mortos pela polícia em evento que ficou conhecido como o Massacre do Carandiru.

[35] Obviamente que alguns indivíduos apresentam uma preocupação e compreensão societária, entendemos possível a profissionalização da categoria e outro modo de atuação.

Considerando agora a ação técnica, vamos destacar os Assistentes Sociais. Sua objetivação no ambiente carcerário é pautada pelo seu Código de Ética, porém o aviltamento das condições de trabalho por vezes inviabiliza tal realização.

A coerção da gestão para com a ação técnica tem sentido de que tais ações tomem forma coadunada com seus interesses e tal realidade começa pela flexibilização do contrato de trabalho pela via da CLT, mas não só.

Como o cárcere oferece uma lógica em que toda ação ou omissão são formas de se efetivar interesses de várias ordens, veremos muitas vezes os serviços técnicos sujeitos a ações do tráfego de influências que são efetivados tanto pela gestão, pelos agentes e mesmo pela população carcerária na representação de suas lideranças. Nesse caso, muitas vezes os serviços técnicos não percebem que estão sendo "usados" para essa finalidade, basta o simples fato de não se estabelecer um critério no atendimento, ou seja, estipular um mecanismo de acesso justo aos serviços técnicos.

A obstrução do acesso técnico aos usuários também é um fator relevante, que possui variáveis diversas, mas que em geral é justificado pela "questão de segurança", e aqui se evitam flagrantes a tratamentos aviltantes, punições psicológicas e mesmo efetivas, pois o não atendimento técnico em muito repercute no cumprimento de pena, entre os diversos sentidos que podem justificar tal impedimento.

O que estamos a destacar efetivamente é o fato de que a operação técnica intramuros é permeada por uma complexa cadeia movente de interesses dos diversos atores presentes no cotidiano carcerário, perceber essa realidade é fundamentalmente necessário à ação dos Assistentes Sociais intramuros, principalmente no sentido de imprimir em suas ações as dimensões presentes no Projeto Profissional, possibilitando de partida o direito de acesso aos serviços.

Outro elemento fundamental se estabelece pela proposta que muitas gestões estimulam de que as ações técnicas tenham por princípio a ciência dos atos realizados pela população carcerária, ou seja, os assentamentos contidos no setor de registro e movimento ou mesmo penal são estimulados aos serviços técnicos como parâmetro de conhecimento dos sujeitos encarcerados.

Notadamente as informações para a compreensão da demanda são fundamentais, porém o cuidado específico para a cimentação de conceitos prévios é essencial nesses casos, ainda mais quando existe estímulo externo à decisão do profissional técnico, portanto mais do que nunca as ações técnicas intramuros carecem de posicionamento profissional de autonomia e com objetivo lógico e definido.

Para essa referência, observa Misse (1997, p. 107):

> [...] o Estado não foge, às mesmas condições econômicas que podem impor aos seus agentes o estabelecimento de um mercado informal de serviços e mercadorias, cujo fundamento seja exatamente o controle, individualizado e ilegal, dos meios de administração da violência que a posição de agente de Estado dá acesso.

Tudo isso considerando que embora os crimes sejam praticados por todas as classes sociais, no geral só uma delas está sendo levada às penitenciárias, demonstrando também que é inquestionável, na classe subalternizada, a relação da miséria com a punibilidade do crime, fato este que não se aplica às elites que cometem diversos crimes. Ora, a existência de uma moralidade que se constitui difusamente no imaginário contraditório das classes sociais não deixa transparecer, seguindo o raciocínio de Misse (1997, p. 112),

> [...] a convivência entre a violência desmedida, de 'excesso de poder' das classes dominantes e elites, de dentro e de

fora do Estado, com políticas e práticas de conciliação, negociações em condições francamente desiguais.

Dessa maneira, antes mesmo da atuação profissional intramuros, é salutar que o Assistente Social tenha clareza do papel que joga a estrutura carcerária na sociabilidade capitalista, mas não só, compreender especialmente a conformação da autocracia burguesa brasileira e sua proposta de poder.

Nesse sentido, a singularidade brasileira assenta a histórica leitura das penas de maneira peculiar, saber essa realidade e como o sistema prisional fora utilizado pelo poder e ainda hoje possui preponderância fundamental possibilita ao profissional evitar erros de análise e de intervenção, podendo compreender a crítica precisa de Ianni:

> [...] pauperismo, desorganização familiar, preconceito racial, guetização de coletividades, preconceito social e desenvolvimento de uma espécie de subcultura de coletividades segregadas [...] indicando uma crescente desigualdade e a emergência de uma nova fronteira separando um segmento da população do resto da estrutura de classe. (1996, p. 30-31).

Assim, a segregação se inicia extramuros sendo que a guetização do cárcere é violência estatal legitimada para certa classe social, pois mais fácil seria realizar a reforma agrária no Brasil que encontrarmos a elite criminosa[36] no cárcere.

Com toda essa conjuntura, os profissionais técnicos[37] estão em ambiente extremamente hostil, proporcionando riscos a sua integridade física, mas também impondo limites significativos à ação profissional, com forte veio burocratizante e ditatorial, sem fundamentos científicos, embora com discurso de implementação

[36] Aqueles que, pertencentes à elite nacional, cometem toda sorte de crimes, inclusive desvios de verbas públicas, muito embora, hodiernamente são alcançados pela operação lava-jato, realidade ainda carente de análise.

[37] Psicólogos, assistentes sociais, médicos, enfermeiros, educadores, advogados etc.

de política social, ou melhor, da ressocialização/reintegração, buscando justificar com tintas científicas a legitimidade da mesma.

Assim é fundamental "decifrar o não dito, os dilemas implícitos no ordenamento epidérmico do discurso autorizado pelo poder" (IAMAMOTO, 2009, p. 17), a fim de capturar a realidade e conduzir tal experiência empírica, para além do óbvio, o que nos impõe enquanto Assistentes Sociais o revestimento da necessária "postura filosófica" (BARROCO, 2001), verificando de pronto que, nesta querela, o Serviço Social pouco comparece, pois que a realidade intramuros busca determinar seus fundamentos retributivos em detrimento da pertinência das ações técnicas em contexto dos serviços prisionais, sopesando a relevância societária que traduz o sistema prisional na manutenção da ordem e os princípios fundamentais do Projeto Ético Político Profissional do Serviço Social.

Neste cenário, a axiologia da ação profissional balizada nos valores emancipatórios fica reprimida, carecendo de intensa energia e capacidade para que seja objetivada e mesmo assim alcança pouco êxito, por vezes o mais provável é a garantia mínima de condições humanamente viáveis.

Fato este que constata a impossibilidade e, mais ainda, a inviabilidade de êxito da política ressocializadora/reintegradora, determinando um significativo desânimo profissional e uma solitude institucional estratégica, que nos faz refletir a urgência do debate sobre a temática, e as devidas orientações pertinentes às representações das categorias.

Neste momento, um balanço razoável do referido universo nos faz verificar que um sentimento singular e transversal é a frustração profissional, sentida pelos agentes penitenciários, policiais militares que atuam em alguns parques penitenciários como guardas de guarita ou muros[38] e equipe técnica e que recebe impulso significativo na experiência com a realidade *Zé povinho*.

[38] Em geral essa função é determinada como medida punitiva para os policiais militares.

Esse sentimento peculiar desenvolve valores de preservação, realizando condicionamentos para vivenciar a barbárie e retirar dessa realidade as condições materiais para a subsistência.

Ocorre que nessa lógica ainda teremos a reflexão da axiologia estabelecida pela população carcerária e nesse sentido o que teremos é estimulado pela precípua imposição do cumprimento de normas e efetivação de valores que são cobrados com um código de sangue.

A realidade

Muito já se comentou sobre a estratificação nas unidades prisionais, e não podemos nos furtar dessa relação para uma análise responsável sobre a estrutura axiológica carcerária.

Nesse sentido, verifica-se certa consideração sobre os presos "cabra homi", são os "matadores", ou seja, homicidas, mas não qualquer homicida, aqueles que matam pai de família perde a consideração, mas aqueles que matam em ações contra o Estado, sejam policiais, e mesmo em assaltos a banco e carros fortes recebem consideração de respeito, como também os que matam malandros e "maloqueiros".

Os "maloqueiros" em geral são jovens e drogados, portanto não possuem um *modus operandi* definido. Para obter dinheiro agem sem qualquer regra, podem roubar e matar qualquer pessoa e são a maioria encontrada nas unidades prisionais. Certamente esses são matéria fundamental da realidade *Zé povinho*.

Ocorre, no entanto, que as lideranças intramuros não são constituídas desse personagem, porém são largamente utilizados pela sua condição de materializar a violência indistintamente.

O ramo religioso é significativo no ambiente carcerário, são em geral cristãos da Igreja reformada, com forte veio do evangelismo pentecostalista. Nesse aspecto, vários membros da população encarcerada se convertem, porém alguns apenas estão esperando de forma mais confortável o tempo da prisão terminar, uma vez que esse segmento recebe certa consideração e respeito, claro que se mantendo passivos às disputas de toda sorte.

Ainda teremos aqueles que são concessionários do sistema prisional e que, por trabalharem junto à administração, estão passíveis de severas punições e são utilizados de diversas formas, sendo a mais comum a de informante, tanto do lado da "polícia" como do "ladrão".

As informações em geral são acordadas com os agentes, mas também com a população carcerária que elege os critérios e níveis de informações a serem veiculados para a "polícia". Qualquer quebra desse trato, o concessionário pagará com a própria vida.

O advento de facções criminosas no interior das unidades prisionais é realidade pujante em todo território nacional, e mesmo com recusas do poder estadual de admitir a necessidade de negociação cotidiana com esses grupos, essa realidade é venal.

Ocorrem então vários ajustes no cotidiano carcerário, entre os quais uma realidade dialógica entre Estado, por meio de seus representantes e os grupos internos que possuem maior poder de negociação, uma vez que apresentam capacidade de mobilização das unidades prisionais e mesmo fora delas.

É nesse contexto em que vive a realidade que no momento desnudamos, qual seja, *Zé povinho.*[39] Existe nas prisões, é temido pelos agentes públicos e escondido da população extramuros, sua manifestação no interior do cárcere muitas vezes é apresentada como rebelião, sua derivação objetivada e direcionada, ou seja,

[39] *Zé Povinho* nada mais é do que a corporificação da barbárie e da brutal violência coletiva em função de um objetivo difuso para o coletivo, mais específico para os indutores dessa massa violenta.

sua capacidade de ação extramuros é articulada por meio de um processo silencioso de empoderamento que aparece fora do cárcere como ações criminosas de partidos criminosos.

As ações fora do cárcere não possuem o mesmo contexto, extramuros o estímulo é semelhante àquele utilizado pelo Estado Islâmico, incentivando aos partícipes da causa ações que determinem pânico às populações, que chame a atenção da mídia, e que de algum modo possa desestabilizar gestões estaduais e de negócios econômicos que envolvem o mundo de rentabilidades e interesses.

No cárcere é difuso, porém reconhecido pela população encarcerada, tanto é reconhecido como foi nominado por ela. É difuso porque muitos participantes da realidade são levados sem razões aparentes a integrá-lo, todavia são solidários à "causa". *Zé povinho* aparece nas matérias jornalísticas, está estampado nas armas artesanais que ceifam vidas e mutilam corpos nas prisões brasileiras.

Aqueles que conhecem o cotidiano carcerário sabem que quando a "cadeia" se encontra calma, é prenúncio de *Zé povinho*. Tal como uma lenda urbana, ele impõe o medo, conversas e cochichos são alimentados, diálogos entre população carcerária e representantes do Estado por vezes ocorrem para ajustar o seu aparecimento.

Todavia, pela natureza que possui, por mais determinações que ocorram, e muitas dessas planejadas, *Zé povinho* "é cachorro louco", ou seja, de fato ao surgir se sabe que se iniciou, entretanto não se sabe exatamente como principiou, mas como terminará certamente é uma grande incógnita.

A rebelião, que é um dos nomes dados pelo Estado a realidade, tem processualidade própria, muitas vezes objetiva ajustes de natureza geoespacial, acertos de contas de caráter econômico e de honra, mudança de gestão do estabelecimento prisional, eliminação de inimigos e de grupos rivais, inclusive de representantes do Estado, entre outros.

Zé povinho impõe respeito, medo, seus métodos não são clássicos, sua ação é brutal por meio da *vis corporalis*, é articulado em geral por pequenos grupos de presos, sua manifestação é sangrenta, é coletiva, em geral é impune, possui linguagem própria[40], estabelece respeito e enfrentamento. Vários agentes públicos e presos "sujeira" já foram vítimas dessa manifestação coletiva da barbárie humana.

Essa realidade tende a ocorrer quando as condições de habitação, imposição, sofrimento e descrédito estão cimentadas nas unidades prisionais, quando as visitas são molestadas e a violência é rotina. Esses prenúncios infelizmente são o cotidiano dos estabelecimentos penais, colocando em xeque a estrutura estatal que anuncia o "milagre da privatização", realizando assim o único movimento que o Estado capitalista compreende: estender e reproduzir cada vez mais a exploração e dominação com fins de acumulação.

As articulações que conjugam seu aparecimento são difusas, são comuns ações de lideranças que imponham a certos membros da população carcerária as primeiras batalhas, por exemplo aqueles que estão devendo podem ter suas vidas ceifadas para colaborar no evento em curso, e assim sanarem suas dívidas, evitando represálias contra suas famílias, outro modo utilizado é o incentivo de operação em linha de frente de membros da população carcerária instigados pelo uso de drogas, no momento do início do conflito.

Sabemos que as massas possuem comportamentos espe-

[40] Os agentes penitenciários que vivem a "vida na cadeia" podem muito bem identificar as linguagens próprias de *Zé povinho*, como por exemplo, numa totalidade ou incursão nos pavilhões e contenção, quando a população começa a se comunicar por meio de tossidos, ou mesmo quando os agentes são anunciados como o óleo, pois que não se misturam com o convívio e devem ser monitorados e se possível emulados.

cíficos, mas também sabemos que podem determinar circunstâncias não esperadas. Devido a essa certeza, tal realidade é temido singularmente, todos os servidores intramuros já foram, de algum modo, alertados para que não caiam no centro desse evento, uma vez que a possibilidade de óbito é significativa, essa realidade impõe um temor constante às ações intramuros, determinando que as atividades sejam sempre executadas de modo ansioso e com grave conflito de intenções.

Essa realidade associada à superpopulação carcerária impõe uma realidade fulcral de mitigação dos serviços prisionais, comprometem sobremaneira sua extensão e colocam em xeque qualquer proposta de humanização da pena.

Nesse contexto, o que prevalece é o conceito de segurança, sua lógica é inclusive apoiada por todos os servidores intramuros, com raras exceções, no entanto, nenhuma resistência a tal lógica se afirma, prevalecendo uma ação estatal calcada na precariedade e na retribuição penal.

Se os serviços não atendem à demanda, ou sequer existem, o cenário propício a realidade apresentada, são postos na ordem do dia, carecendo apenas de determinado cultivo, isso as lideranças intramuros – sejam essas de natureza estatal ou dos grupos criminosos – sabem como operar.

Vejamos que a realidade não possui uma prevenção devida, possibilitando a suposição de que tal contexto faz parte do modelo, inclusive é esperado, pois que conforme nos alerta Silva (2013, p. 158):

> Ora, a humanização ou uma ressocialização compensatória, no sentido de esvaziamento aflitivo da pena para as partes envolvidas no delito, não serviria de instrumentação de controle e manutenção do *status quo*, portanto, estaria fora dos interesses dominantes.

Nesse contexto, um ambiente de constante sofrimento só pode determinar revoltas cíclicas, mas também essas revoltas garantem legitimidades às estruturas existentes. Não esqueçamos de que o aparato jurídico e logístico para efetivar a mastodôntica estrutura carcerária, que só cresce, é significativo, em alguns Estados federados, em certos momentos, ficam atrás em termos orçamentários apenas para a saúde, a educação e a segurança[41].

A realidade que apresentamos é em muitos casos desconsiderada pelo preconceito em que se inserem as populações carcerárias, é comum aos trabalhadores intramuros e à sociedade em geral, instalarem em juízo, uma noção de inferioridade dos que habitam o mundo intramuros, facticidade que facilita o aliciamento da população carcerária aos preceitos das lideranças intramuros[42].

Esse preconceito tem determinado elementos singulares às gestões, com alcances que sequer são percebidos em instâncias superiores, como é o exemplo do uso das unidades federais. Em sua lógica administrativa, seu público possui uma característica bem definida na legislação. Ousamos sopesar que nenhuma surpresa seria se encontrássemos um significativo número de presos sem essa recomendação legal habitando os muros, ou melhor, as grades das unidades federais, mais ainda, certamente uma análise das determinações que impuseram sua lotação nos traria surpresas interessantes.

Evidente nos parece que variados elementos conjugam-se para determinar a efetividade dessa realidade, que no cotidiano de seu planejamento faz produzir significativo aparato de armas brancas[43], portanto, caso seja observado que as paredes da unidade prisional se encontram descascadas com os ferros apa-

---

[41] É comum o sistema prisional ter um tratamento distinto daquele da segurança, inclusive é recomendado por organismos internacionais de Direitos Humanos.

[42] Em rotineira revista no interior da unidade prisional PPBC, na Ilha de Itamaracá – Pernambuco, encontrou-se na parede da cela a seguinte frase: *Malo periculosam libertatem, quam quietum servitium*.

[43] Chuços, facas, facões, espadas etc.

rentes e por vezes cortados é um sinal importante de alerta.

Essas armas são simbólicas, pois possibilitam certa integração nas ações, assim é que se determinado sujeito é listado para morrer, no calor da ação todos irão registrar sua participação com investidas dessas armas no corpo do escolhido.

Trata-se de um pacto, e obviamente de sangue, mas quando o momento inicial se instala ainda sem um norte diretivo claro, tudo pode ocorrer, inclusive o extermínio imediato de trabalhadores intramuros, principalmente aqueles da área de segurança[44], nesse aspecto Silva e Duarte nos propõe:

> É necessária a percepção de que na disputa registrada na constelação do capital, o imperativo imposto de seu existir se conjuga num misto de alienação/fetiche, exploração e reificação, derivando leis artificiais que se pretendem naturais. (2016, p. 71-72).

Destarte a realidade imposta é nada mais nada menos que produto do conjunto social que se determina e sua axiologia, mas não é tal realidade uma surpresa, tanto é assim que a lógica de gestão é implantar ainda mais o processo de exploração, com essa matéria-prima[45] significativamente demandada.

Ao mercado, depois de firmado, cabe aprimorar os meios para sua exploração. Assim como no processo do trabalho explorado se busca a flexibilização da relação trabalhista[46] e o aprimoramento tecnológico[47] da produção, no cárcere opera-se com os conceitos das escolas criminológicas (GARCIA-PABLOS; GOMES, 1997), da tecnologia de monitoramento, da indústria de armas, entre outras.

---

[44] Não é incomum que servidores dessa área sofram atendados a sua vida mesmo extramuros.

[45] Homens e mulheres presas e legalmente presas.

[46] Vários são os exemplos, citemos apenas a denominada PEC do trabalho escravo e as manobras para sua flexibilização conceitual e o Projeto de Lei n. 4.330/2004, denominado projeto da terceirização.

[47] Fordismo, Taylorismo, Toyotismo, Kanban, Reestruturação Produtiva, *Just in Time* etc.

Muitas tintas já discorreram sobre a temática das rebeliões, todavia o processo que se gesta para seu surgimento é silencioso. Em linhas gerais se comenta que ocorrem articulações diversas, porém pouco se estudou sobre a realidade, que ao ser iniciada, durante alguns momentos não possui controle. Esse instante é o que caracteriza o *Zé povinho*, nele tudo pode ocorrer e sempre ocorre com consequências sangrentas, não existem regras, trata-se de um momento de histeria coletiva, com uma responsabilização questionável, pois de difícil aplicação da função especial da pena.

Um momento inusitado em que o coletivo não se enxerga com repressão das convenções, ou pelo menos se entendem livres dela, algo esquizofrênico de um mundo não existente, que forçadamente surge na realidade, esse instante, que vivem em alguns minutos, são os mais críticos e mais cruentos.

Das man: uma hermenêutica possível

O ser que interpreta possui em tese uma compreensão das coisas, mas para compreender tem que existir, veja-se que uma estrutura anterior, ou melhor, uma pré-estrutura, é uma questão complexa a ser enfrentada, se para Tomás de Aquino (1988), em sua interpretação aristotélica da fé, se estabelece um conceito de primeiro motor, ratificado na escolástica de Dante (1988) sobre a Monarquia, para nós interessa a lógica da impessoalidade.

Certo sentido fora apetecido em Maquiavel (1994), quando comenta sobre as facetas das sucessões do poder. Naquele cenário, o comentador nos impele à compreensão de que sendo os governos inicialmente legitimados pela população, ao se tornarem tiranos (quase todos possuem essa tendência, ainda mais com o direito de sucessão sanguínea), a mesma população trata de destituí-los do poder instigados pelos quadros poderosos que bajulavam e lhe "faziam a corte", iniciando-se novo ciclo.

> Mas o poder passou às mãos de seus filhos, que ignoravam os caprichos da sorte; como os infortúnios não os tinham submetido à prova, não queiram respeitar a igualdade civil; entregando-se à avareza, à ambição e ao desmando, transformaram o governo, que até então fora aristocrático, numa oligarquia que deixou de respeitar os direitos dos cidadãos. Em breve, porém, tiveram a mesma sorte do tirano: **a multidão**, cansada, se fez instrumento de quem quisesse vinga-la dos seus opressores. Logo surgiu um homem que, com o apoio do povo, os derrubou do poder. (MACHIAVELLI, 1994, p. 25).

Evidentemente que Machiavel nos indica um tipo de comportamento da massa quando subjugada e oprimida, todavia vejamos mais detalhadamente que da realidade do florentino, em visão objetiva do mundo das coisas, dialoguemos com a impessoalidade posta nos conceitos de Heidegger (2005).

Tratamos de uma realidade imbricada em determinação absoluta de barbárie, um momento em que os membros que planejam sua existência, a do *Zé povinho*, perdem seu controle em momentos críticos que podem representar, inclusive, o extermínio dos próprios planejadores.

Um elemento importa, observa-se que todos naqueles momentos objetivam a violência desenfreada, se sentem fora da norma, são por alguns instantes membros de um mundo próprio, sem convenções e sem juízo, não se pensa, age-se, talvez um desvario (ANDRADE, 1987), uma esquizofrenia.

Uma literatura importante que possui inúmeros elementos descortinando nossa realidade se encontra em Canetti (2014), no qual o "Opus" debate acerca do comportamento das massas e suas reações.

Destarte o conteúdo fundamental disponibilizado, destaca-se

a característica peculiar do confinamento e um significativo contexto de elementos axiológicos que se inculcam nas mentes *Das Man*.

No momento em que a responsabilização é mera proposta metafísica, um delírio muitas vezes cunhado dos sonhos alargados da virtualidade da realidade que logra o cheiro da coca e da marijuana, da fumaça cancerígena do verde claro da massa pedra de crack, e mesmo da sebosa podre gengibirra[48].

Talvez o *dasein*, aquele que está no mundo, que é formador de mundo, estando com os outros *dasein*, estabeleçam em dado momento uma realidade de impessoalidade, ou para simplificar o termo um *das man:*

> O impessoal encontra-se em toda parte, mas no modo de sempre ter escapulido quando a pre-sença exige uma decisão. Porque prescreve todo julgamento e decisão, o impessoal retira a responsabilidade de cada pre-sença. O impessoal pode, por assim dizer, permitir-se que se se apoie impessoalmente nele. Pode assumir tudo com a maior facilidade e responder por tudo, já que não há ninguém que precise responsabilizar-se por alguma coisa. O impessoal sempre "foi" quem... e, no entanto, pode-se dizer que não foi "ninguém". Na cotidianidade da pre-sença, a maioria das coisas é feita por alguém de quem se deve dizer que não é ninguém. (HEIDEGGER, 2005, p. 180).

Esse momento permite a fuga das convenções, talvez esse seja o momento mais verdadeiro do que habita o homem axiologicamente montado no egoísmo e na utilidade, esse ser que no privado se oprime pelas amarras da lei, da força, dos conceitos e pré-conceitos, do outro, se liberta no conjunto, um conjunto que urra por algo que se perdeu, que clama por humanidade, todavia tal fundamento se demonstra como uma metafísica.

A lide fora pensada, planejada e calculada, mas carece de

[48] Bebida com putrefação de frutas cítricas.

ser liberada, essa tal liberação permitirá um quiproquó em que: "Todo mundo é outro e ninguém é si próprio. O 'impessoal', que responde à pergunta 'quem' da presença cotidiana, é 'ninguém', a quem a presença já se entregou na convivência de um com o outro" (HEIDEGGER, 2005, p. 181).

Ocorre que, recorrendo ao cotidiano carcerário e ao pensador de *Das Kapital*, veremos que a convivência se forja em sede de consciências alienadas, a relação de seres é reificada, sentido este que contribui para uma horda desordenada de desejos, sensações de afirmação, vontades de liberdade, mas que é tal coisa nunca antes vivida?

Todavia essa contribuição não é determinação, o impessoal é mais complexidade que um simples esclarecimento. Nesse delírio, como na pomba que pensa no vácuo melhor voar, *Zé povinho* estranha tudo e todos, até mesmo quem ou o que lhe compõe, é besta solta, fera colossal, é a mais pura manifestação de um animal que se fez *zoo* bestial, aniquilando naquele momento a proposta do ser social com fins emancipatórios.

Como um ser que habita o mundo, se vive em história, e o cárcere representa uma história forjada em dor, nesse universo o ser revela singularidades nunca antes demonstradas. Esse espelho de nós, cárcere, esse mundo nos diz coisas de nós mesmos, somos também cárcere, e *Zé povinho*, em toda sua dimensão de materialização impessoal é parte de nós.

> O impessoal é um existencial e, enquanto fenômeno originário, pertence à constituição positiva da pre-sença. A pre-sença possui em si própria diversas possibilidades de concretizar-se. As imposições e expressões de seu domínio podem variar historicamente. (HEIDEGGER, 2005, p. 182).

Esse cenário pode equivocadamente nos imprimir uma apreensão com viés abstrato, todavia os argumentos estão incrustrados na realidade concreta. Vejamos, por exemplo, espaços de representações diferenciadas, como é o Conselho Penitenciário.[49] Nesse espaço não é raro os debates estarem imbricados com situações de decisões do poder judiciário sobre movimentos coletivos ocorridos intramuros.

Se em diversos espaços se materializa a horda bestial, com elementos da destruição do outro, no cárcere esses fundamentos são regras clássicas do cotidiano, e diante dessa realidade entendemos que todas as tintas que no curso histórico justificaram a legitimidade da pena e do *jus puniendi*, todas são ratificações óbvias da necessária mudança de rumos da condução da vida dos homens em mundo, portanto cabe a esse *dasein fazer mundo original.*

Referências

ANDRADE, M. *Poesias completas.* São Paulo: Editora da Universidade de São Paulo, 1987.

BALESTRERI, Ricardo Brisolla. *Direitos humanos*: coisa de polícia. Rio Grande do Sul: Edições CAPEC, Gráfica e Editora Berthier, 2003.

BARROCO, L. *Ética e sociedade.* Brasília: CFESS, 2001.

BENJAMIN, C. *Bom combate*. Rio de Janeiro: Contraponto, 2004.

BORGIANNI, E. *O Serviço Social no "campo sociojurídico":* primeiras aproximações analíticas a partir de uma perspectiva crítico-ontológica. São Paulo, out./2012.

BUZZI, A. R. *Introdução ao pensar.* 30. ed. Rio de Janeiro: Vozes, 2003.

CANETTI, E. *Massa e poder*. Trad. Paulo Osório de Castro. Lisboa: Cavalo de Ferro, 2014.

DANTE, A; AQUINO, T. *Seleção de textos*. Trad. Luiz João Baraúna [et al.]. São Paulo: Nova Cultural, 1988. Os pensadores.

GARCÍA-PABLOS, A. de M.; GOMES, L. F. *Criminologia:* introdução a seus fundamentos. 2. ed. São Paulo: Revista dos Tribunais, 1997.

HEIDEGGER, M. *Ser e tempo.* Trad. Márcia Cavalcante Schuback. (Parte I). Rio de Janeiro: Editora Vozes, 2005.

---

49 Estão representados: Ministério Público Federal, Ministério Público Estadual, Defensoria Pública Federal, Defensoria Pública Estadual, Ordem dos Advogados do Brasil, Poder Executivo, Representantes das Academias, Conselhos de Classe, entre outros.

HUBERMAN, Leo. *História da riqueza do homem.* Trad. Walter Dutra. Rio de Janeiro: Zahar, 1981.

IAMAMOTO, M. V. O significado sócio-histórico das transformações da sociedade contemporânea. In: *Serviço Social, direitos sociais e competências profissionais*. Brasília: CFESS/ABEPSS, 2009.

IANNI, O. O mundo do trabalho. In: FREITAS, Marcos C. (Org.). *A reinvenção do futuro*. São Paulo: Cortez, 1996.

JORNAL DO COMÉRCIO. *Chaveiros ditam leis em cadeias*. Recife: JC Cidades, 2007.

MACHADO, L R. S. *Politecnia, escola unitária e trabalho*. 2. ed. São Paulo: Cortez, 1991.

MACHIAVELLI, Niccolò. *Comentários sobre a primeira década de Tito Lívio*. 3. ed. Trad. Sérgio Bath. Brasília: Editora Universidade de Brasília, 1994.

MARX, K. *O Capital:* crítica da economia política. (os economistas). Livro I. Trad. Regis Barbosa e Flávio R. Kothe. 3. ed. São Paulo: Nova Cultural, 1988.

MARX, K. *Miséria da filosofia.* São Paulo: Ciências humanas, 1982.

MELOSSI, D. A questão penal em O Capital. *Revista Margem Esquerda,* São Paulo: Boitempo, 2004, p. 124-140.

MISSE, M. As ligações perigosas: mercado informal ilegal, narcotráfico e violência no Rio. *Revista Semestral de Ciências Sociais e Educação,* Qualificação e Informalidade. Contemporaneidade e Educação. ano II, n. 1, maio 1997, Rio de Janeiro: IEC, 1997, p. 116.

MUSTAFÁ, M. A. M. *Possíveis interpretações dos princípios éticos do Serviço Social a partir da análise das tendências éticas contemporâneas.* Recife: Presença Ética, Unipress-Ed, 2001.

PAIXÃO, A. L. *Recuperar ou punir:* como o Estado trata o criminoso. São Paulo: Cortez Editora, 1991.

PLATÃO. *A República*. Trad. Maria Helena da Rocha Pereira. 9. ed. Lisboa: Calouste Gulbenkian, 2001.

SILVA, A. L. A. Ressocialização e criminologia: uma análise crítica. In: SCHEFFER, G.; CARIAGA, H.; BURGINSKI, V. (Org.). *Políticas sociais, práticas & sujeitos:* prismas da atualidade. Campinas: Papel Social, 2013, p. 153-172.

______; DUARTE, S. C. *A questão penal e o direito de resistência:* controle, direitos humanos e capitalismo. Curitiba: CRV Editora, 2016.

TELLES, V. Pobreza e cidadania: precariedade e condições de vida. In: DE SOUZA, Heloisa H. T. et al. (Org.) *Terceirização:* diversidade e negociação no mundo do trabalho. CEDI/NETS, São Paulo: Hucitec, 1994, p. 84-109.

WEFFORT, F. C. (Org.). *Os clássicos da política*. São Paulo: Ática, v. 1, 1991.

CAPÍTULO 3

A PRISÃO E O REDENTORISMO TRABALHISTA: PERSPECTIVAS SOBRE AS POLÍTICAS PÚBLICAS VOLTADAS PARA O TRABALHO NO SISTEMA PRISIONAL DO ESTADO DO CEARÁ.

Gislane Santos
Pedro Jorge Chaves Mourão

Introdução

O presente capítulo pretende abordar o *logos* das políticas públicas prisionais voltadas para o trabalho, ofertadas aos presos e egressos do sistema carcerário cearense. As políticas públicas de incentivo ao labor são disponibilizadas por meio da Coordenadoria de Inclusão Social do Preso e do Egresso (CISPE), órgão vinculado à Secretaria da Justiça e Cidadania (SEJUS-CE). O intuito é fazer uma discussão a respeito dos motivos que direcionam essas políticas a atividades de cunho essencialmente laboral ou de incentivo ao labor. Para tanto, faremos uma breve introdução sobre o cenário atual do sistema carcerário cearense, posteriormente discorreremos de forma concisa sobre particularidades da CISPE, seguido de uma breve discussão acerca do trabalho tendo como objeto de análise o sistema prisional cearense.

Os problemas no sistema carcerário já se tornaram rotina na sociedade brasileira, tornando-se acontecimentos "comuns" e "corriqueiros", e por serem tratados dessa maneira os fenômenos acabam não recebendo a devida importância que necessitam, nem em termos teóricos e nem em termos práticos. Diante dos problemas que surgem a todo o momento, o Estado, representado pelas instituições prisionais, lança mão de certos artifícios e estratégias na tentativa de conter as adversidades que surgem, buscando minimizar o desgaste político e midiático desses problemas. O sistema prisional contemporâneo está baseado nos princípios de punição e recuperação (MOURA, 2012), punir para recuperar, nessa lógica, as políticas públicas voltadas para o labor surgem na perspectiva do Estado como meio de transformação do indivíduo, conferindo-lhes novas características morais de honestidade, responsabilidade e colaboração. No Ceará foi criada em 2012 a Coordenadoria de Inclusão Social do Preso e do Egresso (CISPE), instituição que funciona influenciada pela lógica do incentivo ao trabalho visando à transformação do indivíduo e por consequência a transformação social.

O prédio da CISPE está localizado na Avenida Heráclito Graça; n. 600, no Bairro Centro - Município de Fortaleza/CE. Na instituição estão estabelecidos os Núcleos de Empreendedorismo e Economia Solidária (NEES), Núcleo Educacional e de Capacitação Profissionalizante (NECAP), Núcleo de Gestão de Assistidos e Egressos (NUGAE) e o Núcleo de Arte e Eventos (NAE) (CEARÁ, 2014). Em 2015, foi criado o Núcleo de Assistência à Família (NUASF) que se localiza no prédio da CISPE, mas está ligado à Coordenadoria do Sistema Penal (COSIPE). O imóvel é relativamente novo, localizado em um bairro central, constituído por dois pavimentos inaugurados em 2014, a fachada é formada por grandes quadrantes de vidro com película escura, o que possibilita às pessoas que estão no interior da unidade perceberem toda movimentação na parte externa, no andar superior existem várias janelas de vidro com a mesma característica da parte inferior.

No primeiro pavimento, logo no rol de entrada, existe um aparelho detector de metais, que por vezes causa certo tumulto na porta, por conta da passagem limitada, em que só é possível passar uma pessoa por vez. As bolsas e sacolas são colocadas ao lado em uma bancada e recuperadas após a travessia pela máquina. Esse protocolo, em alguns momentos, acaba facilitando a aglomeração de pessoas em um espaço de tamanho bem reduzido, o que favorece um estado de desordem causando transtorno aos usuários. Agentes do sistema prisional alocados na CISPE (segundo a direção da instituição, os agentes são escolhidos de acordo com o perfil exemplar de bom profissional e pelo tratamento diferenciado que dedicam aos presos) fazem o monitoramento e vigilância da entrada, os agentes ainda se dedicam à segurança de todo o órgão; nessa parte também está fixada uma câmera de vigilância na parede em frente à máquina de inspeção, que monitora toda a movimentação inicial.

A forma arquitetônica e a disposição espacial e organizacional da instituição estão bem afinadas com o princípio de vigilância do dispositivo *panóptico* idealizado por Jeremy Bentham e problematizado por Michel Foucault (1998), no qual designa todo um conjunto de técnicas e de instrumentos que servem para medir, controlar e corrigir indivíduos apontados como anormais. Assim, o *panóptico* surge como um dispositivo disciplinar que "organiza unidades espaciais que permitem ver sem parar e reconhecer imediatamente" (FOUCAULT, 1998, p. 166), no sentido de que os indivíduos tenham ciência de que são vigiados, sendo vistos, mas não podendo ver seus observadores; sendo objeto de uma informação, nunca sujeitos em uma comunicação. Nesse mecanismo, a ideia de um "poder visível e inverificável" está na essência da sujeição real que nasce de uma relação fictícia, em que não é necessário recorrer ao uso da força para que se obrigue as pessoas a exercerem certo tipo de comportamento (FOUCAULT, 1998).

Seguindo adiante, na sala de recepção, a vigilância ainda é constante com três câmeras de monitoramento dispostas em lugares estratégicos de forma a conseguir uma visão ampla de todo o espaço; existem três balcões com computadores e impressoras destinados ao atendimento dos usuários; 36 cadeiras dispostas em frente à TV, onde egressos e familiares aguardam atendimento ou o horário de atividades que são realizadas na unidade; encontra-se também no ambiente um bebedouro, banheiros masculino e feminino, oito salas pequenas destinadas ao atendimento individual de âmbito jurídico, social ou psicológico; um posto do Cadastro Único (CadÚnico), serviço designado ao cadastramento dos familiares dos internos e dos egressos do sistema penitenciário em programas socioassistenciais do Governo Federal; e um posto de identificação, onde é realizado o trabalho de emissão de documentos para esse público em específico, porém esse serviço não é gratuito, custa o valor de R$ 40,00, o que equivale a aproximadamente 4,54% do valor do salário-mínimo vigente, que é de R$ 880,00, e só será isento de taxa de cobrança o interno, egresso ou familiar que estiver inscrito em programa socioassistencial, o que geralmente não acontece, visto que após dois anos afastado do ambiente doméstico o indivíduo deixa de ser assistido pelo programa social, impossibilitando a concessão gratuita do serviço.

Até o momento da pesquisa todos os serviços estavam funcionando. Todos os móveis e aparelhos estão em bom estado de conservação, as paredes estão limpas e são pintadas com cor sóbria. A parede onde está fixada a televisão possui uma cor que se assemelha aos quadros negros escolares, com desenhos feitos de giz, cartazes informativos sobre os cursos e atividades desenvolvidas na instituição e chamadas para inscrição em cursos ou vagas de emprego, na parte superior letras feitas de papel formam a frase: "MURAL DE OPORTUNIDADES". Nas outras paredes da recepção estão expostos *banners* dos cursos que a CISPE promove e outros informes como: regras de acesso à instituição, comunicado de desacato ao funcionário do órgão e regras relativas ao comportamento e procedimento que o egresso ou familiar deve dispor quando estiver nos recintos da instituição, por exemplo, um que informa que "o aluno que não estiver usando o devido fardamento deverá aguardar na recepção a entrega de crachá e permanecer com ele em todo o período de permanência na CISPE".

O primeiro piso ainda conta com salas de aula e espaços destinados a cursos profissionalizantes, como é o caso do ambiente montado que se assemelha a um salão de beleza, destinado a cursos no ramo da saúde e estética, e a cozinha industrial, utilizada para atividades na área da gastronomia.

No andar superior, encontra-se um auditório, sala de aula de informática e as salas onde funcionam os núcleos específicos de atendimento. Os equipamentos das salas (cadeiras, mesas, computadores, armários, aparelhos de ar-condicionado) também são novos e estão em bom estado de conservação e funcionamento, todos os recintos estão subdivididos por paredes de madeira, o que deixa o ambiente com pouca privacidade, com momentos em que é possível ouvir o que se diz na sala ao lado por conta da fragilidade das divisórias.

A grande maioria dos funcionários vinculados à instituição são terceirizados. A CISPE também conta com o trabalho de alguns egressos do sistema prisional em cargos distribuídos nos serviços gerais (limpeza e manutenção), na recepção e como professores ou monitores nas atividades; os internos e egressos do sistema prisional prestam seus serviços sem a manutenção de vínculos empregatícios, esses funcionários específicos são distribuídos nos postos de trabalho conforme as suas habilidades, nos quais a remuneração vai desde o teto máximo, um salário-mínimo e meio (R$ 1.320,00), a três quartos do salário-mínimo (R$ 660,00).

A partir dessa perspectiva institucional, buscamos delinear os caminhos das políticas do labor aplicadas no sistema prisional cearense. Para tanto, fizemos um breve apanhado sobre o quadro atual do sistema carcerário do Ceará, por meio de dados disponibilizados pela própria SEJUS e Censo Penitenciário 2014, notas de jornais locais, Relatório de Inspeção em Estabelecimentos Penais do Ceará realizado pelo Conselho Nacional de Política Criminal e Penitenciária (CNPCP) e pela Ouvidoria Nacional dos Serviços Penais (ONSP). Seguimos com aprofundamentos sobre a Coordenadoria de Inclusão Social do Preso e do Egresso com a análise sobre as percepções da coordenadora da instituição sobre as atividades de incentivo ao trabalho desenvolvido pela CISPE, abordando as condições de trabalho oferecidas aos detentos, como se estabelecem as parcerias entre a iniciativa privada e o Estado e quais são os desdobramentos dessas parcerias para o Estado, para as empresas e para os presos e/ou egresso, complementando com uma discussão sobre o trabalho no sistema prisional.

Este capítulo tomou como base, visando aprofundar e complementar pesquisas realizadas anteriormente que abordam as questões do trabalho realizado pelos indivíduos encarcerados Zackseski (2001) e Carvalho (2009).

O sistema carcerário cearense atual

No Ceará, de acordo com o Censo Penitenciário realizado pela Secretaria da Justiça e Cidadania (SEJUS-CE) em parceria com a Universidade Federal do Ceará (UFC), nos anos de 2013 e 2014 o contingente de indivíduos (homens e mulheres) sob custódia do Estado nas unidades prisionais era de 16.501 presos, sendo que no início da realização do censo em abril de 2013 dados oficiais da SEJUS computavam lotação de 13.751, ou seja, houve um aumento de 2.750 detentos no período de aproximadamente um ano. Seguindo essa lógica, naturalmente essas informações não configuram plenamente a nova realidade atual. Todavia existe uma grande dificuldade em confirmar a exatidão do número de apenados, uma vez que existe grande fluxo de entrada e saída de indivíduos, e são enormes as disparidades encontradas entre os dados do Censo e os dados ofertados pela própria SEJUS-CE que, por meio da Coordenadoria do Sistema Penal (COSIPE) e Núcleo de Dados e Estatística (NUDAE), disponibiliza a cada ano material sobre o efetivo de presos no sistema prisional do estado do Ceará, que chegou a atingir em 2015 o número alarmante de 24.032 detentos, sendo a capacidade atual das unidades prisionais de 10.636 vagas (CEARÁ, 2014a), como demonstra a tabela a seguir.

Efetivo de Detentos nas Unidades Prisionais do Ceará	
Ano	Nº de Presos
2008	12.766
2009	12.862
2010	15.201
2011	17.327
2012	17.657
2013	19.392
2014	21.320
2015	24.032

FONTE: Secretaria da Justiça e Cidadania / SEJUS-CE (CEARÁ, 2016). Compilação do autor.

O Censo Penitenciário confere o número de 13.751 internos em 2013 e 16.501 em 2014. Já a SEJUS-CE mostra nos dois anos referenciados totais de 19.392 em 2013 e 21.320 em 2014. A população carcerária está subdividida atualmente no complexo penitenciário composto por cinco presídios – unidades prisionais destinadas aos indivíduos que não estão sentenciados, ou seja, ainda esperam o julgamento definitivo–, quatro penitenciárias – são unidades prisionais destinadas àqueles que já foram julgados e sentenciados, para os quais os processos não cabem mais recursos –, um hospital geral e sanatório penal, um instituto psiquiátrico, uma colônia agrícola e 131 cadeias públicas e distritos policiais que acolhem presos sob a jurisdição da Secretaria da Justiça e Cidadania (CEARÁ, 2016, 2014a). Apesar de existir essa diferenciação de público atendido nas unidades prisionais, em realidade esse quesito não é atendido, encontra-se nos cárceres das unidades do estado a presença de presos provisórios junto a presos condenados e presos primários com reincidentes (BRASIL, 2016).

Essa grande disparidade entre os números de apenados sob custódia do Estado nos mostra possíveis problemas de ordem organizacional, que passam os órgãos responsáveis pelo controle e disponibilidade dos dados informativos. O descaso, no que diz respeito a informações desencontradas, desatualizadas ou até à falta de averiguação de dados básicos e essenciais para tomada de decisões nessa seara, pode comprometer todo um conjunto de dispositivos, de profissionais, de indivíduos e, por consequência, a própria sociedade, que fica alheia a toda uma realidade complexa e principalmente à política pública que diz respeito a sua própria segurança.

Embora haja o desencontro nas informações, algo certo e que não precisa de muita atenção para ser percebido é o estado de calamidade em que as prisões cearenses estão por conta da superlotação, cenário nada novo, mas que só tende a piorar a cada dia, como mostram as reportagens dos dois jornais de maior circulação no estado, *Diário do Nordeste* e jornal *O Povo*, sobre os últimos acontecimentos do sistema prisional cearense. Em 21 de maio de 2016, presos de diversas unidades prisionais do estado se rebelaram logo após a greve dos agentes penitenciários ser anunciada (os agentes reivindicavam melhores condições salariais e de trabalho). Com a greve, as visitas dos familiares dos detentos nos estabelecimentos prisionais foram suspensas por motivo de não haver profissionais suficientes para monitoramento, o que supostamente teria motivado a depredação do patrimônio prisional com a queima de colchões, destruição de celas, grades, cadeiras, armários e a invasão de alas, o que culminou com a morte de 14 detentos custodiados pelo Governo do Estado do Ceará de acordo com a SEJUS-CE (FREITAS, 2016; DIÁRIO, 2016a; O POVO, 2016).

Porém, dias antes das rebeliões se instaurarem nas unidades prisionais cearenses, o Conselho Nacional de Política Criminal e Penitenciária e a Ouvidoria Nacional dos Serviços Penais fizeram visita de inspeção conjunta em sete estabelecimentos prisionais instalados na região metropolitana de Fortaleza. No relatório final, foi constatado pela equipe que

> [...] as unidades estão superlotadas, algumas chegando à 200% da capacidade. [...] não há separação entre presos provisórios e condenados ou entre os presos do regime fechado e semiaberto. [...] presença de presos idosos, em medida de segurança ou em visível estado de perturbação mental junto aos demais. [...] a maioria das unidades estavam com mau-cheiro, sujas, algumas com lixo esparramado que não é recolhido, esgoto a céu aberto e em péssimo estado de higiene ao ponto de não oferecer condições para habitação e muito menos para a execução de trabalho dos funcionários. Algumas apresentavam montanhas de lixo no pátio de sol, [...]. Notou-se a ausência de lâmpadas nas "ruas" e celas dos presos, além de falta de chuveiro, vaso entupido, falta de camas ou colchões em péssimas condições. [...] os presos fazem as fezes na marmita e atiram para o pátio de sol, assim como o lixo das celas. Em regra, não há um sistema de recolhimento diário do lixo e as celas ficam cheias de larvas; quando há algum recolhimento é feito por tambores que ficam na entrada das "ruas". Ainda assim, a coleta não evita o mau-cheiro e é incapaz de promover a higiene no local. [...] as pessoas presas não recebem nenhum tipo de assistência material do Estado, de forma que não há distribuição de sabonete, escova de dentes, pasta de dentes, lençol, colchão, kit de

> limpeza das celas e, destacando-se a ausência de distribuição de absorventes para as mulheres. Como não há cantinas para a venda de produtos e muitos internos não recebem visitas, em especial, os que procedem do interior do estado, a maioria dos presos não possuem condições básicas de higiene, havendo denúncia de um interno de que estava sem escovar dentes a um ano; [...] em todas as unidades visitadas a água não é ofertada livremente. [...] Um agravante nesse contexto é a ausência de chuveiros, de maneira que os presos precisam represar água na pia das celas que é a mesma utilizada para banho e para as mais diversas necessidades. (BRASIL, 2016, p. 145-147).

Diante do exposto, podemos perceber que se trata de uma tragédia anunciada, mas pouco comentada. Os motivos que levaram os presos a se rebelar não foram apenas a greve dos agentes penitenciários e a impossibilidade de receberem visita de seus familiares, estes foram apenas o estopim de um problema com causas bem maiores e antigas, haja vista que o Estado não atua na causa do problema, só se movimenta com ações paliativas de combate às consequências.

O relatório técnico ainda argumenta que a população carcerária cearense é formada por desigualdades socioeconômicas. De acordo com o Levantamento Nacional de Informações Penitenciárias (BRASIL, 2014), a maioria dos detentos é jovem, de baixa renda, com baixo nível de escolaridade e, partindo das desigualdades étnicas, está formada predominantemente por negros. No Brasil, a proporção da população negra equivale a 51% da população total, enquanto que nos presídios brasileiros a população carcerária negra contabiliza um total de 67%; no sistema penitenciário do estado do Ceará, esse número chega a 81,68% dos indivíduos encarcerados.

Perante esse cenário nebuloso percebemos que os serviços penitenciários ainda guardam em sua essência o projeto de ação fracassada já em seu nascimento, como evidencia Foucault:

> Desde o começo a prisão deveria ser um instrumento tão aperfeiçoado quanto a escola, a caserna ou o hospital, e agir com precisão sobre os indivíduos. O fracasso foi imediato e registrado quase ao mesmo tempo que o próprio projeto. Desde 1820 se constata que a prisão, longe de transformar os criminosos em gente honesta, serve apenas para fabricar novos criminosos ou para afundá-los ainda mais na criminalidade. (1986, p. 131).

A ideia de ressocialização do indivíduo "delinquente", patamar fundamental na construção dos objetivos do sistema prisional, cai por terra diante das "desumanidades" cometidas "legalmente" nas unidades prisionais, verdadeiros depósitos de seres humanos, que são extraídos dos mais desiguais espaços sociais. O exercício de poder institucional de vigiar, punir e explorar acaba provocando, na realidade, o aumento do estado de violência no qual nos encontramos.

Entender os dilemas pelos quais passa o sistema carcerário se torna algo fundamental para que nós, membros da sociedade civil, possamos lutar e reivindicar melhores condições de cumprimento de penas, para que essas pessoas consigam retornar ao convívio social com condições mínimas de respeito e dignidade, não podemos afirmar ressocializadas, pois só há socialização de indivíduos com outros indivíduos em sociedade, (HASSEN, 1999) e não trancafiados em depósitos humanos sob condições degradantes de vida.

Diante da conjuntura dos dados expostos, buscamos identificar qual a função social do encarceramento. Segundo o argumento de Foucault, "a prisão fabrica delinquentes, mas os delinquentes são úteis tanto no domínio econômico como no político" (1986, p. 132). Tal condição foi assimilada pelos mecanismos de poder de forma estratégica, tornando-se patente da representação de como o Estado pode aproveitar os seus próprios incômodos convenientemente.

A Coordenadoria de Inclusão Social do Preso e do Egresso (CISPE)

A Coordenadoria de Inclusão Social do Preso e do Egresso (CISPE) é um órgão de execução programática da Secretaria da Justiça e Cidadania do Estado do Ceará. Foi criada por intermédio do Decreto n. 30.983, de 23 de agosto de 2012, com a missão de recuperação social do preso e a melhoria da sua condição de vida, "através da elevação do nível de sanidade física, moral, educacional, além da capacitação profissional e encaminhamento para oportunidades de trabalho remunerado" (CEARÁ, 2016a).

Antes da CISPE, o Governo do Estado já lançava mão do projeto de ressocialização do contingente carcerário, por meio do Núcleo de Assistência aos Presidiários e Apoio ao Egresso (NAPAE), que era vinculado à COSIPE (CEARÀ, 2008). O NAPAE foi extinto após a criação da CISPE, que dispõe de mais autonomia e realiza atualmente o atendimento aproximado de duas mil pessoas por mês.

A criação da coordenadoria teve como propósito o cumprimento da "função social da pena". Na tentativa de humanizar as condições e o processo do cárcere de homens e mulheres, buscou-se desenvolver atividades dentro e fora do presídio de incentivo à educação, à qualificação profissional e ao desenvolvimento do trabalho entre os internos e apenados progredidos em regime[50], "com o objetivo de prepará-los ao retorno a uma convivência social mais equilibrada, minimizando o círculo vicioso da violência e a reincidência criminal" (CEARÁ, 2016a).

---

[50] Progredidos em regime são aqueles presos que tiveram a mudança da pena de regime fechado para semiaberto, aberto ou livramento condicional, porém para que haja progressão de regime é necessário que o apenado tenha cumprido no mínimo um sexto da sua pena no regime anterior.

Boa parte das políticas públicas carcerárias objetivam a reinserção do preso e do egresso à sociedade e, nesse horizonte, a CISPE é compreendida como meio técnico que busca criar viabilidade das políticas públicas para o sistema prisional cearense. No entanto é possível perceber que o Estado cearense considera que a reabertura do espaço social para esse público só é possível por meio da atividade laboral, quer dizer, o Estado segue a máxima da redenção por meio do trabalho, na qual esses indivíduos só iriam se reengajar na sociedade, quase que unicamente pelo exercício do labor.

Assim o trabalho na prisão é assimilado por dois vieses, como ideia de redenção e como ideia de punição. A redenção está concebida na transformação do indivíduo delinquente em cidadão, por meio da atividade laboral cotidiana, já a punição surge como vingança da sociedade e forma de disciplinamento do sujeito encarcerado com a atribuição obrigatória de ofícios sem as devidas condições ou benefícios – o que teoricamente o levaria a uma vida longe da prática de delitos.

Essa concepção está ligada à "descoberta do corpo como objeto e alvo de poder" (FOUCAULT, 1998, p. 87), pensamento que se formou no início da era moderna e que contribuiu para o fim da punição da carne nos atos de suplício e o início da punição do espírito nas prisões. Nesse novo contexto da utilidade dos corpos, buscou-se pensar em novas formas de castigo que punissem de forma séria e efetiva, no entanto não inutilizasse o corpo, em uma acepção foucaultiana quer dizer que, "encontrar para um crime o castigo que convém é encontrar a desvantagem cuja ideia seja tal que torne definitivamente sem atração a ideia de um delito" (FOUCAULT, 1998, p. 87). Essa proposição nos mostra que o trabalho na prisão pode ser interpretado também como castigo, algo penoso, de grande sofrimento e que o indivíduo que passe por esse calvário não mais busque o caminho do crime. Ideia esta, que não se adéqua com o discurso proferido nos dia de hoje, no qual o trabalho surge como meio de resignação e resiliência.

Essa lógica do trabalho como mecanismo de remissão e reengajamento remonta ao período medieval da história, no qual a Igreja buscava encaminhar os fieis por meio de obras como construção de igrejas, capelas e ao mesmo tempo em que o indivíduo purgava seus pecados, ele iria também ampliando o patrimônio da própria Igreja. Já no século XIX, as políticas carcerárias dos Estados Unidos também utilizavam (até hoje alguns estados utilizam) os presos para trabalhar em obras públicas, barateando o preço das construções e reduzindo o período de prisão do apenado ao mesmo tempo em que aproveita sua mão de obra semiescravizada por meio do monopólio dos seus corpos. Já nos anos de 1915 e 1932 foram implementados, no Ceará, campos de trabalho forçado paras os retirantes das secas vindos do interior do Estado para a capital, buscando melhores condições de vida. Estima-se que nos chamados "currais do governo" passaram 73.000 pessoas, das quais muitas morreram de exaustão ou de doenças causadas por maus tratos (RIOS, 2001). Dentro da lógica que denominamos nesse estudo como "redentorismo trabalhista" ou o apenado cumpre a pena integralmente, ou teria que buscar vender sua força de trabalho ao Estado, detentor do monopólio dos corpos, a preço inferior ao do mercado de trabalho, sem seus direitos trabalhistas assegurados e quase sempre em condições de insalubridade. Nesse mesmo sentido, durante a Alemanha Nazista os campos de extermínio foram criados com o pretexto de buscar aproveitar a mão de obra da população desviante (GOFFMAN, 2015) (judeus, ciganos, mestiços, homossexuais e negros) em benefício do bem coletivo. Nos portões de diversos campos de concentração nazista estava escrito o lema desse processo "*Arbeit macht frei*", que significa "O trabalho liberta".

A coordenadoria de projetos desempenha atividades de arte e cultura, e de caráter lúdico, como aulas de violão, fabricação de bijuterias, seções de cinema e debate, pintura em telas, desenho. Ocupações que, de acordo com declaração da coordenadora, buscam estimular a reflexão e sensibilidade dos apenados e egressos, e que em algumas vezes alia-se à prática de um ofício e da qualificação profissional, visando também à inserção desses indivíduos no mercado de trabalho. Porém o que se atesta e que está no plano de fundo do discurso institucional é uma carência da profundidade e efetividade de transformação que essas atividades possuem por si sós. Elas, despossuídas de mecanismos práticos de reinserção acabam sendo mecanismo para distrair, acalmar, mitigar o tempo ocioso em reclusão, como argumenta Goffman:

> O sentimento de tempo morto provavelmente explica o alto valor dado às chamadas atividades de distração, isto é, atividades intencionalmente desprovidas de seriedade, mas suficientemente excitantes para tirar o participante de seu 'ensinamento', fazendo-o esquecer momentaneamente a sua situação real. Se se pode dizer que as atividades usuais nas instituições totais torturam o tempo, tais atividades o matam misericordiosamente. (2015a, p. 65).

Em uma visão mais ampla tanto dos programas de incentivo ao trabalho como os de incentivo a arte e cultural, atendem principalmente a quesitos de disciplinamento, controle do tempo, da mente e dos corpos (FOUCAULT, 1998, 1986).

Para exercer suas atividades, tanto dentro das unidades prisionais como fora delas, na própria sede, a CISPE forma parcerias com entidades públicas e privadas para por em prática o projeto de trabalho redentorista. Esses parceiros são provenientes, na grande maioria, dos setores de bens e serviços, como descreve a coordenadora do órgão,

> Aqui na Coordenadoria, nós temos parceria com o Serviço Nacional de Aprendizagem Comercial (SENAC), Secretaria do Trabalho e Desenvolvimento Social (STDS), Serviço

> Nacional de Aprendizagem Industrial (SENAI) e o Instituto Promil do Corpo de Bombeiros, são quatro instituições que nos ajudam a montar uma grade de cursos que eles [os egressos do sistema penitenciário] podem acessar durante o ano inteiro. [...] Nós temos empresas implantadas dentro dos presídios, atualmente temos a *SIKER*[51] que está implantando uma nova fabrica no Irmã Imelda, que é uma unidade prisional para a população diversificada do sistema (idosos, pessoas portadoras de doenças crônicas, o grupo LGBT e os condenados exclusivamente pela Lei Maria da Penha), temos no IPF (Instituto Penal Feminino) a *Famel*, a *Colméia* e a *Fillsete*[52]; temos também uma empresa chamada Sindipan[53] que é um grupo de panificadoras que se instalaram dentro da penitenciária da Pacatuba (PFHVA), essa são as parcerias para recuperar dentro da unidade prisional. (Coordenadora CISPE).

Ainda, segundo a coordenadora, as parcerias são realizadas por meio de convênios, sem abertura de processo licitatório, mas por insistência do próprio órgão que vai até as empresas em busca de convencê-las a formarem uma parceria. Algo que demonstra ser uma tarefa bastante árdua, principalmente por questões de preconceito. Diante dessa dificuldade, houve a necessidade de utilizar artifícios de concessões de benefícios aos empresários.

> Hoje, realmente, nós temos que convencer o empresário para contratar e as vezes abre uma vaga, duas vagas e o contingente que nós temos não permite um número tão limitado. [...] Não tem como você levar um empresário para dentro do presídio com todas as dificuldades [a distância, o risco de perda de material, a rotatividade de funcionários] se não é oferecendo um custo de produção menor para ele, se não for assim ele não vai se interes-

[51] SIKER é uma empresa de confecção e comércio de materiais esportivos.

[52] Famel, Colméia e Fill Sete são empresas de confecção e comercialização de vestuários.

[53] O Sindipan é o Sindicato dos Trabalhadores nas Indústrias de Panificação e Confeitaria, Massas Alimentícias e Biscoitos do Estado do Ceará.

> sar. E ainda tem a grande questão do preconceito, por que muitos, como já escutei, dizem que não vão tirar um emprego de um pai de família para dar para um preso! Só que eles não entendem que o preso também é pai de família (Coordenadora CISPE).

Um fato que pode expressar bem essa condição do preconceito que o preso e ex-preso sofrem é o caso de até o momento da presente pesquisa nenhuma das marcas que estão instaladas nas unidades prisionais – SIKER, Colmeia, Fill Sete, Famel e Sindipan – divulgarem em seus sites oficiais a parceria que eles mantêm com a Secretaria da Justiça e Cidadania, considerando que existem parcerias que foram formadas há 10 anos.

O ambiente prisional é visto por boa parcela da sociedade com preconceito, e o estigma – aqui entendido como "atributo profundamente depreciativo" – desse local incomum acaba perpassando aos sujeitos que estão inseridos naquele contexto. Logo, os homens e mulheres que estão ou passaram por reclusão no sistema carcerário enfrentam as consequências desse estigma, que Goffman (2015, p. 14) classificou como "culpas de caráter individual". E motivadas por essa situação específica, as empresas não divulgam a parceria por conta do preconceito dos próprios dirigentes e para não sofrerem retaliação por parte dos clientes, que, muitas vezes, por não entenderem, por não terem informação sobre as condições desses sujeitos, preferem manter distanciamento de tudo que se relacione a eles.

Os benefícios concedidos pelo Estado aos empresários, principalmente do setor de bens e serviços, estão de acordo com Lei de Execuções Penais (7.210 de 11 de julho de 1984), a qual discorre sobre a obrigatoriedade do exercício do trabalho aos condenados que estiverem cumprindo pena privativa de liberdade; possibilita o pagamento de remuneração aos assistidos de três quartos do salário-mínimo, sem a manutenção de vínculos empregatícios, isso quer dizer que o trabalho do preso não se sujeita ao regime da Consolidação das Leis do Trabalho (CLT); a lei ainda considera que o trabalho na unidade prisional é um dever social que traz condição de dignidade humana e tem a finalidade de educar e de produção (BRASIL, 1984, art. 28, § 2°; 29; 31).

No entanto, ao compararmos a Lei de Execuções Penais com a Constituição Federal de 1988, percebemos que a primeira vai em direção contrária à segunda, que garante que todo trabalhador deve ser remunerado financeiramente pela tarefa que executa e que a quantia paga a ele nunca seja inferior ao salário-mínimo, fixado em lei, e que este seja capaz de atender o provimento das necessidades básicas e sustento da família (BRASIL, 1988, art. 7°, IV, VII).

E ao compararmos com as condições de trabalho no sistema prisional cearense essas disparidades e incoerências aumentam. Segundo o Relatório de Inspeção em Estabelecimentos Penais do Ceará, em visita a sete instituições penitenciárias do Estado, foi constatado que

> [...] os internos não estavam devidamente equipados com proteção para trabalhador de forma que os que faziam limpeza no pátio de sol estavam com os pés e mãos em contato direto com os produtos químicos bem como com o lixo e esgoto. Observou-se um número reduzido de presos que recebem remuneração pelo trabalho realizado. (BRASIL, 2016, p. 148).

Diante do contingente populacional dos presídios do Estado, apenas uma quantidade ínfima de detentos tem acesso ao trabalho e às atividades de "ressocialização", o que por sua vez contribui para que essa massa carcerária aumente cada vez mais, haja vista que a participação nas oficinas de trabalho propicia o benefício da progressão de pena, o que diminui o tempo no cárcere e consequentemente o número de presos nas unidades prisionais.

As empresas que investem nas unidades prisionais estabelecem uma relação dentro do presídio na lógica de criação e incentivo do trabalho da seguinte forma: a empresa monta no estabelecimento prisional uma filial de sua fábrica, nesse espaço os presos – que são escolhidos de acordo com os critérios da própria direção da unidade e conforme perfil exigido pela empresa – trabalham na produção de mercadorias oito horas por dia, seis dias na semana, com folga aos domingos. Em troca eles recebem uma quantia em dinheiro que não é inferior a três quartos do salário-mínimo (R$ 660,00); a remissão de pena – a cada três dias de trabalho, há a diminuição de um dia de tempo de pena a cumprir –; ocupação do tempo que passam em reclusão; e os que possuem família têm a possibilidade de contribuir com o sustento dela. Em contrapartida a empresa se beneficia em não arcar com gastos como água, luz, aluguel, direitos trabalhistas, impostos, e assim por diante.

Embora existam dificuldades para as empresas, como já mencionado, como a distância, o treinamento da mão de obra, rotatividade dos funcionários e os riscos de perda material em caso de rebeliões. Esse, ainda assim, é um meio muito lucrativo, porque além dos incentivos que o próprio Estado cede, eles lucram com a mão de obra barata, o aumento da produtividade, com a qualidade dos artigos confeccionados e com o baixo investimento geral. Nessa relação mutualística, a empresa sai em vantagem, pois se beneficia, acima de qualquer coisa, da expropriação do trabalho dos indivíduos em reclusão que não têm outra opção de empregador.

> [...] as empresas ganham porque vão receber uma mão de obra, que, embora eles tenham que qualificar em determinado período de tempo, vai ser por um valor menor, sem nenhum encargo trabalhista. Então, o valor (gastos) da produção deles vai ser menor, se eles produzem um produto aqui fora por um valor X, lá na unidade penitenciária, talvez eles produzam esse mesmo produto por um valor de

> X dividido por três. Apesar de ter a questão da distância, do risco, da rotatividade de funcionários, eles vão ganhar nos custos dessa produção. [...] são cinco empresas que a gente implantou no interior do presídio, todas elas estão muito satisfeitas porque os produtos são muito bem confeccionados, não deixam a desejar do que é confeccionado aqui fora, isso é unânime entre elas. (Coordenadora CISPE).

Cria-se a falsa sensação de ganhos igualitários para os dois lados, disseminando o discurso ilusório da contribuição do trabalho para a construção de pessoas melhores e ressocializadas. Entretanto aqui sabemos que os presos se convertem em mão de obra barata e que nessas relações de negócios, de envolvimento de capital financeiro, alguém sempre sai ganhando e, em equivalência, alguém sempre sairá perdendo. Logo percebemos que nesse contexto as parcerias beneficiam o bom andamento do sistema capitalista, o qual o próprio Estado beneficia.

Essa concessão de benefícios ao sistema capitalista também se configura na parceria entre a CISPE e as empresas sem fins lucrativos, como é o caso do SENAC e do SENAI, que realizam atividades educacionais que visam à qualificação profissional. Elas disponibilizam para a coordenadoria professores e palestrantes que ministram aulas, cursos, oficinas, para os egressos e familiares dos presos. A oferta de treinamento e qualificação direcionada para o trabalho no setor de comércio de bens e serviços é mais uma maneira de direcionar a formação do indivíduo, para que ele dedique a sua força de trabalho ao aumento do capital de empresas e corporações.

A preocupação em atender os interesses do sistema capitalista é percebida nas próprias competências e atribuições da CISPE, que destina toda a sua atividade em formar mão de obra barata e "qualificada", transformando a força de trabalho de detentos em benefício da acumulação capitalista e para engrossar o exército industrial de reserva, em vez de se apoiar em iniciativas de transformação do indivíduo como ela se propõe em sua missão.

Esse é um tipo de aparato institucional moderno que tal qual a instituição penitenciária exerce sobre os indivíduos uma forma de poder que visa moldar e transforma seu comportamento e suas ações. Esse poder institucional "atinge os corpos dos indivíduos, inserindo-se em seus gestos, suas atitudes, seus discursos, sua aprendizagem, sua vida cotidiana" (FOUCAULT, 1986, p. 131). Isso se dá por meio das relações dos indivíduos (presos e egressos) com os funcionários da instituição; na forma da disposição organizacional dos setores; por meio das câmeras de vigilância dispostas nos ambientes; rotinas comportamentais, nos protocolos de atendimento; na posição hierárquica de condição social e institucional; dos agentes penitenciários vigilantes; do aparelho detector de metais.

O poder disciplinar desempenhado pela CISPE, sobre os presos e egressos, mostra que não está muito distante dos presídios, e que ela foi criada com a intenção de controlar tanto os corpos como as mentes (FOUCAULT, 1998).

Conclusão

A prisão tira o homem do convívio sociofamiliar, de situações que já são na maioria das vezes de grande vulnerabilidade social e termina por convertê-los na escoria da sociedade. E quando se fala em políticas públicas carcerárias no Brasil, o que encontramos, na verdade, é um descaso com a população carcerária, na qual incluímos o público adulto e os jovens reclusos em Centros Educacionais.

Formado pela exclusão e desigualdade, o sistema carcerário do Estado do Ceará é constituído em sua maioria por negros, de baixa renda, sem escolaridade e jovens em idade produtiva para o trabalho, com predominância entre 22 e 29 anos (CEARÁ, 2014a), o que configura o perfil perfeito para a submissão às ordens capitalistas de produção, como a exploração da força de trabalho e a negação de direitos. Nessa perspectiva o Estado lhes impõe condições de disciplinamento, por meio da lógica do "trabalho redentorista", que manipula as mentes e os corpos desses indivíduos, no intuito de que eles acreditem que essa subalternização e as condições de vida subumanas são, em primeiro lugar, justas, pois cometeram crimes e os pagarão com o sofrimento; e em segundo lugar que essas condições de trabalho exploratórias são boas, partindo da ideia de que os empresários estão sendo generosos, dando-lhes novas chances de reconstruir uma vida diferente. Mas, na verdade, o que está implícito é que esses mesmos empresários estão se beneficiando da precarização desse público, que acabam (com sorte) sendo obrigados a se sujeitarem as condições de abuso que são colocadas a eles, e ainda legitimadas pelo Estado.

Entendemos que o trabalho no sistema prisional surge em um contexto de disciplinamento e economia dos corpos e do tempo. Foucault diz que "o indivíduo é sem dúvida o átomo fictício de uma representação 'ideológica' da sociedade; mas é também uma realidade fabricada por essa tecnologia específica de poder que se chama a 'disciplina'." (1998, p. 161). Assim, ao entrar no sistema carcerário os sujeitos são reconfigurados por procedimentos e métodos disciplinares institucionais e, além disso, pela disciplina do trabalho, na qual se busca a fabricação de novos homens-máquinas que atuem a favor do sistema.

Diante do que foi exposto, inferimos que o trabalho na prisão é um simulacro de tratamento ressocializador, visto que atende, acima de tudo, a interesses particulares, em vez de ressocializar e dar melhores condições de vida aos presos e aos egressos do sistema.

Na busca utópica por mudanças é necessário que façamos

políticas com responsabilidade e acima de tudo com compromisso para com os indivíduos que formam a sociedade, parafraseando Friedrich Nietzsche, "tudo é preciso para aquele que foi, por muito tempo, privado de tudo".

Referência

BRASIL. Ministério da Justiça. *Relatório de inspeção em estabelecimentos penais do Ceará*. Conselho Nacional de Política Criminal e Penitenciária (CNPCP); Ouvidoria Nacional dos Serviços Penais (ONSP). Brasília, 2016.

______. Ministério da Justiça. Levantamento nacional de informações penitenciárias. *INFOPEN*, jun. 2014. Departamento Penitenciário Nacional (DEPEN). Brasília, DF, 2014.

______. *Constituição da República Federativa do Brasil*. Brasília, DF, 1988.

______. Lei n. 7.210 de 11 de julho de 1984. *Lei de execução penal*. Brasília, DF, 1984.

CARVALHO, Robson Augusto Mata de. *O tempo como pena e o trabalho como "prêmio"*: o cotidiano de presos na Penitenciária Industrial Regional de Sobral (PIRS). Universidade Federal do Ceará-UFC; Fortaleza/CE; 2009.

CEARÁ. Secretaria da Justiça e Cidadania. *Gestão penitenciária*. Governo do Estado do Ceará. 2016. Disponível em: <http://www.sejus.ce.gov.br/index.php/gestao-penintenciaria>. Acesso em: 15 jun. 2016.

______. Secretaria da Justiça e Cidadania. *Coordenadoria de inclusão social do preso e do egresso*. Governo do Estado do Ceará, 2016a. Disponível em: <http://www.sejus.ce.gov.br/index.php/gestao-penintenciaria>. Acesso em: 20 jul. 2016.

______. *Decreto n. 31.419, de 24 de fevereiro de 2014*. Altera a estrutura organizacional, aprova o regulamento e dispõe sobre a denominação e a quantificação dos cargos de direção e assessoramento da Secretaria da Justiça e Cidadania (SEJUS). Diário Oficial do Estado, Fortaleza, CE, 24 fev. 2014. Seção 5, p. 7.

______. Secretaria da Justiça e Cidadania. *Censo Penitenciário do Estado do Ceará*. Governo do Estado do Ceará. Fortaleza, 2014a. Disponível em: <http://www.sejus.ce.gov.br>. Acesso em: 05 maio 2015.

______. Secretaria da Justiça e Cidadania. *Núcleo de Assistência aos Presidiários e Apoio ao Egresso - NAPAE*. Governo do Estado do Ceará. 2008. Disponível em: <http://www.sejus.ce.gov.br/index.php/component/content/article/42-nucleos/76-napae> Acesso em: 15 jun. 2016.

DIÁRIO do Nordeste. *Representante de agentes penitenciários acusam governo estadual de ter causado rebeliões*. Ceará, 23 maio 2016. Disponível em: <http://diariodonordeste.

verdesmares.com.br/cadernos/policia/online/representante-de-agentes-penitenciarios-acusam-governo-estadual-de-ter-causado-rebelioes-1.1554244>. Acesso em: 16 jul. 2016.

FOUCAULT, Michel. *Vigiar e punir.* Petrópolis-RJ: Editora Vozes; 1998.

______. *Microfísica do poder*. Org. Roberto Machado. Rio de Janeiro: Editora Graal; 1986.

FREITAS, Levi de. Fim de semana sangrento em complexo penitenciário. *Diário do Nordeste,* Ceará, 23 maio 2016. Disponível em: <http://diariodonordeste.verdesmares.com.br/cadernos/policia/fim-de-semana-sangrento-em-complexo-penitenciario-1.1554021>. Acesso em: 15 jul. 2016.

GOFFMAN, Erving. *Estigma:* notas sobre a manipulação da identidade deteriorada. 4. ed. Rio de Janeiro: LTC, 2015.

______. *Manicômios, prisões e conventos.* 9. ed. São Paulo: Perspectiva, 2015a.

HASSEN, Maria de Nazareth Agra. *O trabalho e os dias:* ensaio antropológico sobre o trabalho, crime e prisão. Porto Alegre: Tomo, 1999.

MOURA, Maria Juruena. *Mulher, tráfico de drogas e prisão.* Fortaleza-CE: EdUECE; EDMETA, 2012.

O POVO: *Após recontagem, Sejus contabiliza 14 mortes em rebeliões em penitenciárias cearenses.* Ceará, 23 jun. 2016. Disponível em: <http://www.opovo.com.br/app/fortaleza/2016/06/23/noticiafortaleza,3627827/apos-recontagem-sejus-contabiliza-14-mortes-em-rebelioes-em-penitenci.shtml>. Acesso em: 17 jul. 2016.

RIOS, Kênia Sousa. *Campos de concentração no Ceará*: isolamento e poder na seca de 1932. Fortaleza: Museu do Ceará/Secretaria da Cultura e Desporto do Ceará, 2001.

ZACKSESKI, Cristina. Relações de trabalho nos presídios. CONGRESSO NACIONAL DO MINISTÉRIO PÚBLICO DO TRABALHO, 1. São Paulo; 2001. *Anais...*

CAPÍTULO 4

AS GRADES DA PROGRAMAÇÃO TELEVISIVA: A EDUCAÇÃO MIDIÁTICA NO CÁRCERE.

Rodrigo Barbosa e Silva

Como sugere o título, a ideia aqui presente é trazer algumas reflexões sobre uma prática educativa existente dentro da prisão. Quando falamos em educação na prisão, primeiramente nos vem à mente o ensino escolar efetivado conforme determina a Lei de Execução Penal, Lei n. 7.210/1984. Todavia a educação no cárcere não se resume às práticas escolares de jovens e adultos. Há também relações informais existentes entre os presos, os códigos carcerários, a cotidianidade das atividades ali desenvolvidas, o papel da família, dos funcionários e da comunidade. Nossas reflexões centralizarão o olhar à recepção televisiva no interior das prisões, entendendo a televisão como um recurso educativo que se consolida por meio dos inúmeros programas veiculados por diferentes emissoras.

Pensando de forma geral, a prisão possui duas finalidades básicas: a punição e a reabilitação. Claro que a perspectiva inicial que trazemos aqui é de que a televisão possa servir como um instrumento que educa as pessoas que estão privadas de liberdade. É válido, então, pensar que educação é essa: uma educação repressora, controladora, alienadora ou uma educação que objetiva integrar e proporcionar a autonomia daqueles sujeitos encarcerados?

A prisão no Brasil

A prisão é a fase terminal de um ciclo que teve início, em muitos casos, nos períodos da infância e adolescência, configurando-se assim um processo de construção de uma identidade delinquente, caracterizada pela divisão social, estabelecida pelo senso comum, entre as pessoas de bem e os criminosos.

A questão da formação delinquente de uma pessoa, antes de tudo, deve ser vista por meio de dois importantes enfoques. O primeiro refere-se a uma construção histórica, resultado das estruturas sociais desequilibradas e contraditórias que proporcionam o nascimento da figura do bandido, do infrator. Além dessa responsabilidade coletiva na formação pessoal do indivíduo, há diversos aspectos da natureza humana que favorecem a prática de ações destruidoras, impossibilitando as condições "normais" de vida.

No Brasil, as questões que abordam a violência criminal, na maioria das vezes, são resolvidas, baseando-se no Código Penal, lei n. 2.848/1940, com a pena de privação da liberdade. Em suma: contra a criminalidade, a solução é cadeia[54]. Neste sentido, a população reivindica do governo que os ladrões, traficantes, estupradores, assassinos, sejam presos. Porém, após a separação dessas pessoas, a sociedade não assume uma postura de discussão dos fatores que geram esses atos criminosos, além de não haver uma preocupação referente aos locais onde essas pessoas perma-

---

[54] Nos últimos anos, esse cenário começou a se modificar, em partes. Com a promulgação da Lei das Penas Alternativas (PMAs) – Lei n. 9.714/98, que colabora para que não aumente ainda mais o número de pessoas presas nos estabelecimentos penais, prevenindo também o pernicioso contato carcerário e a decorrente estigmatização do condenado, o paradigma da pena privativa foi sendo superado e, atualmente, o número de pessoas com PMAs é 20% superior ao total de pessoas reclusas nos estabelecimentos penais de todas as unidades federativas. Apesar de reconhecermos que as penas alternativas se tornaram mais comuns em nossa sociedade, no início de 2016 o Brasil possuía um déficit de 164 mil vagas em seu sistema penitenciário, sendo que a população carcerária brasileira gira em torno de 445 mil pessoas, de acordo com o Departamento Penitenciário Nacional (Depen), em seu Sistema Integrado de Informações Penitenciárias (InfoPen). Disponível em: <www.mj.gov.br/depen>. Acesso em: 20 ago. 2016.

necem presas e de como se desenvolvem as ações realizadas com elas no período em que ficam sob a responsabilidade do Estado e, ainda, de que modo retornam ao convívio social, após o cumprimento de suas respectivas penas (SILVA, 2007).

A imagem de oficina do diabo ou de escola do crime demonstra a que ponto chegou a prisão em nosso País. Fracassado e desmoralizado perante a opinião pública, o sistema penitenciário necessita de urgentes transformações, pois [...]

> Além de não conseguir a ressocialização com as celas superlotadas e um tratamento retrógrado, onde o preso passa os dias sem produzir absolutamente nada e enfrentando condições subumanas de sobrevivência, ele ainda fabrica bandidos, e não são poucos os casos de homens que foram pegos por vagabundagem e acabaram sendo transformados em criminosos. (LOPES, 2000, p. 172).

Quando trazemos a perspectiva social de um convívio entre as pessoas firmado no respeito entre elas, estabelecendo bases igualitárias e promovendo uma real liberdade fundamentada num conjunto de leis comuns, defendemos que a sociedade brasileira precisa combater a propagação de todo e qualquer tipo de violência. O problema da criminalidade, em especial, assim como todo problema social de um povo, precisa de soluções profundas, construídas por meio de um projeto político que exponha, questione e oriente o caminho à transformação necessária. Transformação, por sinal, pensada e construída por aqueles que, de algum modo, são excluídos socialmente. Além disso, a participação dos diferentes segmentos sociais em programas políticos é fundamental para pôr um fim (ou, pelo menos, apaziguar) à violência que se faz tão presente nos dias atuais. Os próprios responsáveis pela Segurança Pública regularmente alertam para a necessidade de ações conjuntas, envolvendo autoridades de outros setores como Educação, Cultura, Saúde e Trabalho.

No Brasil, o excluído sequer consegue expor seus pensamentos, sua maneira de perceber a violência no mundo atual. Numa realidade em que já não há acesso a inúmeros bens materiais, ele também não tem o direito à fala, à manifestação. Será que não possui consciência da realidade em que vive? Será que não poderia colaborar na transformação dessa sociedade? A violência caminha também por esses questionamentos. Assim como acontece na rua, onde a grande maioria da população marginalizada dificilmente encontra condições de construir projetos que apontem possibilidades de uma nova ordem, nos presídios, funcionários, técnicos e diretores, na maioria das vezes, não criam oportunidades para que os presos opinem no desenvolvimento dos programas de reabilitação. As decisões são tomadas de cima para baixo. São os próprios opressores pensando em alternativas às vidas dos oprimidos. Dessa maneira, torna-se impossível pensar em uma vida social diferente.

Somos todos construtores de uma vida plural. E, da mesma forma que construímos, também somos construídos. Portanto é preciso derrubar o pensamento de que uma convivência entre os diferentes não é possível. Essas diferenças, além de denunciarem a negatividade das situações opressivas, favorecem a conscientização dos oprimidos, apontando caminhos para a libertação de cada um por meio da participação efetiva em suas vidas (FREIRE, 1983). E acreditamos que no universo prisional também é assim. As injustiças, os sofrimentos e o descaso do Estado podem ser o ponto de partida para que o sujeito vá se percebendo enquanto preso e o porquê de ele estar ali. Entender que, na verdade, ele também é vítima de um sistema que não fica resumido ao sistema penitenciário. O sistema é maior; envolve valores que vão além daqueles que ditam o convívio dentro da prisão.

Essa desejada conscientização dentro da prisão se dará numa estrutura de resistência e de adesão. O homem preso precisa resistir ao processo de mera adaptação à instituição penitenciária, à sua cultura de negação do sujeito. Resistir aos valores negativos prisionais, não os incorporando, além de resistir a todo e qualquer tipo de violência que se manifesta na prisão. Fora isso, é preciso participar de atividades pensadas, planejadas e executadas pelos técnicos e pelos próprios presos. A necessidade do elo familiar também precisa ser valorizada. O comprometimento com a valorização da sua vida e da vida do outro companheiro também é fundamental. Estes, de maneira geral, são pontos essenciais para tentar efetivar uma proposta, efetivamente, educativa, diferenciando-a daquela presenciada hoje na maioria das vezes na prisão.

Apesar do paradoxo existente quando se aborda o objetivo da prisão nas ações de educar e punir, é preciso que haja um trabalho diversificado ali dentro para que se tenha êxito nas ações executadas por essa instituição. O envolvimento efetivo dos presidiários só acontecerá se houver um trabalho comprometido com a humanização desse espaço marcado até hoje por sua violência e repressão. De nada adianta propiciar um número elevado de atividades, se as atenções estiverem voltadas somente às questões disciplinares. Os próprios presos compreendem que estão ali por uma questão de justiça. Não negam que cometeram seus crimes. Nesse sentido, é fundamental que as ações disciplinares não excedam os limites previstos de uma pena de privação de liberdade. Humilhação moral, tortura, descaso com sua vida e com a vida dos seus familiares e ociosidade são alguns dos aspectos que geram grande indignação e revolta daqueles que estão atrás das grades.

A prisão é como se fosse a última esperança da sociedade. E, apesar dessa conotação salvadora, ela fundamenta o seu trabalho em princípios básicos para o desenvolvimento da vida humana. Família, escola, igreja, trabalho e esporte são exemplos dos segmentos abordados no desenvolvimento das atividades que ocorrem em seu espaço. Acrescentamos a estes, a televisão.

A televisão no cárcere

A televisão também se faz presente no ambiente prisional. Ela está inserida na rotina de vida das pessoas presas. Se levarmos em conta que uma das fortes características da prisão é a ociosidade, veremos que, sem ter o que fazer, isolado da grande sociedade, a televisão aparece como uma opção de passatempo, entretenimento e informação ao sujeito privado de liberdade. Aliás, ela é uma grande mania entre os presos, uma constante companheira nos momentos de solidão e um excelente recurso para *matar o tempo*[55]. Embora estejam separados da grande sociedade, na maioria dos casos os presos não são despojados de necessidades básicas em suas vidas, tais como alimentação, visitas dos familiares, estudos, entretenimento etc.[56] Todavia, o modo como essas atividades são desenvolvidas no espaço prisional apresenta-se diferenciado, se comparado com a realização das mesmas atividades fora da prisão, "posto que o fator tempo mostra-se desigual entre os dois mundos. Se na sociedade extramuros o tempo social apresenta-se curto para as inúmeras atividades desempenhadas pelos atores sociais, dentro da prisão, por

[55] Essa questão do tempo, entre os que estão atrás das grades, inclusive foi destacada na canção de *rap Diário de um detento*, do grupo Racionais Mc's, escrita por um ex-detento da antiga Casa de Detenção de São Paulo: "Tic-tac, o relógio na cadeia anda em câmera lenta. / Tirei um dia a menos ou um dia a mais, / Sei lá, tanto faz, os dias são iguais. / Acendo um cigarro e vejo o dia passar... / Mato o tempo para ele não me matar".

[56] A exceção se dá entre aqueles que estão cumprindo pena por condenação ou estão temporariamente em reclusão sob o Regime Disciplinar Diferenciado – RDD, Lei n. 10.792, de 1º de dezembro de 2003, que alterou a Lei n. 7.210, de 11 de junho de 1984 – Lei de Execução Penal e o Decreto-Lei n. 3.689, de 3 de outubro de 1941 – Código de Processo Penal. Em síntese, no RDD a pessoa fica presa isoladamente durante 22 horas do dia, saindo apenas por duas horas diariamente para banho de sol. As visitas semanais são limitadas a duas pessoas, sem contar as crianças, com duração de duas horas. Também não é permitida a leitura de jornais e o contato com rádio e televisão, ou seja, é banida qualquer forma de contato com o mundo externo.

sua vez, este mesmo tempo arrasta-se, prolonga-se, transformando a pena, em todos os sentidos, como um tempo perdido na vida de quem a sofreu" (PEREIRA, 2009).

O tempo dos presos é organizado pela própria instituição prisional, pois regulando as atividades que são desenvolvidas ali dentro é possível vigiar melhor suas vidas. Esse aspecto do controle do tempo, como parte do processo recuperatório dessas pessoas, é uma das características das instituições totais. Há horários estabelecidos para todas as atividades, como faxina, alimentação, banho de sol, atendimentos com os profissionais do direito e da saúde, entre outras. A televisão pode ser considerada uma exceção, senão prestemos atenção às palavras de Jocenir (2001, p. 110), ex-detento do Complexo do Carandiru, em São Paulo: "existem celas em que os aparelhos são ligados na primeira hora da manhã e desligados quando a madrugada vai alta. Quase vinte e quatro horas no ar". Essa ocorrência também foi comprovada por Miller (2008, p. 85), em um estudo que refletiu sobre a presença da televisão na rotina de um presídio feminino em Porto Alegre: "quem tem televisão na cela pode deixá-la ligada o tempo que desejar. Durante o horário de silêncio, entretanto, o volume do aparelho deve respeitar a tranquilidade das demais internas".

A televisão apresenta-se como uma das poucas saídas que o sujeito preso possui para se sentir ainda como membro da sociedade da qual foi segregado. Tem a função de alargar os horizontes daqueles que estão atrás das grades, abrindo-os para o mundo, de forma também que eles possam perceber a organização hegemônica do tempo, percebendo a vida em tempo presente na sociedade. Goifman (1998) percebe que a televisão não traz simples fragmentos da rua aos presos, mas uma própria fatia do tempo presente. Os presos, então, não se apresentam como sujeitos defasados com relação aos acontecimentos do mundo exterior.

Alguns programas televisivos, em particular, têm *moral* entre as pessoas que estão no cárcere. A programação de telejornalismo é uma que tem expressividade entre os presos. Assim, programas esportivos, aqueles que noticiam matérias futebolísticas ganham repercussão e alimentam as conversas diárias entre os detentos. Nada muito diferente do que observamos às segundas e quintas-feiras, principalmente, nas rodas de conversas pelas ruas afora das cidades brasileiras, após cada rodada dos campeonatos de futebol. Programas que destacam a violência criminal também são expressivos lá dentro. Como os sujeitos presos possuem, notoriamente, histórias de vida atreladas ao mundo do crime, cenário construído e apresentado pelos telejornais que dão prioridade às questões policiais, esse tipo de programação apresenta uma audiência significativa atrás das grades.

Gênero televisivo: o telejornalismo

Implantada no Brasil na metade do século passado, a televisão completou recentemente 60 anos de existência nacional. De lá para cá, foram muitas as transformações, tanto nos modos de produção quanto nos usos e recepção por parte dos telespectadores. Acompanhando essa dinâmica, as discussões e os estudos sobre a televisão também foram despertando diferentes olhares. França (2006, p. 14) identifica três grandes tendências dentro desse panorama:

> A primeira delas diz respeito às abordagens mais gerais, que falam da relação televisão e sociedade, buscando delinear seu papel, funções e efeitos. Numerosas obras se dedicam a discutir o que a televisão significou e trouxe à sociedade. [...] Um segundo enfoque, mais interno, diz respeito à caracterização técnica do meio e de sua linguagem. Tais estudos são desenvolvidos, geralmente,

> por autores que trabalham não especificamente sobre a TV, mas sobre estética, imagens, meios visuais. [...] Por último, encontramos um vasto repertório de análises circunscritas a programas específicos. Fugindo das abordagens muito amplas e totalizantes, vamos encontrar, contemporaneamente, uma grande proliferação de estudos tratando ora dos aspectos da produção de tal ou tal produto, ora da sua audiência.

A reflexão aqui apresentada está inserida neste último caso, ou seja, no contexto de um gênero televisivo específico, o telejornalismo. No campo da comunicação, são muitas as discussões que envolvem a questão dos gêneros. Podemos afirmar que há, inclusive, certa desordem entre diferentes percepções a respeito dos gêneros textuais, gêneros discursivos e gêneros literários. Para não adentrarmos nessas divergências teóricas, seguiremos Gomes (2006) quando da adoção da concepção de gênero televisivo, já que o processo comunicacional que se evidencia aqui procura entender a televisão pelo viés da cultura, ou seja, como sendo produto das práticas culturais construídas em um contexto histórico-social.

O gênero apresenta-se como uma estratégia de interação entre a produção e a recepção situada em um determinado cenário histórico-social. Isso significa que devemos

> [...] ultrapassar a dicotomia entre análise do produto televisivo e análise dos contextos sociais de sua recepção e oferecer um lugar ou momento a partir do qual analisar o "encontro" entre o produto televisivo e seus receptores nos leva a acreditar na produtividade da empreitada. No nosso entendimento, o desafio está em explorar empiricamente a existência de relações sociais e históricas entre determinadas formas televisivas e as sociedades e períodos nos quais essas formas são praticadas. (GOMES, 2002, p. 25).

A forma televisiva que nos interessa é o telejornalismo. Esse gênero, por ser formado entre os campos jornalístico e televisivo, antecipa algumas características ao público receptor que, por sua vez, reconhecendo-as, baseando-se em seu universo de competências culturais, irá interagir com o programa de acordo com suas expectativas. Esse processo demonstra que, apesar de não se constituírem como modelos engessados dos produtos que observamos no campo da comunicação, os gêneros "delimitam as produções de sentido, demarcando a significação e os aspectos ideológicos dos textos, bem como o alcance comercial (e o público-alvo) dos produtos midiáticos" (JANOTTI JR., 2005, p. 59).

Uma prova dessa dinamicidade que envolve os gêneros é a quantidade de categorias que envolvem uma única estratégia de comunicabilidade. No caso do telejornalismo, a que nos chama mais atenção é o telejornal, subgênero de grande tradição na televisão brasileira. Apresentado em diferentes formatos, os telejornais são produtos culturais que medeiam as estratégias de produção e o sistema de recepção. Percebemos, então, uma negociação no processo comunicativo. No caso em questão, negociações que acontecem na conjuntura dos programas populares. A preocupação que aqui se apresenta refere-se ao entendimento dos usos sociais que o público receptor faz desses produtos televisivos, já que

> o consumo não é apenas reprodução de forças, mas também produção de sentidos: lugar de uma luta que não se restringe à posse dos objetos, pois passa ainda mais decisivamente pelos usos que lhes dão forma social e nos quais se inscrevem demandas e dispositivos de ação provenientes de diversas competências culturais (MARTIN-BARBERO, 2006, p. 292).

Reduzir os gêneros televisivos às prescrições estabelecidas pelas emissoras ou também aos classificados construídos pela sociedade tem impedido a compreensão de sua legítima função e de sua relevância metodológica, ou seja, a de funcionar como chave analítica dos programas veiculados pela televisão (DUARTE, 2006). Neste sentido, a noção de gênero é de fundamental importância no processo de análise dos telejornais, visto que é essencial perceber a produção de sentido por parte dos telespectadores remetida às dimensões cultural, social e histórica observadas nesse processo. Com isso, fica fácil notar a forte presença do popular na cultura. As mediações existentes no movimento de produção e recepção, ou seja, nos espaços, temporalidade e competências culturais, são aqui reconhecidas como o paradigma que ajuda a entender a necessidade de inclusão da cultura popular no campo da comunicação. Cultura esta organizada num território de conflitos, de disputas, entre os ideários dominantes e as negociações empreendidas pela classe popular em busca de sua hegemonia social.

Os telejornais policiais e a recepção no cárcere

As construções espetaculares realizadas pelas equipes dos programas policiais não atraem os sujeitos encarcerados, pois eles têm conhecimentos vivenciais de que as cenas retratadas nas matérias veiculadas não condizem com as circunstâncias encontradas nas ruas. Esse aspecto causa indignação, até mesmo revolta, entre os telespectadores entrevistados[57], fazendo que os apresentadores, e os próprios programas em si, caiam em descrédito entre a população carcerária por forjar determinadas situações que não acontecem no cotidiano daqueles que estão no crime.

A opção por construir o noticiário enquanto espetáculo midiático pode fazer com que os telespectadores o entendam

---

[57] Investigamos, durante o processo de doutoramento no Programa de Pós-Graduação em Comunicação e Cultura Contemporâneas (PósCom) da Universidade Federal da Bahia (UFBA), junto aos presos da Penitenciária Lemos Brito (PLB), em Salvador, como se dava a recepção de um programa telejornalístico popular de grande audiência local. Ver Silva (2012).

como um programa que mostra uma realidade inexistente. Esse fato se confirmou com os telespectadores que estão atrás das grades. De forma geral, há uma opinião consensual de que os programas populares policiais na televisão não mostram, de fato, o crime como ele é. Esse contexto mostra-se bastante nítido, principalmente quando da veiculação das operações policiais, dos estardalhaços realizados pelos apresentadores, do clima de tensão produzido pelos repórteres que acompanham as ações de segurança, da adrenalina causada pelo áudio da reportagem etc.

Os presos afirmaram contundentemente que os programas tramam determinadas situações da vida criminal. Pequenos detalhes que saltam aos olhos daqueles que conhecem os fatos veiculados, mas que para a grande população podem parecer habituais. Essa construção efetivada pelo programa incomoda os sujeitos privados da liberdade. Sentem-se enganados enquanto telespectadores de um jornal que "deveria passar as coisas como elas acontecem", que "mascara a real situação" ou que "força a barra nas matérias". É como se houvesse um deslocamento entre a construção efetivada pelos programas e as interpretações realizadas pelos presos a respeito de suas próprias vidas, destacando a situação de envolvimento com situações criminosas. E aqui vale a ressalva de que não podemos pensar que a realidade dos programas é, em si, mais verdadeira ou mais legítima, diante dos acontecimentos sociais, do que a realidade vivenciada pelos criminosos e vice-versa. O importante, sim, é perceber que eles vivem o cotidiano das ruas às suas maneiras, constroem as suas percepções a partir de elementos específicos, próprios da cultura popular presente nos espaços da periferia, principalmente.

A análise da televisão, em especial do jornalismo desenvolvido nesta mídia, deve ser realizada sob o olhar da industrialização da informação jornalística. Assim sendo, os processos sensacionalistas de construção da notícia, com dramatizações e espetacularizações da realidade, além da articulação e associação de duas importantes áreas da produção cultural, a informação e o entretenimento, fazem emergir um novo modo de fazer jornalismo, diferente do jornalismo tradicional, que envolve elementos da cultura popular. Cultura esta que, aqui, assumiu a realidade da vida nas periferias dos grandes centros urbanos, onde a violência é uma vizinha indesejada e a televisão uma das poucas amigas que informa e entretém.

Entre os diferentes tipos de violência, no nosso entendimento, a mais aparente delas é a violência criminal, não somente por sua visibilidade e marcas exteriores, mas também por seu impacto interior na vida das pessoas vitimadas e daqueles que a circundam. Rompe-se, na maioria das vezes, com as normas sociais, mas também proporciona danos no físico e no espírito da vítima. No Brasil, o crime que melhor retrata esse tipo de violência é o assassinato. E não são poucos que vêm ocorrendo em todo território nacional. Hoje, não podemos mais afirmar que somente as grandes cidades, capitais e regiões metropolitanas, que os grandes centros urbanos apenas, apresentam índices alarmantes de violência. Cresce, cada vez mais, os processos de espalhamento e de interiorização desse fenômeno por regiões e municípios que, até pouco tempo atrás, não conviviam com os fortes e tristes dramas alusivos a essa situação social (WAISELFISZ, 2008; 2011).

É do quadro social violento observado nas diferentes regiões brasileiras que se alimenta diariamente os programas populares da televisão brasileira. No caso específico dos telejornais policiais, as notícias são construídas com base nas ocorrências de tráfico de drogas, assaltos, roubos e, principalmente, homicídios. O derramamento de sangue, por sinal, é a menina dos olhos de tal programação, principal motivo para a produção de notícias com o apelo dramático, em que as famílias aparecem desesperadas na tela da tevê devido à perda de um ente querido. As operações policiais, por sua vez, aparecem como o carro-chefe das reportagens, quando a intenção é mostrar a dinâmica de enfrentamento e repressão da criminalidade nas periferias dos municípios. Correria, muito barulho e fatos surpreendentes fazem parte desse universo espetacular que lembra filmes de ação hollywoodianos.

É declaradamente perceptível que uma das ações mais marcantes empreendidas pela programação popular policial é a espetacularização dos conteúdos. Decerto, não há surpresa alguma nesse apontamento. Porém esse processo de construção espetacular das notícias não acontece isoladamente. Acreditamos ser plenamente factível observar tais produções televisivas pelo viés do popular, assegurando uma leitura sem preconceitos e que contemple elementos da cultura local.

Nesse contexto de vigilância social, há que se perceber que, mesmo demonstrando preocupação com o cenário de violência, tais programas exaltam as forças policiais. A cada acompanhamento das operações policiais, seja da civil ou da militar, planejadas ou corriqueiras, são expressos elogios ao trabalho executado pelos homens da lei, sendo possível detectar os acordos tácitos estabelecidos pelo programa para a construção de um estilo próprio na televisão.

Tendo o objetivo explícito de alcançar mais telespectadores, os referidos telejornais populares demonstram preocupação com a instituição de hábitos de audiência e a fidelização dos seus telespectadores por meio do seu modo operante de fazer jornalismo, isto é, imagens espetaculares em detrimento de informações mais apuradas. A ideia é mostrar cenas impactantes, que impressionem o público receptor, a respeito da criminalidade nas cidades, alertando para os perigos da vida contemporânea, porém, ao mesmo tempo, acalmando-o por meio da divulgação das ações policiais que combatem os fatos dessa natureza. Por isso, apenas, se comparado às produções jornalísticas de caráter tradicional, poderia se imaginar que o referido programa não constrói um telejornalismo de qualidade. Contudo no campo do telejornalismo popular, há outras esferas que permitem a verificação de tal prerrogativa.

Na ausência do Estado, dos poderes constituídos socialmente, os programas policiais na televisão brasileira, por meio dos textos verbais utilizados pelos apresentadores, procuram assumir o *status* de representantes do povo, os legítimos detentores do poder, que possuem condições de intervenção junto às autoridades locais para conseguirem benefícios que supram as necessidades da população. Dessa maneira, vão construindo uma relação proximal com seus telespectadores, mostrando que conhecem e entendem a realidade do povo. O resultado dessa relação é a credibilidade construída a partir da indignação demonstrada pelo modo de vida das pessoas mais necessitadas e pela presença da violência na sociedade atual. Indignação que dá origem à suposta obrigação de combater esse quadro social de maneira que amenize o sofrimento dessa parcela da população.

A vida que se constrói e reconstrói dentro do cárcere, efetivamente não tem criado condições para que os presos possam vislumbrar um futuro diferenciado para suas histórias pessoais. Qualquer pessoa que faça uma rápida visita a uma instituição prisional perceberá facilmente que o Estado não se faz presente ali dentro. No mundo da criminalidade, assim como tudo aquilo que diz respeito aos fatos sociais, nada acontece por um acaso do destino. As situações de violência, por exemplo, vão sendo construídas pelos homens em determinados contextos sociais por uma série de motivos específicos. É preciso, então, identificar os padrões estabelecidos na dinâmica da vida criminal no espaço urbano, as concentrações que envolvem os diferentes tipos de crime, e suas possíveis causas, para se pensar em ações que apaziguem aquela realidade. Por que um tipo de crime acontece mais naquele lugar? Quais as características envolvidas no cometimento desse crime? Há relação com os problemas socioeconômicos da cidade? Quais as "dívidas" do poder público junto às pessoas, aos jovens, que cometem crimes?

Na prisão, atividades formais, institucionalizadas, são raras: atendimentos jurídico e terapêutico para uma acanhada minoria, educação escolar para alguns, trabalho para pouquíssimos, cursos de formação profissional para uma ninharia etc. No entanto, a alienação parece estar à disposição de todos. Contrapondo-se a esse processo de inoperância, os presos se organizam e tentam, da maneira deles e dentro dos limites que lhe são permitidos, fazer a "cadeia andar". E é nessa organização interna que acontecem atividades corriqueiras que, indiretamente e, às vezes, sem intencionalidade, aparecem como proposituras de combate aos processos alienantes vividos ali diariamente. Assim, surgem atividades esportivas, religiosas (em parceria com diferentes igrejas), oficinas de artesanato, debates sobre situações da prisão e de fora dela, diálogos informais, enfim, a vida vai resistindo e se fortificando no coletivo carcerário.

Uma companheira quase que inseparável da pessoa que está no cárcere é a televisão. É por meio dela, dos seus programas, que o preso se mantém informado sobre o "mundo lá fora", podendo servir também como mais um recurso de entretenimento a essa pessoa. Mas mesmo que, a priori, ele esteja mais preocupado em "passar o tempo" ou se "desligar da cadeia", os programas assistidos – e aqui nos referimos especificamente à programação telejornalística – colaboram na elaboração de diferentes interpretações sobre o acontecimento noticiado em meio à forma como foi veiculado. Desta maneira, as histórias do cárcere relacionam a audiência dos programas telejornalísticos populares à vida social que cada sujeito tinha antes da entrada na prisão e também ao período de vida no cárcere.

As explanações a respeito dessa programação nos pareceram coerentes, quando pensamos na conjuntura construída a respeito da violência criminal brasileira. De maneira geral, os assassinatos que ocorrem diariamente nas cidades vão ganhando a feição de fatos naturais. Prevalece o pensamento de "um a menos" ou de "bandido bom é bandido morto". A sociedade vai se acostumando com tais acontecimentos, chegando ao ponto de não causar mais estranheza as frequentes mortes retratadas em tais programas. Pior, grande parcela da população apoia esse tipo de ação, quando parte do aparato policial. Em cima disso, não podemos deixar de mencionar que muitos desses policiais, de reconhecida participação nessas mortes, tornam-se representantes da grande sociedade nas câmeras de vereadores, assembleias legislativas, câmera de deputados etc., via processos eleitorais democráticos.

Os programas populares jornalísticos acompanham esse raciocínio do extermínio, da higienização social. Disfarçadamente, por meio do discurso policial, há um levante contra os pobres, contra aqueles que estão à margem da sociedade, por mais que tente passar uma imagem de proximidade junto aos excluídos. Na prisão, ouvimos críticas diante dessa dualidade construída nas reportagens. E isso, para nós, foi um dos aspectos mais chamativos da pesquisa realizada. Exemplifica que os presos não são desprovidos da capacidade de pensar, de realizar a leitura do mundo atual, de interpretar suas vidas. A televisão, mesmo que os emissores dos programas veiculados não defendam a ideia de uma tomada de consciência por parte dos telespectadores, pode, sim, servir como um instrumento capaz de provocar a criticidade entre as pessoas que assistem sua programação. No caso específico da prisão, percebe-se que há uma conscientização diante de um cenário sócio midiático às avessas. Contudo, o que temos visto é a invisibilidade desses sujeitos nos assuntos referentes às penas privativas, como se eles não trouxessem qualidades para opinar sobre assuntos que permeiam suas próprias vidas.

Referências

DUARTE, Elizabeth Bastos. Reflexões sobre os gêneros e formatos televisivos. In: DUARTE, Elizabeth Bastos; CASTRO, Maria Lília Dias de Castro (Orgs.). *Televisão:* entre o mercado e a academia. Porto Alegre: Sulina, 2006, p. 19-30.

FRANÇA, Vera. A TV, a janela e a rua. In: FRANÇA, Vera (org.). *Narrativas televisivas:* programas populares na TV. Belo Horizonte: Autêntica, 2006.

FREIRE, Paulo. *Pedagogia do oprimido.* 12. ed. Rio de Janeiro: Paz e Terra, 1983.

GOIFMAN, Kiko. *Valetes em slow motion – a morte do tempo na prisão*: imagens etextos. Campinas: Editora da UNICAMP, 1998.

GOMES, Itania. A noção de gênero televisivo como estratégia de interação: o diálogo entre os cultural studies e os estudos da linguagem. *Revista Fronteira*, Unisinos/São Leopoldo-RS, v. IV, n. 02, p. 11-28, 2002.

______. Telejornalismo de qualidade: pressupostos teórico-metodológicos para análise. Artigo apresentado ao GT Estudos de Jornalismo. ENCONTRO DA COMPÓS, 15. Bauru: UNESP, jun. 2006b, p. 01-15. *Anais...*

JANOTTI JR., Jeder Silveira. Dos gêneros textuais, dos discursos e das canções: uma proposta de análise da música popular massiva a partir da noção de gênero midiático. In: LEMOS, André; BERGER, Christa; BARBOSA, Marialva (Orgs.). *Narrativas midiáticas contemporâneas:* livro da XIV Compós. Porto Alegre: Sulina, 2005.

JOCENIR. *Diário de um detento:* o livro. São Paulo: Labortexto, 2001.

LOPES, Geraldo. *O sistema:* corrupção e violência nas penitenciárias brasileiras. Rio de Janeiro: Razão Cultural, 2000.

MARTIN-BARBERO, Jesús. *Dos meios às mediações:* comunicação, cultura e hegemonia. 4. ed. Tradução de Ronald Polito e Sérgio Alcides. Rio de Janeiro: Editora UFRJ, 2006.

MILLER, Terena Santana. A televisão na rotina das presidiárias do Madre Pelletier. In: ESCOSTEGUY, Ana Carolina (Org.). *Comunicação e gênero:* a aventura da pesquisa. Porto Alegre: EDIPUCRS, 2008, p. 79-107.

PEREIRA, Vany Leston Pessione. A vida na prisão: o tempo entre parênteses. *Âmbito Jurídico*, Rio Grande, n. 70, 01/11/2009. Disponível em: <http://www.ambito-juridico.com.br/site/index.php?n_link=revista_artigos_leitura&artigo_id=6942>. Acesso em: 6 fev. 2016.

SILVA, Rodrigo Barbosa. *A escola pública encarcerada:* como o Estado educa seus presos. Palmas: UNITINS, 2007.

______. *Criminalidade na televisão baiana:* o telejornal policial Se Liga Bocão e os relatos dos sujeitos privados de liberdade. Tese (Doutorado) – Programa de Pós-Graduação em Comunicação e Cultura Contemporâneas. Salvador: PósCom, UFBA, 2012.

WAISELFISZ, Julio Jacobo. *Mapa da violência dos municípios brasileiros*. São Paulo: Instituto Sangari, 2008.

______. *Mapa da violência 2011:* os jovens do Brasil. São Paulo: Instituto Sangari, 2011.

CAPÍTULO 5

HISTÓRICO DAS INSTITUIÇÕES DESTINADAS AOS "MENORES DELINQUENTES"[58] NO BRASIL: UM OLHAR A PARTIR DO RIO DE JANEIRO[59]

Sabrina Celestino

Apresentação

Enquanto espaços destinados à regeneração e à "prestação de assistência" aos "filhos da pobreza", as instituições sociais destinadas aos chamados "menores abandonados" e "delinquentes" podem ser compreendidas, como instrumentos voltados à reprodução social aos que, ao despontar da República foram considerados o "futuro da nação".

Mas para além da manutenção e sobrevivência desses meninos e meninas, seu isolamento e o afastamento do convívio social, das famílias compreendidas como imorais e do "ambiente"

---

[58] Apesar de discordarmos da utilização do termo "menor delinquente", para se referir a adolescentes e jovens sentenciados como autores de atos análogos a crimes, nos apropriamos de sua utilização visando nos adequarmos à conceituação expressa nas legislações específicas destinadas a esse público, até a alteração proposta pela Lei 8.069 – Estatuto da Criança e do Adolescente, promulgada em 1990.

[59] As elaborações que constam no presente capítulo foram originalmente destacadas no trabalho de doutorado intitulado: *Entre a FUNABEM e o SINASE: A dialética do atendimento socioeducativo no Brasil*, defendido em dezembro de 2015 junto ao Programa de Pós-Graduação em Serviço Social da Pontifícia Universidade Católica do Rio de Janeiro. Os dados referentes à criação das instituições e do respaldo normativo específico foram colhidos e sistematizados tendo por fonte os arquivos históricos presentes na Biblioteca Nacional, no Arquivo Nacional, no Centro Brasileiro de Cooperação e Intercâmbio de Serviços Sociais (CBCISS) e na Base Legis organizada pelo Centro Internacional de Estudos sobre a Infância (CIESPI).

supostamente vicioso foi funcional, ao princípio regenerativo almejado, sobretudo no início do século XX no Brasil.

A regeneração do "menor delinquente" da vida de vícios e da postura indolente que culminara na prática do ato análogo ao crime, ao mesmo tempo em que se inscrevia na prestação de "ações básicas" estava submetida a princípios educativos regidos por uma dada moral burguesa, que investia na formação do dócil "cidadão trabalhador" e no perfeito enquadramento aos princípios de ordem e progresso que regiam a lógica republicana.

A proposição das referidas instituições localizou-se, sobretudo, em meio à propagação do complexo jurídico-assistencial-correcional inscrito na chamada Política de Proteção aos menores abandonados e delinquentes, promulgada no Brasil, na década de 1920.

No entanto, a referida política foi impulsionada por uma produção normativa proposta desde o início do século XX, por meio de um conjunto de legislações, que se referem desde ao discurso em 1906, do então Deputado Alcindo Guanabara, à Câmara dos Deputados do Rio de Janeiro, passando pelos decretos e leis, promulgados na década de 1920, até a proposição da legislação específica: o Código de Menores de 1927.

O respaldo normativo, bem como a política de atendimento destinada à infância e juventude foram evidenciados, no contexto da Primeira República, em meio a qual se faziam presentes conciliações profundas, entre o ranço da escravidão, da grande propriedade rural e da força econômica e política direcionada pelo coronelismo, aliada à transição ao regime capitalista industrial e ao processo de urbanização.

Ainda que em menor medida nos Estados da Região Sudeste, a exemplo do Rio de Janeiro, a cultura coronelista e patriarcal, constituía-se objetivamente em obstáculo à propagação tanto aos direitos civis, quanto aos direitos políticos, mas, sobretudo, aos direitos sociais, já que a relação de submissão e favor se adequava ao "liberalismo ortodoxo", propagada pela Constituição republicana de 1891. "Não cabia ao Estado promover assistência social. A Constituição republicana proibia o governo federal de interferir na regulação do trabalho. Tal interferência era considerada violação de liberdade do exercício profissional" (CARVALHO, 1990, p. 62).

Esse quadro irá se alterar em alguma medida, na década de 1920, em meio ao processo de urbanização e industrialização vivenciado pelas grandes metrópoles como Rio de Janeiro e São Paulo e pela presença da formação de uma classe operária heterogênea, composta por desde imigrantes europeus aos ex-escravos.

A heterogeneidade da referida classe se fazia presente também em sua postura política e em métodos de reivindicação junto ao empregador e ao Estado. No contexto nacional, não sendo radicalizada a chamada "cidadania política", na relação de luta por direitos, predominou a chamada "estadania" em meio a qual as melhorias da condição de vida e trabalho davam-se por meio de alianças com o Estado (CARVALHO, 2010).

Não sendo forjada uma cultura de direitos, civis, políticos e principalmente sociais em nossa sociedade, que particularidade teria sido conservada no que tange à propagação do respaldo normativo e institucional direcionado, ao atendimento pelo Estado, da chamada infância e juventude abandonada e delinquente?

Sob o espectro de contenção do crime e da "desordem social", os chamados "menores delinquentes" foram eleitos como público-alvo das instituições penais, desde o governo imperial, sendo pelo Código Criminal de 1830 legalmente passíveis de penalização, em instituições indistintas em relação aos indivíduos adultos. Tais penas sob o advento da República passaram gradativamente a corresponder a um respaldo normativo próprio, com instituições e sistemas correcionais específicos.

Sendo assim, no presente capítulo buscamos compartilhar algumas reflexões acerca da proposição da política de atendimento destinada ao chamado "menor delinquente" no Brasil, tendo por foco o advento da Proclamação da República e o período caracterizado como Estado Novo, sob a ditadura do Estado varguista.

Para as elaborações que seguem, nos debruçamos sobre a proposição do aparato institucional específico direcionado ao público-alvo que aqui destacamos, focando nossa análise na particularidade do Rio de Janeiro, considerando que essa cidade foi a capital federal até a década de 1960 conservando um grande número de instituições sociais.

Tomamos como ponto de partida, o tratamento indistinto destinado aos presos adultos e ao chamado "menor delinquente", sob a égide do governo imperial, passando pela criação do aparato normativo e institucional específico, a partir da Proclamação da República, até a sistematização e unificação das instituições e do atendimento em meio ao Estado Novo[60].

O histórico que aqui se propõe, para além de intentar referir os fundamentos e a história da proposição das instituições de privação e restrição de liberdade, destinadas aos considerados "menores delinquentes" busca refletir, sob as visões de mundo que embasaram as ações propostas pelo Estado, voltadas à infância e juventude abandonada e delinquente, que ainda que dividida em duas categorias referiam como sujeitos, crianças e adolescentes pobres filhos da classe trabalhadora.

Para esse grupo, a institucionalização foi, e a nosso ver ainda é, recurso prioritário voltado ao discurso de "regeneração", aliada às práticas que investiram historicamente em sua disciplinarização e enquadramento destinadas, em primeiro lugar, a confinar aos que supostamente representariam perigo para a sociedade e

[60] Ver quadro ao final deste capítulo.

em segundo lugar, a moldar os braços potenciais a serem empegados à lógica e ao modo de produção capitalista.

Das prisões indistintas às instituições correcionais específicas (1830-1930)

A perspectiva de aprisionamento com a perda da liberdade como forma de penalizar o chamado criminoso, tal qual verificamos contemporaneamente, revela-se no contexto nacional, indo ao encontro dos ideais ditos modernos e civilizados, que passaram a reconhecer a prisão como um recurso para lidar com o problema do crime, por meio do confinamento e da perda da liberdade (FOUCAULT, 2001).

As instituições utilizadas enquanto prisões no Brasil, sob o regime Imperial até o século XIX, advinham de instalações presentes em fortificações militares. Aliadas a estas se fazia presente no Rio de Janeiro, segundo Holloway (2009), o calabouço, prisão destinada aos presos escravos, criada em 1603, aos pés do Morro do Castelo e o Aljube, destinado a presos comuns, criado após a chegada da Corte Portuguesa no Brasil, nas dependências do anterior Cárcere Eclesiástico, ao pé do Morro da Conceição.

Cabe ressaltar que os adolescentes classificados como "delinquentes" já eram, pelo Código Criminal de 1830, legalmente passíveis de penalização, em instituições indistintas em relação aos criminosos adultos. Tais penas sob o advento da República passaram gradativamente a corresponder a um respaldo normativo próprio, com instituições e sistemas correcionais específicos.

Deste modo, a atuação do Estado brasileiro junto aos considerados "delinquentes" já se fazia presente sob o Regime Imperial, num período em que passou a se investir na perspectiva de construção legal do crime e da aplicação das penas no Brasil. Aos maiores de quatorze anos com capacidade de discernimento estava indicada a pena na Casa de Correção do Rio de Janeiro, fundamentando-se pela perspectiva regenerativa.

A punição se efetivava por meio do trabalho forçado e do aprendizado de um ofício, por meio de oficinas de trabalho. A execução dessas atividades culminou na construção, por meio do Decreto 2.745, de 13 de fevereiro de 1861, do Instituto de Menores Artesãos, que tinha a finalidade de, por meio da pena, propor a educação moral e religiosa dos referidos menores.

> Art. 1º Fica creado na Casa de Correcção da Côrte um Instituto de Menores Artesãos, que será composto de duas Secções.
> § 1º Na 1ª Secção serão comprehendidos:
> 1º Os Menores que forem presos pela Policia por vadios, vagabundos ou abandonados;
> 2º Os que por má indole não possão ser corrigidos por seus pais ou tutores, havendo pedido destes para sua admissão. Esta Secção não excederá do numero de 180. (BRASIL, 1861).

Sob o advento da República em 1889, promulga-se o Código Penal dos Estados Unidos do Brasil, evidenciando um movimento de mudança normativa, que foi fundamentada pelos ideais e valores supostamente progressistas da República recém-criada. Nesse código, contraditoriamente ao discurso de progresso que circundava "o imaginário da República no Brasil" (CARVALHO, 1990, p. 54) o processo de penalização ao então reconhecido "menor" pobre e delinquente foi radicalizado, uma vez que se passa a considerar a idade penal a partir dos 9 anos, aos que tivessem discernimento de seus atos.

À luz da nova legislação, além da Casa de Correção do Rio de Janeiro, aos "menores" considerados delinquentes entre 9 e 14 anos presos, em especial, pelos crimes de vadiagem, vagabundagem e mendicância, destinavam-se as penas ditas disciplinares, devendo ser cumpridas em estabelecimentos industriais especiais.

Dentre esses estabelecimentos cabe citar o Arsenal de Marinha do Rio de Janeiro, mais especificamente a Escola de Marinheiros-Aprendizes, criada por meio da Lei Imperial n. 148 de 1840, a qual, segundo Lins (2011), "foi a primeira instituição a estabelecer o trabalho infantil compulsório e também foi formadora de mão de obra para a indústria em crescimento" (LINS, 2011, p. 2).

Aos maiores de 14 anos e menores de 21, imputados pelos atos penalmente reconhecidos como crimes, eram destinadas as colônias agrícolas, e dentre essas a mais utilizada, Colônia Correcional de Dois Rios em Ilha Grande, criada pelo Decreto 1.794, de 1894, extinta pelo Decreto 2.432, de 1897 e reorganizada por meio da Lei 947, de 29 de dezembro de 1902, com a função de manter afastados do centro urbano os criminosos e vadios.

A repressão dos corpos e das mentes visando à regeneração do preso e à introdução da sociabilidade do trabalho, na busca pela formação de uma força de trabalho livre, corresponderiam futuramente com maior evidência, a um projeto civilizatório presente, sobretudo sob o advento da República e na busca pela inserção do país no sistema capitalista monopolista[61].

Indo ao encontro desse ideal, verifica-se a preocupação do Estado brasileiro com a chamada infância abandonada e delinquente, pela evidente questão social expressa em suas condições de vida e de suas famílias.

Para além das instituições penais que já acolhiam o então "menor delinquente" desde o regime imperial, é durante o regime republicano que vimos surgir as instituições específicas para o cumprimento das "penas", destinadas a esse grupo e o estabelecimento

[61] Acerca da conceituação, o modelo produtivo em capitalismo monopolista e/ou dos monopólios estamos nos referenciando nos estudos de NETTO (2006), que parte das análises propostas por Mandel (1985).

de uma estrutura jurídico-legal e social que as respaldassem.

É sob o advento da República e do ideal de modernização e busca pelo progresso e avanço da nação recém-criada, que o movimento de salvação da criança, já evidenciado internacionalmente, ecoa entre os filantropos e figuras políticas nacionais, apontando a necessidade da proposição de ações específicas para essa faixa etária.

Podemos considerar o advento da Proclamação da República e sobretudo a década de 1920 como período no qual a categoria do "menor" toma evidência no Brasil, dicotomizada entre menores abandonados e delinquentes (RIZZINI, 2008).

Como braços potenciais a serem empregados na moderna indústria e na produção capitalista, que aqui se desenvolvia tardiamente, a proposição da política de atendimento e a criação de ações e instituições específicas passa a abarcar os ditos "menores delinquentes", destinando a estes tratamentos voltados a sua regeneração, fundamentados pelo viés da disciplina, enquadramento e na educação para o trabalho.

Mas a proposta regenerativa conservava também a incorporação de um conteúdo moral concentrado, sobretudo num padrão determinado de família e dos papéis exercidos por seus representantes. Os que não correspondiam ao socialmente determinado, acabavam por serem taxados como desajustados sociais e, no caso dos "menores", retirados do contexto familiar vicioso ou das ruas das grandes metrópoles e inseridos nas ditas instituições sociais.

Sendo assim, é em 1889, na cidade do Rio de Janeiro, que verificamos a criação da primeira grande instituição que irá se destinar aos então "menores" abandonados e de certa forma aos menores "delinquentes", a Escola Correcional XV de Novembro, a qual "resultou de uma iniciativa particular do chefe de polícia do Distrito Federal João Brasil Silvado, preocupado em dar um destino aos meninos recolhidos que fosse coerente com os ideais identificados com o novo regime político do país" (RIZZINI; GONDRA, 2014, p. 569-570).

Não foi por acaso que a referida "escola" esteve a cargo do Chefe de Polícia do Distrito Federal. As expressões da questão social, nesse período eram tomadas como "caso de polícia" (SANTOS, 1979), alheias às ações de proteção social, inscrevendo--se sobre o viés criminalizante e punitivo do Estado.

A Escola XV de Novembro representou a objetivação dos princípios que fundamentaram as ações públicas destinadas aos "menores" pós-Proclamação da República. Um espaço de "auxílio" por meio da concessão de serviços básicos, já que não se propagava a noção de direitos, voltada à produção de "futuros trabalhadores", ratificada pela previsão inscrita na Constituição de 1891, que regulava o trabalho de menores no Distrito Federal.

A proteção e a "assistência" aos menores abandonados e delinquentes inscreviam-se assim numa tentativa de enquadramento desses, que representavam uma ameaça em potencial e/ou de fato à suposta "harmonia social".

Foi então em 1903, por meio do Decreto 4.780, que a lendária Escola XV passou a abarcar oficialmente o atendimento aos "menores abandonados" tendo por finalidade sua educação física, profissional e moral.

> Art. 3º Sendo a Escola destinada a gente desclassificada, a instrucção ministrada na mesma não ultrapassará o que for indispensável á integração do internado na vida social. Dar-se-lhes-ha, pois, o cultivo necessário ao exercício profissional. Aquelles individuos, porém, que revelarem dotes superiores, durante ou no fim do estagio, serão admittidos a qualquer estabelecimento de ensino secundario ou artistico custeado pela União. (BRASIL, 1903).

Mas não tardaria para que os delinquentes fossem eleitos

como público-alvo da referida instituição. Em 31 de outubro de 1906, na Seção 31, na Câmara dos Deputados do Rio de Janeiro, verifica-se a apresentação por Alcindo Guanabara do projeto de lei que propunha a regulamentação e atuação sobre a infância dita moralmente abandonada e delinquente que seria direcionada pela Escola XV de Novembro.

Em seu Título III, o referido projeto tratava especificamente do "menor delinquente", discriminando desde a apuração do delito, a aplicação das penas, até as instituições destinadas ao seu atendimento a ser desenvolvido, em especial, na chamada escola de reforma.

A Escola de Reforma, estruturada em um pavilhão correcional aos fundos a Escola XV, objetivava a construção do aparato assistencial/correcional dirigido especificamente aos chamados "menores delinquentes" sendo evidenciada como: "um estabelecimento de repressão, destinado a melhorar o caracter dos menores delinquentes pela educação e pelo trabalho" (BRASIL, 1906, art. 30).

Acerca deste modelo educativo, é essencial citarmos também a criação dos Patronatos Agrícolas, por meio do Decreto 12.893, de 1918, sendo reorganizados pelo Decreto 13.706, de 1919.

Os Patronatos submetidos ao Ministério da Agricultura se destinavam a ministrar, além da instrução formal, primária e cívica, noções práticas de agricultura, zootecnia e veterinária a "menores desvalidos" não comportando inicialmente a inserção dos ditos delinquentes.

> Art. 40. Não serão admitidos nos patronatos agricolas menores delinquentes ou que soffram de doença contagiosa, lesão ou deficiencia organica, que os inhabilite para os serviços agricolas ou de industria rural (BRASIL, 1919).

As duas grandes instituições destinadas ao "ensino agrícola", indicadas, sobretudo, aos mais indóceis e desajustados e/ou àqueles sem referência familiar, os quais não seriam reclamados por responsáveis e/ou familiares localizaram-se no estado de Minas Gerais na cidade de Caxambu: o Patronato Wenceslau Braz (1918), e na cidade de Viçosa, o Patronato Arthur Bernardes (1926).

As ações previstas no projeto de lei proposto por Alcindo Guanabara foram base para a proposição da Lei 16.272, de 1923[62], a qual regulou a organização da assistência à infância abandonada e delinquente. E a partir dessa normativa a então Escola correcional XV de Novembro, criada em 1889, com a missão de acolher inicialmente os ditos menores abandonados, amplia sua área de abrangência, devido às críticas propagadas pelos reformistas e estudiosos da época quanto à presença de menores em instituições destinadas a presos adultos.

Junto à alteração da finalidade da Escola correcional, vimos na legislação de 1923 a disposição à criação do então Juizado de Menores do Distrito Federal, que seria responsável por analisar e classificar os efeitos da pobreza, indicando assim o tratamento devido, que historicamente recorreu à institucionalização.

Nesse contexto, o avanço normativo que pode ser compreendido como a gênese dos direitos e políticas sociais destinadas à criança e ao adolescente no Brasil esteve profundamente relacionado a valores morais e a padrões de sociabilidade e modos de vida, por meio dos quais se culpabilizava o então "menor" e a sua família, pelo suposto desvio de conduta, recorrendo-se à medida de institucionalização em instituições públicas, como forma de tratamento, destinado à sua regeneração.

> Estas instituições são centros de micro-poder, no sentido que as relações de poder respaldam e coordenam as funções específicas, que desempenham de forma articulada

[62] É importante ressaltarmos que o contexto no qual se assenta a legislação de 1923 se estende igualmente a alguns tímidos avanços na legislação social no campo do trabalho, a exemplo em 1919 da lei que regula os acidentes de trabalho e em 1923 a criação da Caixa de Aposentadoria e Pensão dos ferroviários.

> com o poder propriamente estatal. Elas fazem parte de uma rede complexa que permeia toda a sociedade, com a função comum de garantir a produção/reprodução das relações sociais dominantes. Esses centros de micro-poder investem, além de suas ações específicas, na qualificação e subordinação da força de trabalho. Assim, no conjunto das operações desenvolvidas adquire relevância especial um dos campos no qual realizam suas ações (ideológicas, políticas, repressivas, etc.) mas sempre todos estão presentes no feixe de funções próprias da instituição. Na essência, operam como enquadradoras e mantenedoras das classes e grupos subalternos dentro dos limites e formas assumidas pelas relações sociais capitalistas, constituindo-se em instrumentos de fixação e integração compulsórias. (SANTOS, 1990, p. 117).

É por meio dessa particularidade e da evidente preocupação da proximidade dos menores abandonados, que deveriam ser salvos, como os menores delinquentes, que deveriam ser regenerados, que em 1926 verifica-se a construção da Escola Correcional João Luiz Alves, por meio do Decreto 16.508.

> Art. 2°: Essa Escola destina-se a receber, para regenerar pelo trabalho, educação e instrucção, os menores do sexo masculino, de mais de 14 e menos de 18 annos de idade, que forem julgados pelo juiz de menores, e por estes mandados internar. (BRASIL, 1926).

A referida instituição fundamentava seu regime disciplinar e educativo, a partir da educação física, moral, profissional e literária, bem como proibia a presença de castigos corporais, fato que de alguma forma demonstrava certa preocupação com o amparo aos adolescentes. No entanto, como formas de punição, resguardava a perspectiva de enquadramento por isolamento, perda do direito à visita de familiares bem como a transferência para outras instituições, no geral distantes dos centros urbanos.

A criação da referida escola, na segunda década do "moderno" século XX, inscrevia-se no processo de estabelecimento do complexo jurídico-assistencial encampado pelo Estado brasileiro, que será a base para a execução da Política de atendimento destinada a crianças e adolescentes no Brasil. Esta encontrava suporte também no movimento higienista e de puericultura, ou seja, "na arte de cultivar crianças" conforme descreve Arantes (2009), a qual alertava o Estado aos riscos genéticos e endêmicos ocasionados pela pobreza aos considerados "filhos da pátria".

A infância abandonada e a juventude delinquente, enquanto trabalhadores em potencial, foram destacados, como futuro da pátria, mas de que pátria? A República brasileira alheia à participação da maioria da população, submetida à evidência histórica e social do regime monárquico, encontrara obstáculos à apropriação do ideal republicano, fato que demandara estratégias, no sentido de "popularização" e incorporação da "nova pátria".

Nesse sentido, José Murillo de Carvalho (1990) irá destacar que o "extravasamento das visões de república" se deu por meio de "sinais mais universais" como imagens e símbolos republicanos. Sendo assim, o reforço ao conteúdo nacionalista, bem como o esforço em forjar um sentido de pátria, será profundamente reproduzido nas instituições destinadas a crianças e adolescentes no Brasil. O culto à bandeira e ao hino nacional, bem como o ensino chamado "moral e cívico" cumpriria a dupla função de propagar a moral do trabalho e exaltar o sentimento nacional de "amor à pátria", inclusive na denominação conferida às instituições.

A proposição de normativas assistenciais/correcionais, a exemplo do Código de Menores de 1927 e a consolidação das instituições totais baseadas no isolamento e na perda de vínculos familiares, eram reconhecidos à época como "recurso" especializado e eficaz para o atendimento aos "menores", crianças e adolescentes pobres. A interseção entre práticas ditas de "assistência", destinadas à "proteção" dos abandonados e disciplinares destinadas à regeneração dos "desajustados sociais" embasavam a atuação do Estado brasileiro, que no cumprimento de seu papel regenerador assegurava a defesa da sociedade contra os perigos da delinquência, e ao mesmo tempo contribuía na produção de uma força de trabalho enquadrada.

Especificamente aos delinquentes, as instituições reportaram sua face de disciplina e enquadramento empenhadas na regeneração dos supostos danos genéticos proporcionados pela família viciosa, conforme o discurso difundido pela perspectiva eugênica[63], agravados pelas ditas "mazelas" do desenvolvimento inicial e tardio do capitalismo entre nós.

Ao longo dos anos de 1930 e 1940, esse ideário não foi alterado, mas a atuação do Estado por meio de suas instituições e ações foi reconfigurada de forma considerável, por meio do processo centralizador, característico da ditadura varguista inaugurada na década de 1930.

A extensão do atendimento do público-alvo dos respectivos "estabelecimentos educacionais", ou seja, menores, classificados como abandonados e delinquentes, será alterado em especial, a partir da década de 1940, com a tentativa de unificação das instituições destinadas a crianças e adolescentes, concentradas por meio do Serviço de Assistência ao Menor (SAM).

[63] A eugenia se constituiu como um movimento vinculado, sobretudo, à medicina, e sua difusão na América Latina e no Brasil se deu por meio das teses e estudos que se debruçavam sobre a análise das capacidades e aptidões raciais fundamentadas por estudos da base hereditária das doenças sociais vinculadas aos pobres e negros. A perspectiva eugênica fora intitulada como movimento voltado a análise científica das "capacidades raciais" e suas disfunções que fora inserida na base dos princípios liberais emergentes no país, sobretudo no período pós-Proclamação da República, que se por um lado superava as abordagens religiosas e tradicionais, vinculou-se fortemente às formulações destinadas à dominação de classe embasada por preceitos racistas.

Centralização e sistematização da assistência ao "menor"

No que tange à política de atendimento destinada ao "menor", esta ingressa a década de 1930 estruturada por meio de ações e instituições de modelo asilar específicas, destinadas à "proteção" dos abandonados e regeneração dos delinquentes.

No entanto é possível notar que para além das instituições correcionais, as quais se mantiveram historicamente sobre a ingerência, gestão e execução do Estado, um grande número de instituições propostas pelas iniciativas filantrópicas e religiosas destinadas, sobretudo, aos ditos abandonados, desenvolviam ações voltadas a "assistência" e proteção, recebendo para tal subvenções do Estado.

A "proteção" aos "menores abandonados" foi justificada pelo suposto abandono vivenciado por crianças e adolescentes pobres. Esse conceito, o de abandono, começa a ser forjado no início do século XX e difundido por especialistas e áreas do conhecimento, em especial pela medicina de cunho higienista, direcionado e imputado às famílias pobres.

A compreensão das questões referentes à miséria e à pobreza vivenciada pela infância, juventude e família pobre evidenciavam uma visão moralizadora tanto da desigualdade, gerada pelo modo de produção e apropriação capitalista, quanto das expressões e condições de vida e sobrevivência destas. O "abandono" refletia assim tanto as mazelas engendradas pelo capitalismo, quanto a incapacidade das famílias pobres resistirem aos desajustes e à desarmonia social.

Podemos afirmar que o "mito do abandono" foi a faísca inicial a propagar o que compreendemos por "cultura da institucionalização". Esta foi evidenciada na década de 1920, estimulada a partir da criação do Serviço de Assistência ao Menor, em 1941, e radicalizada a partir da criação da Fundação Nacional de Bem-Estar do Menor em 1964.

Em meio à desigualdade e pobreza presentes na sociedade capitalista, particularizadas pela formação social brasileira, as expressões da questão social foram analisadas historicamente de forma individualizada, reportando culpas individuais à suposta incapacidade e aos desajustes sociais, morais e por que não genéticos presentes nas famílias pobres, que rebatiam diretamente sobre o cuidado com seus filhos, demandando assim a intervenção do Estado.

O Asilo de Menores, desde 1929 intitulado Instituto Sete de Setembro, foi a grande instituição que funcionou como triagem e permanência dos menores, sub-judice do Juizado de Menores do Distrito Federal. Estes, a partir do perfil médico e psicossocial traçado[64], poderiam permanecer nas instituições públicas ou ser encaminhados a uma gama de instituições filantrópicas e religiosas subvencionadas em alguma medida pelo Estado.

Foram criadas, desde o início do século XX até a década de 1930, inúmeras instituições fundadas pela ação religiosa e pela filantropia, apoiadas pelos atores políticos e figuras públicas, que conservavam certo prestígio junto à sociedade, a exemplo de juízes e deputados, que na perspectiva de "prestar auxílio" à infância moralmente abandonada não se reportavam oficialmente ao Estado brasileiro.

No estudo em que propõe a análise da construção da assistência à infância no Brasil, Irene Rizzini (1993) reconstrói o processo de criação e funcionamento das instituições destinadas aos "menores" vigentes, no período entre 1738 e 1930. Na pesquisa referida, a autora reporta desde as lendárias instituições propostas pelo Estado brasileiro, tais como a Escola XV e o Instituto Sete de Setembro, mas descreve ainda um grande número de

[64] Em 1935 fora criado, vinculado diretamente à instituição judiciária, outro espaço destinado a recebimento, classificação e proposição de perfis aos abandonados, mas, sobretudo, aos delinquentes: o Laboratório de Biologia Infantil (SILVA, 2011).

instituições ditas "particulares", que tinham seu funcionamento custeado pelas esmolas e caridade, aliadas aos investimentos religiosos, até aquelas custeadas pelos "benfeitores" e filantropos, bem como pela subvenção do "Estado protetor da infância".

A partir da década de 1930, sob o contexto do governo autoritário, o discurso de desenvolvimento nacional reportava o desenvolvimento econômico, por meio do alavancar da industrialização, mas ao mesmo tempo concentrava-se em ações sociais, objetivas, por meio das legislações e instituições sociais inscritas na organização burocrática estatal.

No que se refere aos serviços e ações junto aos "menores", segundo o artigo 138 da Constituição de 1934, o Estado, por meio da União, estados e municípios, se vê compelido a assegurar o amparo aos desvalidos, sobretudo à maternidade e à infância, criando serviços especializados e animando os serviços sociais. Assim, no período que integra a ditadura varguista (1937-1945), pode-se verificar a criação de diversos departamentos, órgãos e instituições destinados à atuação junto à família pobre e à infância.

O movimento que a nosso ver expressa nesse período a estruturação de uma política de atendimento pública, dirigida à criança e ao adolescente no Brasil, refere-se à criação do Conselho de Serviço Social (1938), do Departamento Nacional da Criança (1940), da Legião Brasileira de Assistência (LBA) e do Serviço de Assistência ao Menor (SAM).

O Conselho Nacional de Serviço Social, criado por meio do Decreto 525, de julho de 1938, foi vinculado ao Ministério da Educação e Saúde, como um de seus órgãos de cooperação, destinado a "estudar, em todos os seus aspectos, o problema do serviço social, e para funcionar como órgão consultivo dos poderes públicos e das entidades privadas, em tudo quanto se relacione com a administração do serviço social" referindo ainda entre suas funções:

> a) promover inquéritos e pesquisas relativamente ao gênero de vida de todas as categorias de pessoas e famílias em situação de pobreza ou miséria, ou, por outra qualquer forma, socialmente desajustadas;
> b) elaborar o plano de organização do serviço social, para ser executado em todo o país, e compreensivo dos órgãos administrativos e das obras assistenciais destinadas a amparar a pessoa e a família, uma vez que se encontrem em qualquer situação de deficiência ou sofrimento causado pela pobreza ou pela miséria ou decorrente de qualquer outra forma de desajustamento social;
> c) sugerir aos poderes públicos as inéditas tendentes a ampliar e melhorar as obras por eles mantidas e destinados à realização de qualquer modalidade de serviço social;
> d) delinear os tipos das instituições do caráter privado destinadas à realização de qualquer espécie de serviço social e estudar a situação das instituições existentes para o fim de opinar quanto ás subvenções que lhes devam ser concedidas pelo Governo Federal. (BRASIL, 1938).

Entre a promoção de inquéritos, estudos, pesquisas e planos de atuação junto à família e ao indivíduo desajustado socialmente, a nosso ver a particularidade da atuação do referido Conselho conforme destaca Vicente de Paula Faleiros (2009) está em sua ingerência sobre as entidades privadas.

Sendo assim, o Departamento que ao mesmo tempo exercia as funções de gestão e fiscalização, ao estar respaldado para "opinar, quanto às subvenções concedidas pelo Governo Federal às entidades privadas" objetivou a particularidade histórica em meio a qual a Política Social se desenvolveu no Brasil, por meio da vinculação estrita entre a ação estatal e a ação privada, esta última também financiada por recursos do Estado.

Mas é importante ressaltar também que por meio do Decreto-Lei 2.024, de 1940, o Estado refere as bases da organização das ações públicas de proteção à maternidade, à infância e à adolescência em todo o País, sendo todas as ações relativas a essa temática coordenadas em nível nacional, pelo Departamento Nacional da Criança, órgão supremo vinculado igualmente ao então Ministério da Educação e Saúde.

A coesão entre o Conselho Nacional de Serviço Social e o Departamento Nacional da Criança, referia competência destinada às ações de pesquisa, gestão e fiscalização, particularizadas pela função de coordenação nacional das instituições, programas e serviços destinados à maternidade, infância e adolescência.

Mas como representante genuína da articulação público-privada nas ações destinadas à infância e juventude e família pobre, podemos destacar a Legião Brasileira de Assistência. A LBA, criada em 1942, com o objetivo de amparar as famílias dos recrutados na Segunda Guerra Mundial, desenvolve suas ações a partir de iniciativas particulares, bem como aquelas advindas do Estado, voltadas a atuar nos rebatimentos da guerra.

Em pouco tempo, as iniciativas particulares e o trabalho voluntário direcionado às famílias dos convocados à Guerra irá se ampliar, respaldadas por ações nacionais destinadas à assistência social.

> Da assistência "às famílias dos convocados", progressiva e rapidamente a LBA começa a atuar em todas as áreas da assistência social, inicialmente para suprir sua atividade básica e em seguida visando a um programa de ação permanente. (IAMAMOTO; CARVALHO, 2006, p. 251-252).

Nesse contexto, segundo o Decreto-Lei 4.830, de 1942, a LBA teria por objetivo "prestar, em todas as formas úteis, serviços de assistência social, diretamente ou em colaboração com instituições especializadas" sendo oficialmente reconhecida como órgão de cooperação com o Estado e consultiva, no que se refere à fiscalização dos serviços no âmbito da já denomina "assistência social".

Para isso, a LBA mobilizará esforços em prol da organização de uma rede de prestação de "assistência social", bem como da formação técnica de profissionais aptos a atuar nesse campo. As ações históricas nomeadas como amparo e auxílio sedem lugar à dita prestação de assistência social. Inscritas na racionalização da burocracia do Estado autoritário, o atendimento à infância, juventude e família pobre, além do ar científico que já carregava desde a década de 1920, se inscreve na ingerência das ações públicas, ainda que balizadas pelos serviços e ações privadas de cunho filantrópico e caritativo, evidenciando o processo de "racionalização da assistência".[65]

Mas é importante voltar a ressaltar aqui, que no que tange ao chamado "menor delinquente", este sempre esteve sobre ingerência das ações do Estado. Considerado problemático e pouco atrativo às ações de caridade, a atuação junto a esse público ficou historicamente a cargo das instituições eminentemente públicas, exceto pela pequena prestação de atividades de cunho recreativo e profissionalizante, as quais por vezes tinham o auxílio de obras sociais filantrópicas e religiosas.

Sendo assim, em meio ao Estado Novo, o Serviço de Assistência ao Menor (SAM), criado em 1941, será responsável por dar unidade às instituições destinadas à infância e juventude abandonada, mas em especial, estruturar as ações dirigidas aos delinquentes, tornando-se um marco em seu atendimento.

Em 1923, pela Lei 16.272, foi criado o Abrigo de Menores do Distrito Federal, este transformado pelo Decreto 18.923, de 1929, em Instituto Sete de Setembro, que em 1941, pelo Decreto 3.799, dará lugar ao Serviço de Assistência ao Menor, que teria por finalidade:

> a) sistematizar e orientar os serviços de assistência a menores desvalidos e delinquentes, internados em estabelecimentos oficiais e particulares;

[65] O processo de racionalização da assistência que aqui sinalizamos foi referido na seguinte obra: IAMAMOTO, Marilda Vilella; CARVALHO, Raul de. *Relações sociais e serviço social no Brasil*: esboço de uma interpretação histórico-metodológica. 19. ed. São Paulo: Cortez; [Lima, Peru]: CELATS, 2006.

> b) proceder à investigação social e ao exame médico-psicopedagógico dos menores desvalidos e delinqüentes;
> c) abrigar os menores, á disposição do Juízo de Menores do Distrito Federal;
> d) recolher os menores em estabelecimentos adequados, a fim de ministrar-lhes educação, instrução e tratamento sômato-psíquico, até o seu desligamento;
> e) estudar as causas do abandono e da delinquência infantil para a orientação dos poderes públicos;
> f) promover a publicação periódica dos resultados de pesquisas, estudos e estatísticas. (BRASIL, 1941).

O SAM estando submetido ao Ministério da Justiça e Negócios Interiores reafirmara a conciliação histórica entre justiça e assistência no atendimento ao "menor pobre" e tem seu surgimento inscrito no bojo da proposição de políticas sociais e na tentativa de centralização das ações.

Esse serviço teria a incumbência de unificar as instituições e ações destinadas ao menor, sendo inicialmente sua abrangência restrita ao Distrito Federal, já que o Rio de Janeiro era a capital do país, no entanto esta se estenderia a todo território nacional em 1944.

Em meio a esse processo de unificação, podemos verificar no artigo 4° do Decreto 3.799, de 1941, que foram incorporados ao SAM: a Escola Quinze de Novembro (1889), Escola João Luiz Alves (1926), o Patronato Agrícola Artur Bernardes (1926) e o Patronato Agrícola Venceslau Braz (1918).

Aquelas instituições destinadas inicialmente aos abandonados, direcionadas ao ensino agrícola, passavam a partir do SAM a ser funcionais ao atendimento aos delinquentes, considerando que estavam localizadas afastadas dos centros urbanos e que tinham seu projeto pedagógico estruturado nas bases da educação para o trabalho.

Ao mesmo tempo, o SAM ao dispor como uma de suas finalidades "proceder à investigação social e ao exame médico-psicopedagógico dos menores", funcionava enquanto um centro de triagem o qual buscava as causas dos supostos crimes cometidos, destinando o tratamento voltado à regeneração dos "menores delinquentes", por meio de sua inserção em contexto institucional, indicado de acordo com o perfil traçado pelas diferentes áreas do conhecimento.

O modelo de instituição total foi funcional à inserção compulsória dos "menores". Tal modelo combinou longos períodos de enclausuramento à prestação de serviços básicos voltados à sobrevivência dos internos, à rotina disciplinar direcionada ao seu enquadramento e regeneração, tais elementos permanecendo como característica do atendimento prestado pelo SAM.

O SAM possuía autorização legal para fiscalizar, controlar, supervisionar e eleger entre as instituições "privadas" aquelas que seriam subvencionadas por recursos públicos. Sendo assim, além da unificação de instituições direcionadas, sobretudo, aos ditos delinquentes, cabia ao SAM a centralização de ações junto às demais instituições destinadas ao atendimento aos abandonados.

O processo inscrito na atuação do SAM, em alguma medida "possibilitou a limitação do poder irrestrito conferido ao Juizado de Menores" (FALEIROS, 2009, p. 54) desde sua criação na década de 1920. Até esse momento, a referida instituição judiciária, além de suas funções privativas de julgar e sentenciar as questões relativas à criança e ao adolescente, de alguma maneira se envolvia na fiscalização das instituições interferindo em suas ações.

Curioso é notar a seguinte questão: as instituições do tipo "privadas" eram fiscalizadas e controladas pelo SAM, já as instituições geridas pelo SAM seriam, segundo o decreto-lei de 1941, fiscalizadas, na parte relativa ao regime disciplinar e educativo dos internados, pelo então Juizado de Menores.

O processo de fiscalização do SAM revelou que a visão propagandística de cuidado e proteção eram rebatidas por processos de violação de direitos. No entanto mesmo em meio às diversas críticas direcionadas ao SAM, quanto à qualidade das instalações e o processo "pedagógico direcionado aos "menores", crianças e adolescentes permaneciam sendo encaminhados para suas instituições, ainda que se reconhecesse publicamente a precariedade do serviço em fazer cumprir a proposta protetiva e de regeneração, sobretudo dos delinquentes.

Estruturado sob a ideologia de disciplina corretiva e regenerativa, o SAM, sobretudo com os menores delinquentes, foi reconhecido enquanto "Fábrica de Criminosos" (RIZZINI, 2009), sofrendo críticas quanto à execução do atendimento, bem como à má gestão financeira.

As críticas ao SAM emergiam de diversos setores da sociedade, a exemplo de profissionais do governo, setores religiosos, figuras políticas nacionais, bem como da imprensa. Tais críticas ainda que reportassem denúncias que expressassem o contexto precário das instituições, se inscreviam ainda muito em ataques políticos ao governo de Vargas, que não tardou a erodir.

Mas mesmo após o governo Vargas, ao longo da década de 1950, as críticas se aglutinam em torno da proposição de estudos e ações destinadas à extinção do Serviço de Assistência ao Menor.

> Em fevereiro de 1963 João Goulart cria comissão, presidida pelo Diretor do SAM, Samuel Barlett James, para reformular o órgão. Barlet procura a ASA, mas a comissão não funciona. Após o assassinato de seu filho, Odylo Costa, junto coma ASA, pressionam o Presidente da República para a mudança do SAM, de que é encarregado o Ministro João Mangabeira. Este nomeia, em 14 de abril, uma comissão, praticamente indicada pela ASA, para encaminhar um projeto. No artigo 1º propõe a extinção do SAM e opta-se por uma Fundação para se garantir autonomia ao novo órgão [...]. (FALEIROS, 2009, p. 62).

As, denúncias, sobretudo relacionadas à má gestão, irregularidades, bem como seu expressivo insucesso no atendimento aos menores pobres e delinquentes, culminaram após duas décadas com a extinção do SAM, encerrando o período que aqui conceituamos como de sistematização da política de atendimento para os menores abandonados e, sobretudo, aos delinquentes no Brasil.

Conclusão

Nas reflexões que buscamos partilhar, tomamos como premissa que as ações destinadas a intervir junto aos chamados "menores delinquentes" referem o advento do governo imperial, inicialmente pautadas por um atendimento indistinto em relação aos presos adultos, e a partir da Proclamação da República foi particularizado por um conjunto de normativas e instituições específicas, inscritas no que se configurou como a Política de Proteção aos menores abandonados e delinquentes, evidenciada, sobretudo, na década de 1920. Sob o Estado Novo e a ditadura varguista o respaldo normativo e as instituições específicas passaram a corresponder a um aparato sistemático unificado pelo SAM.

Buscamos destacar que apesar das ações destinadas aos chamados "menores" serem dispostas por meio de iniciativas de caráter distintos, caritativas, filantrópicas e públicas, o atendimento ao chamado "menor delinquente" foi historicamente encampado pelo Estado brasileiro, por meio de instituições punitivas públicas, uma vez que cumpriu o duplo objetivo de punir, afastando o "menor" considerado perigoso do convívio social e regenerar disciplinando-o por meio da educação para o trabalho.

Afirmamos que no Brasil, o atendimento às crianças e adolescentes pobres, perfilados na normativa específica como "menores", dicotomizados entre abandonados e delinquentes, foi embasado pelo que consideramos como "cultura da institucionalização". As expressões da questão social vivenciada pelas famílias trabalhadoras foram historicamente individualizadas, naturalizadas e moralizadas culpabilizando a estas por sua condição de vida e trabalho.

Como consequência desse processo, as famílias pobres foram historicamente desqualificadas para o cuidado com seus filhos, forjando-se assim o conceito de famílias incapazes, para aquelas que fugiam ao padrão burguês e a retórica do abandono junto àqueles, que, sob o ideal de "futuro da nação", passaram a ser público-alvo das ações e instituições assistenciais-correcionais do Estado.

Em se tratando especificamente dos chamados "menores delinquentes", a leitura realizada por sobre a autoria do ato análogo ao crime foi patologizada compreendida, enquanto desvio que deveria ser "ajustado", por meio de sua inserção em instituições privativas de liberdade, sendo estes submetidos a procedimentos pautados pela disciplina e do aprendizado de um ofício, moldando-se assim a força de trabalho em potencial a ser apropriado para a construção do projeto de nação e sociedade almejado pós-Proclamação da República e ratificado sob a ditadura do estado varguista.

Para esse grupo de adolescentes, os considerados "menores delinquentes", o recurso prioritário adotado pelo Estado para seu atendimento esteve sedimentado na medida de internação em instituições de privação de liberdade. O confinamento foi, e a nosso ver ainda é, funcional para manter afastados do convívio social aqueles meninos e meninas considerados perigosos.

O que particularizou os períodos históricos sobre os quais nos debruçamos foi o fato de o discurso hegemonicamente difundido creditar a institucionalização como o melhor procedimento a ser adotado, necessário para proporcionar ao "menor" a possibilidade de regeneração. No entanto o que a história revela, sobretudo, sob a gestão do SAM, é que a institucionalização serviu para ocultar processos de violação de direitos, dentre os quais a perda dos vínculos familiares e o confinamento são os mais evidentes.

Sendo assim, o percurso histórico aqui proposto para além de nos oferecer elementos para pensar a construção da política de atendimento destinada ao chamado "menor delinquente", por meio das instituições específicas a este destinadas visou compartilhar algumas reflexões, sobre a expressão atual desse atendimento. As reflexões aqui compartilhadas revelam-nos que permanecemos entre os séculos XX e XXI, investindo na construção de instituições específicas, acreditando que o confinamento e o afastamento do convívio social são, senão os melhores, os recursos prioritários para atender as demandas postas pelos adolescentes reconhecidos como "delinquentes", sentenciados judicialmente no momento presente como autores de ato infracional.

Referências

BRASIL. *Lei de 16 de dezembro de 1830*. Código Penal.

______. *Lei Imperial n. 148, de 27 de agosto de 1840*. Fixa as Forças de mar para o ano financeiro de 1841 a 1842.

______. *Decreto 678, de 1850*. Regulamenta a Casa de Correção do Rio de Janeiro.

______. *Decreto 2.745, de 13 de fevereiro de 1861*. Cria o Instituto dos Menores Artesãos da Casa de Correção e dá-lhe Regulamento.

______. *Decreto 847, de 11 de outubro de 1890*. Código Penal.

______. *Decreto 1313, de 17 de janeiro de 1891*. Estabelece providências para regularizar o trabalho dos menores empregados nas fábricas da Capital Federal.

______. *Decreto 1794, de 11 de setembro de 1894*. Dá regulamento para execução do decreto legislativo n. 145, de 11 de julho de 1893.

______. *Decreto n. 2.432, de 12 de janeiro de 1897*. Declara extinta a Colônia Correcional dos Dois Rios e dá outras providências.

______. *Lei n. 947, de 29 de dezembro de 1902*. Reforma o serviço policial no Distrito Federal.

______. *Decreto 4.780, de 2 de março de 1903*. Aprova o regulamento para a Escola Correcional Quinze de Novembro.

______. *Decreto 6.994 de 1908*. Regulamento destinado a Colônia Agrícola de Dois Rios.

______. *Câmara dos Deputados do Rio de Janeiro*, Projeto Lei de 1906.

______. *Decreto 13.706, de 25 de julho de 1919*. Dá nova organização aos patronatos agrícolas.

______. *Lei 4.242*. Fixa a despesa geral da República no Exercício de 1921.

______. *Lei 16. 272*. Permite o governo à organização da Política de Proteção ao menor abandonado e Delinquente, 1923.

______. *Decreto 16.508*. Cria a Escola Correcional João Luiz Alves.

______. *Decreto 17.943*. Código de Menores de 1927.

______. *Decreto 18.923, de 30 de setembro de 1929*. Dá ao Abrigo de Menores do Distrito Federal a denominação de "Instituto Sete de Setembro (Abrigo de Menores)".

______. *Decreto-Lei 525, de 1 de julho de 1938*. Institui o Conselho Nacional de Serviço Social e fixa as bases da organização do serviço social em todo o país.

______. *Decreto-Lei 2.024, de 17 de fevereiro de 1940*. Fixa as bases da organização da proteção à maternidade, à infância e à adolescência em todo o País.

______. *Decreto 3.799, de 1941*. Transforma o Instituto Sete de Setembro em Serviço de Assistência ao Menor.

CARVALHO, José Murilo de. *A formação das almas:* o imaginário da república no Brasil. São Paulo: Companhia das Letras, 1990.

______. *Cidadania no Brasil.* O longo caminho. 13. ed. Rio de Janeiro: Civilização Brasileira, 2010.

FALEIROS, Vicente de Paula. Infância e Processo Político no Brasil. In: PLOTTI, Francisco; RIZZIN, Irene. (Org.). *A arte de governar crianças*: a história das políticas sociais, da legislação e da assistência à infância no Brasil. 2. ed. rev. São Paulo: Cortez, 2009.

FOUCALT, Michel. *Vigiar e punir*: história da violência nas prisões. 36. ed. Rio de Janeiro: Editora Vozes, 2011.

HOLLOWAY, T. O Calabouço e o Aljube do Rio de Janeiro no Século XIX. In: MAIA, C. N. et al. (Org.). *História das prisões no Brasil.* v. I. Rio de Janeiro: Rocco, 2009, p. 253-281.

IAMAMOTO, Marilda Vilella; CARVALHO, Raul de. *Relações sociais e serviço social no Brasil:* esboço de uma interpretação histórico-metodológica. 19. ed. São Paulo: Cortez; [Lima, Peru]: CELATS, 2006.

LINS, Mônica Regina Ferreira. Os filhos das "classes perigosas" no Arsenal de Marinha do Rio de Janeiro e a "regeneração" pelo trabalho (1871-1910). SIMPÓSIO NACIONAL DE HISTÓRIA, 26. ANPUH. São Paulo, jul. 2011. *Anais*...

LUZ, Madel Therezinha. *As instituições médicas do Brasil*. 2. ed. Porto Alegre: Rede UNIDA, 2013. (Coleção Clássicos da Saúde Coletiva).

MANDEL, Ernest. *O capitalismo tardio*. São Paulo: Nova Cultural, 1985.

NETTO, José Paulo. *Capitalismo monopolista e serviço social*. 5. ed. São Paulo, Cortez, 2006.

PINHEIRO, Maria Esolina. *Serviço social documento histórico*: infância e juventude desvalida. Rio de Janeiro: Centro de Produção da UERJ, 1985.

RIZZINI, Irene. *O século perdido*: raízes históricas das políticas públicas para a infância no Brasil. 2. ed. rev. São Paulo: Cortez, 2008.

RIZZINI, Irma. *Assistência à infância no Brasil*. Uma análise de sua construção. Rio de Janeiro: USU Editora Universitária, 1993.

______. Meninos desvalidos e menores transviados: a trajetória da política da assistência pública até a Era Vargas. In: RIZZINI, Irene; PILOTTI, Francisco (Org.). *A arte de governar crianças:* a história das políticas sociais, da legislação e da assistência à infância no Brasil. 3. ed. São Paulo: Cortez, 2009.

______.; GONDRA José Gonçalves. Higiene, tipologia da infância e institucionalização da criança pobre no Brasil (1875-1889). *Revista Brasileira de Educação*, v. 19 n. 58 jul./set. 2014.

SANTOS, W. G. *Cidadania e justiça*. Rio de Janeiro, Campus, 1979.

SILVA, Renato. *Abandonados e delinquentes*: a infância sob os cuidados da medicina e do Estado – o Laboratório de Biologia Infantil (1935-1941). Programa de Pós-Graduação em História das Ciências da Saúde. FIOCRUZ, 2003.

Síntese das legislações e instituições destinadas ao "menor delinquente" (1830-1944) no Brasil

ANO	LEGISLAÇÃO	INSTITUIÇÃO	FINALIDADES
1830	Código Criminal do Império		Estabelece faixa etária aos 14 anos para a inimputabilidade, no entanto fundamenta-se na perspectiva de discernimento.
1834		Casa de Correção do Rio de Janeiro	Acolhe em regime prisional os criminosos adultos, bem como os menores delinquentes.

ANO	LEGISLAÇÃO	INSTITUIÇÃO	FINALIDADES
1840	Lei Imperial 148, cria a Escola de Aprendizes de Marinheiro	Escola de Aprendiz de Marinheiro	Acolhe os menores condenados pelas penas ditas disciplinares.
1850	Decreto 678, oferece novo regulamento a Casa de Correção do Rio de Janeiro		Realiza a divisão das penas a serem cumpridas na instituição em correcional e criminal, bem como classificando-as ainda entre 1ª e 2ª classes.
1861	Decreto 2.745, cria o Instituto de Menores Artesãos	Instituto de Menores Artesãos	Em uma seção à parte da Casa de Correção do Rio de Janeiro, fundamentava-se no cumprimento da pena a partir da perspectiva regenerativa, por meio da atividade de trabalho.
1894	Decreto 1794, cria a Colônia Correcional de Dois Rios em Ilha Grande	Colônia Correcional de Dois Rios em Ilha Grande	Destinada a manter os criminosos afastados do centro político e econômico do Rio de Janeiro.
1889	Iniciativa particular do chefe de polícia do Distrito Federal João Brasil Silvado	Escola Correcional XV de Novembro	Destinada inicialmente aos menores abandonados, recolhidos na cidade do Rio de Janeiro.
1890	Decreto 847, Código Penal dos Estados Unidos do Brasil		Estabelece faixa etária aos 9 anos para a inimputabilidade mantendo a perspectiva de discernimento.
1891	Constituição da República dos Estados Unidos do Brasil		Regulamenta no Distrito Federal o trabalho de "menores".
1902	Lei 947 – Reforma o Serviço de Polícia do Distrito Federal		Refere os estabelecimentos correcionais para inserção de "menores delinquentes".
1903	Decreto 4.780, oferece o Regulamento da Escola Correcional XV de Novembro	Escola Correcional XV de Novembro	
1906	Seção 31, Câmara dos Deputados do Rio de Janeiro, Projeto Lei proposto por Alcindo Guanabara		Propõe a regulamentação e atuação sobre a infância dita moralmente abandonada e delinquente.
1908	Decreto 6.994 de 1908	Colônia Correcional de Dois Rios em Ilha Grande	Aprova o regulamento que reorganiza a Colônia Correcional de Dois Rios.

ANO	LEGISLAÇÃO	INSTITUIÇÃO	FINALIDADES
1918	Decreto 12.893		Autoriza o Ministro da Agricultura a criar patronatos agrícolas, para educação de menores desvalidos, nos postos zootécnicos, fazendas-modelo de criação, núcleos coloniais e outros estabelecimentos do Ministério.
1918	Decreto 13.070	Patronato Agrícola Wenceslau Braz (Caxambu – MG)	Cria em Caxambu, Estado de Minas Gerais, um Patronato Agrícola, destinado ao desenvolvimento da pomicultura, horticultura e jardinicultura.
1919	Decreto 13.706 de 1919		Aprova o regulamento dos patronatos agrícolas que a este acompanha e vae assignado pelo ministro de Estado dos Negócios da Agricultura, Indústria e Comércio.
1921	Lei 4.242		Na despesa geral da República para o exercício de 1921 inscreve a organização dos serviços de proteção à infância abandonada e delinquente.
1923	Lei 16.272	Cria o Juizado de Menores do Distrito Federal, dispõe sobre a figura do Juiz de Menores. Cria, ainda, aos fundos da Escola XV de Novembro, um pavilhão correcional destinado à permanência dos menores delinquentes	Regulariza a organização da assistência à infância abandonada e delinquente.
1926	Decreto 5.083		Institui o Código de Menores.
1926	Decreto 16.508	Escola Correcional João Luiz Alves	Cria a Escola Correcional João Luiz Alves.
1926		Patronato Agrícola Arthur Bernardes (Viçosa – MG)	
1927	Decreto 17.943 - A		Consolida as leis de assistência e proteção a menores, as quais ficam constituindo o Código de Menores.

ANO	LEGISLAÇÃO	INSTITUIÇÃO	FINALIDADES
1929	Decreto 18.923 de 1929	Instituto Sete de Setembro	Dá ao Abrigo de Menores do Distrito Federal a denominação de "Instituto Sete de Setembro".
1932	Decreto 21.218	Instituto Sete de Setembro	Confere regulamento ao Instituto Sete de Setembro.
1934	Constituição Federal		
1935	Não localizamos decreto/lei de criação	Laboratório de Biologia Infantil submetido ao Juizado de Menores do Distrito Federal	
1937	Constituição dos Estados Unidos do Brasil		
1938	Decreto 525	Conselho Nacional de Serviço Social	
1940	Código Penal		
1940	Decreto-Lei 2.024	Departamento Nacional da Criança	Fixa as bases da organização da proteção à maternidade, à infância e à adolescência em todo o País.
1941	Decreto-Lei 3.799	Serviço de Assistência ao Menor (Incorporando todas as instituições)	
1942	Decreto 4.830	Legião Brasileira de Assistência	Estabelece contribuição especial para a Legião Brasileira de Assistência e dá outras providências.
1944	Decreto-Lei 6.865		Redefine as competências do Serviço de Assistência ao Menor.

CAPÍTULO 6

MARCAS DA INSTITUCIONALIZAÇÃO: UM ESTUDO SOBRE JOVENS INSTITUCIONALIZADOS NO BRASIL E EM PORTUGAL

Carlos Mendes Rosa
Junia Vilhena
Maria Helena Zamora
João Pedro Gaspar

A história não passa de um desfile de falsos Absolutos. Assim nascem as ideologias, as doutrinas e as farsas sangrentas.

Cioran

Introdução

O objetivo deste capítulo é discutir as diferentes formas de institucionalização de jovens no Brasil e em Portugal. Países com língua, história e origens culturais em comum apresentam certos problemas sociais coincidentes em relação à grande massa de crianças e adolescentes cuja formação social e subjetiva é marcada pela interferência de instituições totais (GOFFMAN, 1967), limitantes e punitivas. Daremos especial relevância à contribuição que as instituições que atravessam essas jovens vidas dão ao desenvolvimento subjetivo dos sujeitos.

Uma primeira pontuação a ser feita ao se iniciar este diálogo intercontinental acerca dos menores institucionalizados deve ser justamente a distinção dos conceitos de "menor institucionalizado" de que tratamos nos diferentes países. Em primeiro lugar, a palavra "menor" não tem em Portugal a nítida carga pejorativa que tem no Brasil; servindo apenas para distinguir faixas etárias e situações jurídicas. Em segundo lugar, no Brasil, a menoridade refere-se aos que têm menos de dezoito anos completos. A faixa populacional denominada de adolescência tem entre doze e dezessete anos. Por essa razão distinguimos "adolescentes" e "jovens" no texto.

Em Portugal, embora em pequena escala, existe a figura do menor recolhido por ter comportamentos disruptivos, com os quais os pais não conseguem lidar e dos quais podem mesmo ser vítimas, configurando-se uma intervenção social por parte do poder público. No Brasil, a lei que trata das crianças e adolescentes não é a penal, mas é uma lei especial, distanciada da penal, podendo muitas vezes, ao contrário do que se acusa, ser mais severa que ela. O Estatuto da Criança e do Adolescente (Lei 8.069) preconiza que os adolescentes e suas famílias devem ser ouvidos, quando se suspeita de violações de direitos por parte das famílias, sem que qualquer coerção ou institucionalização incida sobre eles, em um primeiro momento. Caso se verifiquem as violações, medidas protetivas são recomendadas e a colocação em famílias substitutas (*foster care*) ou em instituições de acolhimento são consideradas para cada caso.

No caso de adolescentes que cometeram atos infracionais, existe a possibilidade de serem colocados em instituições ditas socioeducativas, inclusive de internação, podendo também ser recomendadas medidas protetivas – um adolescente pode ser a um mesmo tempo vítima de violações de seus direitos e autor de violações de direitos de outras pessoas. As medidas socioeducativas devem considerar a capacidade do adolescente de cumpri-las e as circunstâncias da infração (art. 112), como também devem manter o caráter pedagógico. No caso de a medida implicar a perda da liberdade, deve-se considerar os princípios de excepcionalidade e brevidade na sua aplicação.

Nada do que foi exposto quer dizer que as instituições tanto socioeducativas quanto de acolhimento brasileiras realmente tenham o caráter pretendido e não sejam instituições totais punitivas, como falaremos mais adiante.

Entretanto a realidade do acolhimento institucional em Portugal também está se modificando e, enquanto em décadas anteriores este era, na maioria dos casos, decidido a pedido dos pais, geralmente motivado por situações de pobreza, agora são cada vez mais os menores institucionalizados sem o consentimento dos seus progenitores. Em 2009, quase seis mil estavam em instituições na sequência de processos instaurados em tribunal. Muitos deles, afirma-se no relatório, estiveram expostos, reiteradamente, "a situações de maus tratos físicos e psicológicos".

Sobre instituições totais

As instituições totais se apresentam como ambientes de fechamento sociorrelacional dos sujeitos; tornando a variedade de interações nos diversos planos da vida, em uma única, monótona e massacrante forma de se relacionar. A rotina imposta, as vestimentas, as regras, tudo colabora para a mortificação do eu, por meio da supressão brutal dos valores individuais e culturais (GOFFMAN, 1961). Todas as liberdades estão revogadas em um período da vida no qual ser livre é fundamental para a formação da personalidade. A noção de privilégio como ausência de privação nos parece tão desconectada das realidades social e psíquica, que pensamos na violência simbólica de tal contexto à subjetividade (GOFFMAN, 1961). Zimbardo (1976) confirma essa posição ao afirmar que uma instituição como a prisão tem dentro de si forças poderosas que poderão suplantar anos de socialização, de traços pessoais ou de valores profundamente enraizados. Pode-se dizer que a instituição é o lugar do desejo excluído.

As formas de adaptação à lógica institucional também não poderiam seguir os padrões naturais da sociedade dos livres. Tais táticas são descritas por Goffman (1961) como ajustamentos primários, secundários ou a combinação destes em diferentes fases da vida intramuros. São eles o "afastamento da situação", que se caracteriza por abstrair os acontecimentos do regime; "intransigência", não cooperar com a instituição; "colonização", considerar a vida institucional melhor que o mundo externo; "conversão", aceitar o papel de internado e "imunização", habituar-se ao mundo fechado.

É um tanto contraditório ler no Estatuto brasileiro que a medida de internação de menores que infringem a lei serve como medida protetiva para a sociedade e socioeducativa para o agora reeducando do sistema. Pois Goffman (1961) já apontava que a instituição total, em qualquer nível ou finalidade, tem como objetivo legítimo simplesmente adequar os internos à sua lógica institucional, protegendo assim sua própria existência. Docilizando corpos, produzindo obediência política, conforme Foucault (1998), ao tratar do caso das sociedades modernas, disciplinares.

Vulnerabilidade e desfiliação

Os pontos aqui desenvolvidos não estão fora de um contexto que muitos atores chamam de exclusão social. A partir da década de noventa, o conceito é utilizado para falar "do enfraquecimento ou a ruptura dos laços sociais que ligam o indivíduo à sociedade e/ou a condição a que ele chega após tal ruptura" (LEAL, 2009, p. 261).

A exclusão social caracteriza-se como um processo complexo. Sem pretender dar conta desse vasto assunto, é possível entender que diversas categorias de indivíduos se encontram, por vários fatores, compreendidos como excluídos: idosos, homossexuais, mulheres, portadores de necessidades especiais, índios, população de rua e outros, que, se percebidos, são com a marca de inferiores e como objetos de temor.

Contudo se pode também entender que um conceito que aborda tantos grupos sociais e fenômenos diferentes é demasiado abrangente e precisa ser utilizado de forma crítica. Nesse sentido, o conceito de vulnerabilidade, assim como o de desfiliação, é interessante porque pode ajudar a mostrar situações concretas de opressão e sofrimento psíquico de maneira mais dinâmica, conforme mostra o trabalho de Robert Castel (1998), assinalando graus diferentes de perdas e desvinculações.

Em alguns estudos mais genéricos, a palavra vulnerabilidade é associada à pressão do poder econômico que promove perda social, injustiça, pobreza e opressão. Está ligada à noção de incapacidade; falta de recursos e perda da autonomia são os atributos que usualmente acompanham a discussão de populações ou grupos vulneráveis. A partir dessa noção leiga, temos um caráter de multidimensionalidade que acompanha os estudos ou caracterizações do conceito de vulnerabilidade (TEDESCO; LIBERMAN, 2008).

No entanto a vulnerabilidade refere-se também a uma disposição do sujeito a apresentar resultados negativos no desenvolvimento, aumentando a probabilidade desses resultados ocorrerem na presença de um fator de risco. Os primeiros estudos sobre vulnerabilidade social se ancoravam nos índices econômicos das populações de baixa renda para traçar perfis de desvantagem social e mobilidade social descendente. Para os autores, trata-se do resultado negativo (desvantagens, carências) da relação entre disponibilidade de recursos econômicos ou simbólicos e o acesso a oportunidades sociais, políticas e financeiras oferecidas pelo governo ou pela iniciativa privada. Outros autores defendem que um ambiente pobre do ponto de vista econômico pode criar sujeitos pobres de cultura, com rede afetiva precária e com pouco diálogo, com ausência de autonomia e baixa autoestima (GRANA; BASTOS, 2010).

Em uma vertente distinta, Ayres (2009) entende o fenômeno como a chance de exposição das pessoas ao adoecimento resultante de um conjunto de aspectos não apenas individuais, mas também coletivos e contextuais. Ou seja, as pessoas não são, em si, vulneráveis, mas podem se tornar vulneráveis a determinados fatores, diante de condições específicas, em diferentes momentos de suas vidas.

Resulta que na sociedade atual continuamos tendo os mesmos processos de vulnerabilização dos que têm menos chance de acesso aos recursos. No entanto algo mudou drasticamente em relação aos mecanismos de exclusão social; as sutilezas da exclusão na contemporaneidade não constroem muros apenas entre ricos e pobres, mas segregam diversas minorias dentro de uma mesma classe social. Hoje temos fronteiras territoriais muito bem demarcadas em que alguns grupos não são autorizados a cruzar o terreno (real/simbólico) de outra agremiação ou tribo. É uma "exclusão" de minorias para maiorias, e principalmente de minorias para minorias.

A fronteira, ainda existente, entre ricos e pobres ganha contornos dos mais variados. Características físicas como cor da pele e massa corpórea somam-se a preferências sexuais, musicais, religiosas e enquadres diagnósticos para compor a grande massa de excluídos em vários campos e incluídos exclusivamente em alguns outros. Parece mais complexo tratar vulnerabilidade em termos de diferença de oportunidade hoje, pois em certa medida todos se encontram vulneráveis.

Injustiça social, vulnerabilidade e famílias

Levamos em conta que a família deve ser a fonte primeira de cuidado e transmissão dos valores e das normas culturais, dando ao sujeito condições necessárias para a sua participação satisfatória nos demais grupos sociais (BOCK et al., 1999). Nesse sentido, é válido considerarmos que a situação de vulnerabilidade social da grande maioria das famílias pobres se relaciona com a pobreza estrutural, agravada pela crise econômica que impõe aos sujeitos a condição de desempregados ou força-os a aceitarem trabalhos considerados como subemprego, instáveis, precários ou mesmo em atividades ilegais.

Agrega-se a isso o fato da injustiça social como fator de deterioração do convívio saudável, favorecendo o desequilíbrio das relações familiares (GOMES; PEREIRA, 2005). O empobrecimento – ou a miséria já dada – e a falta de perspectiva de um projeto de uma vida com qualidade, impõem a toda a família, inclusive a filhos pequenos, doentes e idosos uma luta pela própria sobrevivência. Esse doloroso processo não raro traz rompimento dos vínculos e leva os componentes à descrença de si mesmo, tornando-o frágil e com baixa autoestima. Esta descrença em sua possibilidade de reação fragiliza algo fundamental para a coesão familiar: a capacidade de amar e de se sentir amado (GOMES; PEREIRA, 2005) ou, em outras palavras:

> "Em condições sociais de escassez, de privação e de falta de perspectivas, as possibilidades de amar, de construir e de respeitar o outro ficam bastante ameaçadas. Na medida em que a vida à qual está submetido não o trata enquanto homem, suas respostas tendem à rudeza da sua mera defesa da sobrevivência" (VICENTE, 1994, p. 49-50).

Outra questão importante trata de um fator natural nos sujeitos, qual seja a busca pela independência financeira e emocional, pela via da separação necessária entre o filho e seus pais ou provedores. Freud (1921) dirá que é natural no desenvolvimento o menino se identificar com a mãe primeiramente, como objeto idealizado e alvo de todo o seu amor. Mas essa identificação primordial irá evoluir para uma identificação pelo pai, como figura de poder, autoridade e acima de tudo como possuidor de um objeto desejado (a mãe). Com o desenvolvimento da criança e o desenrolar de seus complexos infantis ambas as identificações serão abandonadas, mas nunca completamente, e o desejo será dirigido para o mundo externo. No entanto, o psiquismo guarda vivamente as representações daqueles primeiros contatos relacionais entre o bebê e seus pais. De sorte que as formas de relacionamento que o sujeito irá estabelecer com as demais pessoas e as instituições serão pautadas por tais ligações primárias.

O que ocorre, contudo, quando o pai está em um lugar desvalorizado – sem emprego, sem poder, sem um lugar simbólico de peso na família? Neste caso, a dependência financeira da família em relação ao jovem pode levá-lo, precocemente, aos caminhos ilícitos ou à descrença nos modelos culturais de família, trabalho e justiça.

Mas felizmente este não é o único caminho, longe disto. Observamos não apenas jovens que lutam para manter a dignidade de suas famílias, como muitos outros que trabalham em projetos comunitários, uma tentativa clara de fazer retornar às suas comunidades os benefícios tão injustamente distribuídos pela sociedade ainda excludente e preconceituosa na qual vivemos.

Neste sentido, Sawaia (1992) define como sofrimento psicossocial o sintoma de uma das carências mais profundas da modernidade: não saber conviver com a diferença, não reconhecer que nossa integridade depende da integridade alheia, permitindo que o conflito atinja o ponto de ameaçar a sobrevivência de todos. Falamos, por exemplo, da maximização do individualismo possessivo, calcado na intolerância mais brutal e no medo do outro. Cerqueira Filho e Cerqueira (2004) o designam como individualismo fóbico. Afirmam que a ignorância simbólica da lei, apresentada neste nível, não é um problema exclusivamente jurídico, mas também referida à ignorância ou degradação da figura paterna, seja por falta ou por excesso.

Ao falar dos jovens institucionalizados salta aos olhos este cenário ambivalente em que a Lei, inscrita precariamente no simbólico, passível de ser transgredida, como única forma de sobrevivência e autoafirmação, encontra correlato nos atos infracionais, contra o estado ou contra as instituições, devido a outras faltas também fundamentais, falta de condições, de educação, de afeto, de oportunidades, de comida!

Se pensarmos no extenso período que a maioria dos jovens passa nas instituições, tanto no Brasil quanto em Portugal, perceberemos a necessidade da reformulação das práticas institucionais, com vistas a proporcionar aos internos maiores condições de retomarem a própria vida quando completarem a idade limite de permanência no regime fechado.

A autonomização implica não só adquirir competências que os preparem, mas também proporcionar vinculações que lhes permitam ter um "farol" ou mesmo um "porto de abrigo" para não sentirem o "desaparecimento" da instituição após a sua saída, o que proporcionaria um novo corte abrupto. Hoje, a institucionalização não pode mais ser aceita como medida principal de atendimento às crianças e adolescentes vítimas de qualquer tipo de violação de direitos ou que tenham cometido atos infracionais. Há um constante debate nos dois países em foco e em outros países, onde novas medidas são pensadas a esse respeito.

Buscando consonâncias e dissonâncias: a institucionalização em Portugal

Pesquisas realizadas em Portugal demonstram que crianças institucionalizadas exibem padrões atípicos de vinculação, com dificuldades na criação de laços afetivos e nível de desenvolvimento mental abaixo dos valores normativos. Os pesquisadores concluíram também que quanto maior o tempo de permanência na instituição, maior será o impacto no desenvolvimento emocional, cognitivo, social e acadêmico destas crianças (PEREIRA, et al., 2010).

Segundo a Teoria Bioecológica do Desenvolvimento Humano (BRONFENBRENNER, 2004; BRONFENBRENNER; MORRIS, 1998) além do contexto, o processo é o principal responsável pelo desenvolvimento da criança. Permanecer em um lar de acolhimento para menores, não pode automaticamente ser entendido como risco ou proteção, dependendo mais da qualidade das relações e da presença de afetividade e reciprocidade que a institucionalização proporcionar (GASPAR; SANTOS; ALCOFORADO, 2015).

O Plano de Intervenção Imediata (PII) - documento elaborado anualmente pela Segurança Social de Portugal e entregue à Assembleia da República mostra que há um aumento da idade média e dos problemas de comportamento nas crianças e jovens institucionalizados. O documento revela que o número total de menores à guarda do Estado tem diminuindo desde 2004, passando de 15.118 em 2004 para 9.563 em 2009.

O perfil das crianças e jovens em situação de acolhimento remete-nos para institucionalizados mais velhos e mais problemáticos, pois dos 2.187 menores que foram acolhidos em 2009, 53% tinham entre 10 e 18 anos, o que significa que "o acolhimento institucional se está a dirigir predominantemente para jovens adolescentes", conclui o relatório.

A análise das características particulares dos menores em acolhimento revela que 13% têm problemas de comportamento graves, com especial incidência na faixa etária entre os 15 e os 17 anos. De 1.221 deles, 288 já tiveram, inclusivamente, problemas com a justiça.

Relativamente à transição na saída dos lares de acolhimento, quando questionada em finais de 2010 sobre, se ao atingirem 18 anos os jovens institucionalizados estariam em condições de ser autônomos, a Drª Idália Moniz, Secretária de Estado Adjunta e da Reabilitação, alertou "a maioria não tem autonomia financeira, não sabe sequer fazer uma sopa e não tem quaisquer competências de gestão e de decisão. Quem viveu dez anos numa instituição nunca teve de decidir nada na sua vida, teve sempre alguém que decidisse por ele".

As relações dos jovens com os cuidadores assumem um papel fundamental nos sistemas proximais, mormente quando assumem um aspecto afetivo significativo e seguro, destacando-se de relações impessoais ou mesmo rupturas e perdas sucessivas que tantas vezes acompanham as suas vivências, logo na entrada para uma instituição de acolhimento, que acarreta frequentemente uma ruptura profunda com a família biológica – podendo este corte dever-se a fatores como: desinteresse da família, não aceitação por parte da criança ou jovem da sua nova realidade (e demonstrar a sua revolta ao recusar-se a falar ou ver a família), falta de condições econômicas para se deslocarem à instituição de acolhimento (ocasionalmente situado bem longe da área de residência) ou até o regulamento interno da instituição que por vezes é pouco flexível no que diz respeito a contatos entre os usuários e os familiares.

Por seu lado, o acolhido não esquece a família - bons e maus momentos - mas quando se sujeita às regras institucionais e à falta de condições para estabelecer contatos frequentes, leva adiante a sua existência, procurando definir o seu projeto de vida e esforçando-se por ultrapassar o tal "corte abrupto".

Desta forma, o momento do acolhimento de uma criança ou jovem deixa marcas profundas e tem repercussões em vários níveis que não serão esquecidas, que talvez fiquem menos intensas, mas que o acompanharão para o resto da vida. "De tudo o que lhes é familiar e constitui o seu pequeno mundo, sobram eles próprios, ainda assim quebrados na fantasia e na realidade. O ser em relação é esbatido e a unicidade perde-se, num contexto em que a identidade é dirimida".

No caso de adultos e jovens adultos que viveram em instituições de acolhimento, não basta assumir que diferentes contextos como família, instituição e escola podem ter influências diversas no desenvolvimento, sendo importante recorrer ao modelo bioecológico por enfatizar o ambiente, mas também propor que o desenvolvimento humano seja estudado por meio da interação deste núcleo contextual com outros três, o processo, a pessoa e o tempo, de forma interligada.

O contexto no qual a pessoa se insere é analisado por um sistema estrutural no qual se destacam quatro estruturas distintas, todas interligadas entre si e atuantes no desenvolvimento do sujeito. Tais estruturas correspondem ao microssistema, mesossistema, exossistema e macrossistema. O microssistema corresponde às influências que advém do interior do indivíduo, das suas características físicas e de objetos do ambiente quotidiano, que caracterizam as relações próximas. O mesossistema refere-se às ligações e às dinâmicas entre dois ou mais ambientes nos quais os indivíduos se desenvolvem, ou seja, a interação entre os diversos microssistemas. O mesossistema das crianças e adolescentes institucionalizados consiste nas interações entre o próprio lar de acolhimento e a sua família de origem ou entre a escola que frequenta e o lar onde vive.

O exossistema define-se como uma extensão do mesossistema e representa as estruturas sociais, tanto formais como informais, que não contendo a pessoa em desenvolvimento, afetam o contexto imediato em que se encontra a pessoa, influenciando, delimitando e até determinando o que ali acontece (BRONFENBRENNER, 1986; 1993). Assim, a Direção da Instituição, o Instituto de Apoio à Criança (IAC), a Segurança Social, o Tribunal de Justiça, são instâncias que podem constituir o exossistema de crianças e adolescentes institucionalizados (SANTANA, 2003).

O macrossistema é o sistema mais amplo e abrange valores culturais, ideologias, acontecimentos históricos e a organização das instituições sociais comuns a uma determinada cultura. O estigma social, normalmente depreciativo, associado aos valores culturalmente esperados, pode ser considerado elemento integrante do macrossistema que envolve crianças e adolescentes institucionalizados.

Os demais núcleos de análise do modelo bioecológico são o processo, a pessoa e o tempo. O processo é o principal mecanismo responsável pelo desenvolvimento e evidencia-se nas interações recíprocas do sujeito com as pessoas, objetos e símbolos presentes no seu ambiente imediato. A pessoa é analisada pelas suas características biopsicológicas e as edificadas na interação com o ambiente. E o tempo examina a influência no desenvolvimento de mudanças e continuidades que ocorrem ao longo do ciclo de vida (BRONFENBRENNER; MORRIS, 1998).

Quando a instituição desaparece, após o período de acolhimento, vão acontecendo cortes com pessoas que terão sido uma referência, como professores que os apoiaram ou técnicos que foram importantes, mas que pertencem a um conjunto de cuidadores que entram e saem, num ritmo que os ultrapassa, deixando um vazio que pode ser angustiante.

No caso português, tais rupturas são agravadas por uma imposição do sistema que os obriga a sair, após passarem vários anos numa instituição que foi o seu lar e a sua família, sem qualquer tipo de apoio. Urge alterar estas situações de "despejo" na sociedade de jovens sem preparação nem suporte, seja financeiro, familiar ou social, obrigando-os a lutar para sobreviver ou arriscando uma entrada no submundo da criminalidade ou da mendicidade. Não há um sentido de responsabilidade de ninguém (Instituição de acolhimento, Segurança Social, família biológica...) para com esses jovens – é como se a partir do momento em que abandonam o lar, deixassem de existir.

Lewin (1965) destaca que o ambiente no qual a criança vive é tão importante quanto o ar que respira. O grupo a que pertence é o solo em que pisa. Sua relação com esse e sua posição nele constituem os fatores mais importantes do seu sentimento de segurança ou insegurança. Não admira que o grupo de que a pessoa faz parte, e a cultura em que vive, determinem em grande parte seu comportamento e caráter.

Outro teórico que sustenta a importância fundamental do fator social no desenvolvimento é o russo Lev Semenovitch Vygotsky. Para ele o desenvolvimento psicológico é promovido pela convivência social, além das maturações orgânicas. Este depende da aprendizagem na medida em que se dá por processos de internalização de conceitos, promovidos pela aprendizagem social. Não é suficiente ter todo o aparato biológico da espécie para realizar uma tarefa, se o indivíduo não participa de ambientes que propiciem esta aprendizagem (VYGOTSKY, 1998).

Idealmente, as instituições de acolhimento seriam uma reprodução do ambiente familiar, em que deve imperar a proteção, a definição de limites, a nutrição afetiva, a promoção da autonomização, entre outros. No entanto, as vicissitudes - condições financeiras, elevado número de jovens, escassos recursos humanos ou com pouca apetência para as funções, obrigam a que os seus ambientes se revistam principalmente de um caráter "profissional", quase indiferente, até porque, com todos os esforços que envidam, não conseguem ir além disso.

Uma experiência brasileira

Uma pesquisa do Tribunal de Justiça do Estado de Goiás, um dos 26 estados que compõem a unidade federativa do Brasil, investigou a realidade do futuro dos adolescentes autores de atos infracionais, cujos processos foram arquivados nos anos de 2001 e 2002 (TJGO, 2011). O interesse da pesquisa, disponível no site oficial do Tribunal de Justiça do Estado de Goiás, foi verificar a condição social atual dos egressos do sistema socioeducativo após dez anos do término de sua condenação. Cabe explicar que no Brasil a liberação obrigatória do adolescente ocorre quando o mesmo completa 21 anos de idade, conforme prevê o art. 121 do ECA.

Segundo a própria coordenação do projeto, os seus objetivos foram: conhecer a realidade acerca do futuro dos adolescentes autores de atos infracionais, com vistas a subsidiar políticas sociais públicas voltadas para o atendimento e a proteção integral da criança e do adolescente (TJGO, 2011). E com essa iniciativa tentar prevenir a "delinquência infanto-juvenil" (sic), além de servir como uma maneira de avaliar o sistema de se propõe a ser de "recuperação e ressocialização" (sic). Para isso, a pesquisa coletou dados de endereço desses adolescentes disponíveis nos autos dos processos criminais e os procurou para realização de um questionário socioeconômico.

O questionário consistia de diversas perguntas a respeito da atual condição dos rapazes e meninas, agora maiores de idade. Constavam do inventário de interesses perguntas relacionadas à condição atual de sobrevivência, estado de saúde, renda familiar, constelação familiar, atual grau de escolaridade, situação empregatícia e outros dados de cunho social. Dentro de um universo de 1864 processos arquivados entre 2001 e 2002, em sua maioria (quase 90%) do sexo masculino, a pesquisa conseguiu localizar 806 adolescentes - hoje adultos. Os resultados iniciais mostraram algumas conclusões assustadoras.

Dos mais de 800 jovens cujos endereços levaram a possibilidade de entrevistas com o próprio adolescente ou algum familiar, 133 já estavam mortos. Destes que haviam morrido, 127 foram assassinados. Este número corresponde a 16% da amostra pesquisada. Outros seis sujeitos foram encontrados em situação de rua.

O questionário concluiu também que mais de 50% dos pesquisados não constituiu família, permanecendo vinculado à família de origem. Nesse ponto vale ressaltar a constatação de que do total da amostra, 55% são filhos de pais separados. A pesquisa revela também que 252 sujeitos têm, pelo menos, um filho. Porém, em 62% destes casos de paternidade, a criança reside com outra pessoa, usualmente com a mãe.

Outro dado importante revelado pela pesquisa foi que 53% da amostra cursou até o ensino fundamental, 35% concluiu o ensino médio e 12% conseguiu o nível superior de escolaridade. Além disso, dos 451 entrevistados 85% não estuda atualmente. Também chama a atenção que 34% relatam diagnóstico de algum transtorno mental.

Os dados apresentados acima nos levam a afirmar, mais uma vez, a ineficiência do sistema socioeducativo brasileiro como formador de sujeitos e cidadãos melhores para a nossa sociedade. É flagrante o despreparo do Estado para lidar com os atos infracionais e as consequências estão mais do que notórias no número de ditos reeducandos assassinados ao saírem do sistema.

Além do fato grave de jovens mortos e agredidos nas quase "penitenciárias" - pois elas mais se assemelham a isso do que a centros de educação – ou ameaçados pela polícia em abordagem cada vez mais suspeitas e truculentas. Um outro levantamento sobre o tema apontou que 16% de todos os homicídios cometidos no Brasil entre os anos de 1980 e 2002 foram de crianças e jovens (PERES et al., 2006). O estudo mostra também que mais de 5.700 jovens de até 19 anos foram vítimas de atos de violência e até mesmo de execuções praticadas por policiais no mesmo período no país. Tais números contemplam apenas os casos noticiados pela imprensa e não refletem a totalidade de agressões praticadas por agentes da lei, pois a maioria destas nunca chega a ser veiculada em qualquer mídia. Podemos citar também outros estudos mais recentes que constataram, após pesquisar sobre as origens da violência contra menores, que os responsáveis pela segurança pública e os direitos dos cidadãos, são os que mais têm transgredido as leis de proteção a crianças e adolescentes no Brasil (MAFRA, 2007; WAISELFISZ, 2011).

Analisando criticamente os dados referentes à situação presente daqueles "reeducandos" que não foram assassinados, podemos apontar outro grave problema da chamada reinserção social. Estes adultos jovens saem do sistema socioeducativo sem praticamente nenhuma qualificação. A escolaridade que já tende a ser baixa à época do ato infracional (HUMAN RIGHTS WATCH, 2004), pouco ou nada melhora com a liberdade, já que mais da metade dos sujeitos pesquisados havia concluído apenas o ensino fundamental. Sem instrução e tampouco sem capacitação adequada oferecida enquanto institucionalizados, gravitam em subempregos cuja renda dificilmente ultrapassa dois salários mínimos ou acabam retornando para atividades ilegais.

Uma minoria termina morando nas ruas para não depender das famílias originais. Famílias estas que, não obstante as dificuldades enfrentadas (renda familiar abaixo de dois salários mínimos, pais separados, ausência de programas sociais de apoio etc.) respondem pelo sustento e abrigo da maior parte dos entrevistados.

Parece-nos adequado apontar que o Estado mantém os jovens que cometeram atos infracionais longe da sociedade, privando-os do contato com a família, para em seguida, ao término do cumprimento da medida de privação de liberdade, devolverem a total responsabilidade destes jovens para as mesmas famílias. Há ainda um agravante uma vez que após o longo afastamento pode acontecer de terem se tornado praticamente estranhos no seio familiar. Isso significa, em outros termos, que a medida socioeducativa pode violar o direito ao convívio familiar que o próprio Estatuto afirma. Esses jovens portam as marcas profundas da violência institucional, expressa no alto índice de jovens que desenvolvem transtornos mentais, e não conseguem se desligar facilmente dos hábitos aprendidos e exaustivamente repetidos dentro do que parece ser uma prisão.

Considerações finais

Em Portugal, de acordo com o Plano de Intervenção Imediata (PII) de 2009, as respostas sociais do sistema de admissão nacional atual englobam modelos diversos de recursos: Unidade de Emergência - assegura a admissão imediata de juvenis até a idade de 12, em situações de perigo grave, real e iminente, por um período inferior até 48 horas; Centro Admissão Temporária – destinado à admissão urgente e temporária de crianças e jovens em perigo, por um período inferior a seis meses; Juventude e lares de infância (JLI) - prevê a admissão de adolescentes e jovens maiores de 12 anos em situação de perigo, com duração superior a 6 meses, tentando dar estrutura de vida o mais próximo possível a das famílias; Pais Adotivos – famílias qualificadas, tecnicamente enquadradas para garantir as crianças / jovens, principalmente entre as idades de 12 a 17 anos, os cuidados adequados às suas necessidades, as quais a família biológica não pode fornecer; Outras respostas de admissão destinadas a crianças e jovens na população em risco, como "Lares Adotivos Emergenciais", "Centros de suporte à vida", "casas residenciais" , "Comunidades

Terapêuticas", "Casa Abrigo", as quais, em alguns casos, recebem os menores riscos.

Nos últimos anos, o governo tem tentado minimizar a falta de formação dos profissionais de saúde, que reflete em vários aspectos de socialização dos jovens internados, desde a pouca autonomia, até vínculos deficientes e inexistentes. O Plano DOM - Desafios, Oportunidades e Mudanças, iniciado em 2007 em instituições que concordaram em participar, teve como principal objetivo a implementação das medidas de qualificação da rede de lares para a juventude e a infância, como um incentivo à melhoria contínua da promoção da proteção à crianças e jovens e a garantia de direitos, para a sua educação e cidadania. Teve como objetivo também a desinstitucionalização, ou pelo menos, prover as instituições com o pessoal mais qualificado e preparado para lidar com jovens institucionalizados. Recentemente, o Plano DOM, enquanto um plano de intervenção integrada, sofreu uma evolução, com o Despacho 9016/2012 de Junho de 2012, que criou o Plano SERE+ (Sensibilizar, Envolver, Renovar, Esperança, MAIS), em nível nacional, tem como objetivo principal a implementação das medidas de especialização nas redes de casas para infância e juventude, incentivando a melhoria contínua da promoção de direitos e proteção das crianças, valorizando a sua educação para a cidadania, o seu sentido de identidade, autonomia e segurança, reconhecendo a importância da desinstitucionalização. Em um momento em que o país enfrenta uma crise financeira e econômica, não podem ser apenas os Planos emanados por aqueles que decidem, os que irão alterar a capacidade de absorver a raiva e a frustração dos pais adotivos. Uma mudança na forma de encarar essas crianças e jovens deve começar em cada um de nós, de forma que elas se tornem conscientes da importância que terão nas suas vidas e em seu futuro como cidadãos de pleno direito.

Os governos brasileiros mais recentes têm optado por políticas econômicas restritivas com forte impacto na área social. São híbridos de políticas progressistas, mas que têm restrições importantes na cobertura, no financiamento e na qualidade da atenção e por isso mesmo, ainda com baixo impacto na construção da cidadania social tão almejada (LOBATO, 2009). A ênfase nos benefícios sociais da ação sobre os pobres tem obscurecido as restrições impostas às políticas universais e não garantem a continuidade da queda da desigualdade social que o país experimenta na última década (LOBATO, 2009). Tampouco garante o acesso desta grande massa de favorecidos a condições mais dignas de sobrevivência, tais como escolaridade, capacitação e acesso à cultura. E com isso, crianças, adolescentes e outras parcelas mais vulneráveis da população acabam sendo especialmente atingidas.

No entanto, no Brasil, a questão que aparece em vários debates versa sobre o direcionamento específico da intervenção do Estado, se este deve atuar na criminalização dos chamados "menores infratores" ou na proteção social a esse sujeito ainda em formação e já tão expropriado em seus entornos subjetivos.

Sobre o funcionamento das instituições de atendimento do sistema socioeducativo brasileiro, ainda são comuns as denúncias de maus tratos. Longe de se parecer com uma escola, a realidade colocada para a maioria dos jovens que se vê confinada em razão de sua conduta é a do reformatório, com consequências nefastas.

Para a teoria winnicotiana, quando uma instituição maltrata os jovens, ela apenas confirma para eles que o mundo não é confiável. Como apontam Vilhena et al. (2010) não é coincidência que o Estatuto da Criança e do Adolescente, preconize, ainda que o jovem tenha cometido um delito, a reafirmação dos direitos e um tratamento educativo e que preserve a integridade de todos. A violência – e o medo que ela causa – não ensinam nada ou nada que sirva para o crescimento do jovem nem do meio social.

Há uma bela frase do escritor Mia Couto que diz: "tem gente

que tem medo que o medo acabe". É por meio da colonização das subjetividades, que a submissão servil ao poder vai sendo pacientemente construída, uma vez que caberá ao Estado a prerrogativa da violência e mesmo o direito de vida ou morte. O medo passa a ser assim um forte agenciador da ordem instituída e, certamente, das subjetividades produzidas. O medo justifica a repressão policial, as intervenções militares, os abusos contra os direitos adquiridos – tudo em nome de uma ordem a ser "reestabelecida" ou de uma situação que justifique o Estado de exceção. O medo autoriza a violência do Estado e a criminalização ou medicalização da pobreza, em uma junção dos discursos médico e penal, que pelo escopo do presente trabalho não pudemos abordar.

A clínica psicológica muitas vezes está marcada pela dicotomia entre o social e o individual. Contudo, tal clínica não mais se sustenta. É necessário forjar uma clínica da criação e da experimentação de práticas que afinal são sempre sociais. É preciso instalar uma clínica do compromisso, da presença e da confiança – uma clínica que reafirma a vida humana daqueles que estão por um triz. É preciso se produzir uma prática clínica que afirme os direitos humanos para as vidas precárias, sua possibilidade incondicional de existência e seu acolhimento dentro da polis (NOVAES et al., 2009). O adolescente em cumprimento de medida socioeducativa não pode ser definido como um infrator e muito menos como mais um infrator. Ele é – ou melhor eles são – meninos e meninas nos quais "a linha da infração é apenas uma a mais dentre tantas outras que o compõem" (COIMBRA; BOCCO; NASCIMENTO, 2005). Não é possível nem eticamente sustentável fixá-los como identidade, como "ser", neste movimento de vida em que responderam perante a lei. É apenas por meio do reconhecimento da alteridade e da garantia de direitos que apostamos na possibilidade de que estes jovens institucionalizados tenham uma existência digna, saudável e com possibilidade de formular projetos futuros.

Enquanto escrevemos, em agosto de 2016, ficamos informados que um dos nove rapazes de certa unidade de internação faleceu. Revoltados com a superlotação, os adolescentes atearam fogo em um colchão de um dos alojamentos, que estava trancado. Um motim, vários feridos, dois internados e ao cabo de dois dias, um morto. Mas o que levaria pessoas jovens a lançar mão de um recurso tão extremo e perigoso como o incêndio? O que queriam conseguir, talvez uma forma de expressão extrema, de caráter "hiper-realista", proporcional à repressão que incide sobre eles, como afirma Vicentin (2005)? O que será que aquela prisão "educativa" realmente produziu nesses meninos? Que "face da morte" se apresentou e por sinal sempre se apresenta para o grupo de jovens que tem características como as deles (JIMENEZ; FRASSETO, 2015)?

Como podemos pensar para além desse confinamento aniquilante e mortífero como resposta às transgressões? Seria a lei tão avançada assim ou na sua aplicação estaria em conflito com os adolescentes? Pois constatamos que apesar do Estatuto e da criação das várias políticas públicas, as práticas institucionais seguem deteriorando esses meninos e meninas (CAMURI; ZAMORA; NASCIMENTO, 2016). Prevalecerá sempre o castigo ou teremos coragem de pensamento, de ir além das grades e realmente pensar o fim das instituições de privação de liberdade?

Referências

AYRES, J. R. C. M. Organização das ações de atenção à saúde: modelos e práticas. *Saúde e Sociedade*, v. 18, supl. 2. p. 11-23. 2009.

BOCK, A. M. B.; FURTADO, O.; TEIXEIRA, M. L. T. *Psicologias*: uma introdução ao estudo de psicologia. São Paulo: Saraiva, 1999.

BRONFENBRENNER, U. Recent advances on the ecology of human development. In: SILBEREISEN, Rainer K.; EYFERTH, Klaus; RUDINGER, Georg. (Eds.). *Development as action in context:* Problem behavior and normal youth development. Berlin: Springer, 1986.

______. *Making human beings human*: biecological perspectives on human development. Londres: Sage, 2004.

______.; MORRIS, P. A. The ecology of developmental processes. In: DAMON, W. (Ed.). *Handbook of child psychology*, v. I. New York: John Wiley & Sons, 1998.

CAMURI, A. C.; ZAMORA, M. H.; NASCIMENTO, A. *Violações de direitos humanos no sistema socioeducativo:* Melhorar a internação ou propor outra lógica? In: SILVEIRA, Flavia Cristina Lemos (Org.). Judicialização da vida. (no prelo).

CASTEL, R. *As metamorfoses da questão social*. Petrópolis: Vozes. 1998.

CERQUEIRA FILHO, G.; CERQUEIRA, M. N. Vulnerabilidade psíquica e poder. Congresso Internacional, 2, Latinoamericano, 9, de Psicopatologia Fundamental. *Anais...* Disponível em: <http://www.psicopatologiafundamental.org/uploads/files/ii_congresso_internacional/temas_livres/ii_con._vulnerabilidade_psiquica_e_poder.pdf. 2004>. Acesso em: 30 dez. 2012.

COIMBRA, C.; BOCCO, F.; NASCIMENTO, M. L. Subvertendo o conceito de adolescência. *Arquivos Brasileiros de Psicologia*, v. 57, n. 1, p. 2-11, 2005.

FOUCAULT, M. *O nascimento da clínica*. São Paulo: EPU. 1998.

FREUD, S. *Psicologia das massas e análise do ego*. v. XVIII, p. 89-179. 1921. Rio de Janeiro: Imago. 1996. Edição Standard Brasileira das Obras de Sigmund Freud.

GASPAR, J. P.; SANTOS, E.; ALCOFORADO, J. L. Os desafios da autonomização: estudo compreensivo dos processos de transição para diferentes contextos de vida, na perspectiva de adultos e jovens adultos ex-institucionalizados. *Psicologia Clínica*. Rio de Janeiro. v. 27, n. 1, p. 59-81, 2015.

GOFFMAN, E. *Manicômios, prisões e conventos*. São Paulo: Editora Perspectiva. 2001.

GOMES, M. A.; PEREIRA, M. L. D. Família em situação de vulnerabilidade social: uma questão de políticas públicas. *Ciência e saúde coletiva,* v. 10, n. 2, p. 357-363. 2005.

GRANA, L.; BASTOS, A. G. Vulnerabilidade social: o psicodiagnóstico como método de mapeamento de doenças mentais. *Rev. Psicologia Ciência e Profissão*, v. 30, n. 1, p. 200-211. 2010.

HUMAN RIGHTS WATCH. *Real Dungeons"*: Juvenile Detention in the State of Rio de Janeiro. USA: HRW. 2004.

INSTITUTO DE SEGURANÇA SOCIAL. *Plano de Intervenção Imediata.* Relatório de Caracterização das Crianças e Jovens em Situação de Acolhimento em 2006. Lisboa: ISS. 2007.

______. *Plano de Intervenção Imediata.* Relatório de Caracterização das Crianças e Jovens em Situação de Acolhimento em 2007. Lisboa: ISS. 2008.

______. *Plano de Intervenção Imediata.* Relatório de Caracterização das Crianças e Jovens em Situação de Acolhimento em 2008. Lisboa: ISS. 2009.

______. *Plano de Intervenção Imediata.* Relatório de Caracterização das Crianças e Jovens em Situação de Acolhimento em 2009. Lisboa: ISS. 2010.

______. *Plano de Intervenção Imediata.* Relatório de Caracterização das Crianças e Jovens em Situação de Acolhimento em 2010. Lisboa: ISS. 2011.

______. *Plano de Intervenção Imediata.* Relatório de Caracterização das Crianças e Jovens em Situação de Acolhimento em 2011. Lisboa: ISS. 2012.

LEAL, G. F. Exclusão como ruptura de laços sociais: uma crítica do conceito. *Mediações,* v. 14, n.1, p. 260-274, Jan./Jun. Disponível em: <http://www.uel.br/revistas/uel/index.php/mediacoes/article/view/3367>. 2009.

LEWIN, K. *Teoria de campo em ciência social.* São Paulo: Biblioteca Pioneira de Ciências Sociais, 1965.

LOBATO, L. V. C. Dilemas da institucionalização de políticas sociais em vinte anos da Constituição de 1988. *Ciência & Saúde Coletiva,* v. 14, n. 3, p. 721-730, 2009.

MAFRA, N. Crianças e adolescentes. In: RECH, D. (Org.). *Direitos Humanos no Brasil 2* – Diagnóstico e Perspectivas. Rio de Janeiro: CERIS/Mauad, 2007.

NOVAES, J. V.; VILHENA, J.; MOREIRA, A. C. G.; ZAMORA, M. H. As crianças que ninguém quer: A clínica psicanalítica em uma instituição de portas abertas. *Arquivos brasileiros de Psicologia,* v. 69. n. 1. p.16-29, Rio de Janeiro. UFRJ, 2009.

PEREIRA, M. et al. Desenvolvimento, psicopatologia e apego: estudo exploratório com crianças institucionalizadas e suas cuidadoras. *Psicologia, Reflexão e Crítica [online],* 2010, v. 23 n. 2, p. 222-231. 2010. Disponível em: <http://www.scielo.br/pdf/prc/v23n2/v23n2a04.pdf>. Acesso em: 21 jan. 2013.

PERES, M. F. T.; CARDIA, N.; SANTOS, P. C. *Homicídios de Crianças e Jovens no Brasil, 1980 a 2002.* São Paulo: NEV/USP. 2006.

SANTANA, J. *Instituições de atendimento a crianças e adolescentes em situação de rua:* objetivos atribuídos por seus dirigentes e pelos jovens atendidos. 2003. 101 f. Dissertação não publicada (Mestrado) – Programa de Pós-graduação em Psicologia do Desenvolvimento, Universidade Federal do Rio Grande do Sul, Porto Alegre, RS.

SAWAIA, B. B. Dimensão Ético-afetiva do Adoecer da Classe Trabalhadora. In Lane, S. T. M.; Sawaia, B. B. (Orgs.). *Novas Veredas da Psicologia Social.* São Paulo: EDUC/Brasiliense, 1995.

______. *Novas veredas da psicologia social.* São Paulo: Brasiliense; 2006. Sistema Nacional de Atendimento Socioeducativo – SINASE. Subsecretaria de Promoção dos Direitos das Crianças e dos Adolescentes. Brasília, DF: CONANDA. 2006. Disponível em: <http://www.conselhodacrianca.al.gov.br/sala-de-imprensa/publicacoes/sinase.pdf>. Acesso em: 20 jul. 2016

TEDESCO, S; LIBERMAN, F. O que fazemos quando falamos em vulnerabilidade? *Revista O Mundo da Saúde,* v. 32 n. 2. São Paulo. 2008.

TJGO. Diagnóstico do perfil dos adolescentes autores de Atos Infracionais – Processos arquivados nos anos de 2001 e 2002. *Publicação Eletrônica do TJ-GO*, 2011. Disponível em: <http://www.tjgo.jus.br/index.php/projetos-e-acoes>.

VICENTE C. M. *O direito à convivência familiar e comunitária*: uma política de manutenção do vínculo. In: KALOUSTIAN, S. M. (org.). Família brasileira, a base de tudo. São Paulo; Brasília: Ed. Cortez-Unicef, 1994. p. 47-59.

VICENTIN, M. C. G. *A vida em rebelião*: jovens em conflito com a lei. São Paulo, Hucitec/ Fapesp. 2005.

VILHENA, J. Palavras sufocadas... atos desesperados. Violência, lei e subjetivação. Lat.-Am. *Journal of Fund. Psychopath. Online*, São Paulo, v. 5, n. 2, p. 241-252, 2008.

______.; ZAMORA, M. H.; NOVAES, J. V.; MOREIRA, A. C. *O sentido dos atos destrutivos dos adolescentes*. Entendendo os jovens em conflito com a lei. O social em questão. Rio de Janeiro. PUC-Rio. XII. n. 22. p. 141-160. 2010.

VYGOTSKY, L. S. *Pensamento e Linguagem*. Rio de Janeiro: Martins Fontes, 1998.

WAISELFISZ, J. J. *Mapa da Violência 2011*. Os jovens do Brasil. São Paulo: Instituto Sangari, Ministério da Justiça, Governo Federal. 2011. Disponível em: <http://www.sangari.com/mapadaviolencia/pdf2011/MapaViolencia2011.pdf>. Acesso em: 13 de jul. 2016.

ZIMBARDO, P. *O efeito Lúcifer*. Como pessoas boas se tornam más. São Paulo: Ed. Record, 1976.

CAPÍTULO 7

AS ORIGENS DA PUNIÇÃO NO BRASIL

Christiane Russomano Freire

A pesquisa *As representações sociais da punição: Policiais Civis, Policiais Militares e Gestores Penitenciários do Estado do Rio Grande do Sul*, apresentada no Programa de Pós-Graduação em Ciências Criminais da Pontifícia Universidade Católica do Rio Grande do Sul, ancorou-se na investigação empírica realizada entre os atores do campo policial e penitenciário, mais especificamente os gestores de tais instituições. Para a análise dos dados coletados foi adotada uma abordagem transdisciplinar que permitiu o diálogo entre os diferentes campos do saber, tais como a história, a sociologia da violência e da punição, a psicologia social, a criminologia e o direito.

O percurso investigativo colocou ao pesquisador um precedente e instigante desafio, uma vez que a apreensão e problematização das percepções sociais da punição entre os integrantes do campo policial e penitenciário, mesmo que com recorte regional, exige a incursão nas origens de nossa formação social, bem como nas diversas práticas, sentidos e sensibilidades conferidas à punição no curso do processo histórico brasileiro.

O castigo na sociedade escravista

Refletindo acerca da importância da investigação dos sistemas concretos de punição, na obra *A Ordem do Castigo no Brasil*, Solazzi afirma que:

> A diferenciação das táticas e estratégias de dominação permite conformar e elucidar as diferentes economias do castigo vividas nos diversos instantes da história brasileira; analisando como se constituíram e realizaram as sujeições dos corpos, numa história política que tem no escravismo a matriz de suas regulações e estratégias de dominação, fundamentando rotinas de castigo e suspeição das populações (SOLAZZI, 2007: 23).

Segundo o autor, a análise das práticas de adestramento dos corpos no interior do regime escravista, que perdurou entre os séculos XVI a XIX, permite mapear as procedências e persistências que, independente do regime político, fundamentam a nossa tradição autoritária (SOLAZZI, 2007, p. 23-24).

Na obra *Matrizes Ibéricas do Sistema Penal Brasileiro – I*, Nilo Batista reafirma a tese exposta acima ao enfatizar a forte articulação entre poder monárquico e eclesiástico no Brasil colonial, assim como o papel que os dogmas religiosos cumpriram para a construção do que denominou "sujeito culpável":

> A pena pública é precocemente inventada na península ibérica, bem como a articulação do poder penal laico com princípios penais religiosos; não obstante, é perceptível uma *continuidade público-privado* (que estará presente no controle penal da escravidão, no Brasil do século XIX), bem como uma *diferenciação penal* (penas diferentes para atores sociais de classe diferente), que se exprime seja na *exacerbação penal de autor*, seja na *desvalia da vitimária*, também fortemente arraigada em nossa história nacional. Uma importante matriz – *a da intervenção moral* -,

> que se difundiria através do direito penal e penitencial canônico, aparece também precocemente na península ibérica, a partir das leis visigóticas contra os judeus (BATISTA, 2000, p. 25-26).

O saber de inquérito balizado em valores e dogmas católicos de salvação refletia inicialmente os interesses militares de consolidação do domínio territorial e, os imperativos de controle e sujeição da população nativa. Posteriormente, com o avanço do projeto colonial, o saber de inquérito foi positivado num conjunto de práticas comunais e dispositivos legais, denominado Ordenações Filipinas[66]. Os diferentes sentidos outorgados à punição na primeira forma de sociabilidade brasileira estão dispostos no quinto livro desta legislação monárquica. Nesse momento, as formas punitivas disseminaram-se pelo conjunto do tecido social, regulando tanto as atividades públicas como as privadas. O alargamento dos eventos criminalizados atinge todas as esferas, tanto a social, moral e, cultural, como a política e a econômica (SOLAZZI, 2007, p. 53)

A mão de obra escrava foi introduzida no Brasil aproximadamente no ano de 1525, destinada inicialmente aos engenhos de cana de açúcar. No entanto, até o século XIX esse contingente já atingia a cifra de quatro milhões de trabalhadores regulares. As práticas de subordinação do novo contingente destinado ao trabalho incessante foram estabelecidas por meio de diferentes agenciamentos. O primeiro protagonizado pelos feitores africanos que submetiam os escravos destribalizados a um treinamento de rotina que impossibilitava usufruir qualquer tempo ocioso. O segundo agenciamento refere-se à prática de marcação por meio de um instrumento feito de prata denominado sinete. O terceiro agenciamento, por sua vez,

[66] As Ordenações Filipinas, conjunto de práticas comunais e de estatutos legais portugueses, outorgados durante o domínio dinástico Habsburgo (1580-1640), consolidaram-se na península ibérica devido à derrota militar e ao sumiço de dom Sebastião, em Alcácer-Quibir, viabilizando as embaixadas sucessórias e ameaças militares de Felipe II, primo de dom Sebastião, resultando na assimilação política dos reinos ibéricos sob o mesmo império (SOLAZZI, 2007, p. 52).

consistia na seleção dos grupos a serem enviados, cujo objetivo era impedir a concentração de um número significativo de escravos provenientes de uma mesma região geográfica, com práticas culturais e religiosas da mesma linhagem, fato que poderia propiciar aproximações identitárias constitutivas de alianças ameaçadoras a escravidão (SOLAZZI, 2007, p. 76).

Nesse cenário, no qual os senhores de engenho detinham o poder político de "dizer o direito", já é possível identificar, embora de forma embrionária, a combinação entre os mecanismos punitivos, como a condenação a morte, os castigos corporais e, as prisões; e os normalizadores, como a educação cristã e as medidas protetivas de cunho paternalista.

A descoberta do ouro nas minas foi um fator de alteração significativa, tanto nas formas de produção como nas práticas de controle e subordinação até então impostas pelos feitores e senhores à massa de escravos. A busca do ouro exigia uma maior liberdade de circulação da mão de obra, facilitando e incentivando as fugas e a formação de quilombos nessas regiões (GUIMARÃES, 1988 apud SOLAZZI, 2007).

O temor diante da possibilidade de disseminação das revoltas de escravos e da conquista da liberdade por meio da criação de territórios autônomos fez com que os jesuítas se dedicassem a elaboração de manuais reguladores das relações entre senhores e escravos. Os jesuítas estabeleceram uma verdadeira "economia cristã", baseada no sustento material e espiritual dos escravos, que deveriam ser doutrinados, alimentados, vestidos e curados, bem como castigados, por meio de uma pedagogia de açoites, ferros e grilhões aplicados conforme o merecimento (SOLAZZI, 2007, p. 74).

No curso do século XVIII, paralelamente a batalha constante dos grandes proprietários de terra para a manutenção da sociabilidade escravocrata, o Brasil assiste a emergência de um conjunto de práticas e ideais abolicionistas. Indiscutivelmente, a Independência foi o marco político que impulsionou o processo de abolição da escravatura. A conformação da nacionalidade exigia, embora que de forma paulatina, livrar o país da herança escravista por meio da emancipação dos escravos e da "civilização" dos indígenas.

A estratégia inicial adotada pelo Brasil imperial para extinguir as relações sociais servis consistiu na cessação da importação de escravos africanos, na aposta de "civilização" da população indígena, e na perspectiva da abolição futura do trabalho escravo. Todavia os acordos políticos que regeram o processo abolicionista estiveram pautados permanentemente pelo cuidado com as necessidades econômicas mercantilistas, vez que as primeiras determinações surgidas no Parlamento já estabeleciam a compulsoriedade do trabalho, principalmente para negros e mulatos escravizados ou livres.

As medidas regulatórias de limitação dos castigos, durante o processo abolicionista, refletem as alterações nas formas de submissão dos corpos escravizados. No intuito de coibir os excessos praticados pelos senhores de escravos, as novas orientações preveem a atuação de uma justiça pública, que deveria tomar conhecimento dos crimes praticados, bem como equacionar as penalidades aplicadas aos escravos pela polícia da administração imperial. É nessa perspectiva que se inscreve a Representação à Assembleia Constituinte feita em 1832, por José Bonifácio de Andrade, que proibia os senhores de castigarem seus escravos por meio de penas cruéis, determinando que as mesmas fossem aplicadas no pelourinho público da localidade, com licença do juiz policial, que fixaria o castigo correspondente ao crime praticado (ANDRADA, 1832, p. 19-32 apud SOLAZZI, 2007, p. 102-103).

Em que pese às regulamentações não tenham conseguido reduzir efetivamente a violência dos castigos aplicados aos escravos, essencialmente àqueles residentes nas propriedades distantes, dominadas pelas leis senhoris privadas, em alguns centros urbanos é possível identificar a atuação da justiça pública. Assim, embora o processo político abolicionista não tenha obedecido qualquer lógica de linearidade, ao contrário fora marcado por constantes avanços e retrocessos, não há como negar as modificações ocorridas nos padrões hegemônicos das estratégias de controle e subordinação dos corpos escravizados.

A exigência de manter a população liberta atrelada às atividades produtivas dá origem às novas concepções e técnicas de dominação, das quais se vê emergir as primeiras formas de sujeição disciplinar. Dentre elas se distingue a criminalização da vadiagem e da mendicância, medidas que garantiam o firme constrangimento das populações africanas e descentes ao trabalho. O Código Penal de 1891 fixou a prisão celular de 15 a 30 dias para o crime de vadiagem, além da assinatura de um termo, no qual o sujeito se comprometia a encontrar ocupação nos próximos 15 dias, depois de cumprida a sanção. Aos reincidentes, as penas podiam variar de um a três anos e seriam cumpridas em colônias penais ou em zonas de fronteira. Além disso, os menores de 14 anos que incidiam no delito de vadiagem eram enviados para instituições industriais disciplinares, onde poderiam permanecer até os 21 anos (CANCELLI, 1994).

A natureza híbrida do castigo na transição entre a sociedade escravista e a edificação do Estado constitucional

A sociedade brasileira do século XIX foi marcada pelas tensões decorrentes das características de uma sociabilidade escravista e a adoção de uma forma política de Estado constitucional, cujas formas jurídicas seguiam preceitos liberais. Seguindo tal perspectiva, a Constituição brasileira de 1824 organiza-se sob os princípios liberais da separação de poderes, com a independência do Poder Judiciário; na representação política baseada no voto censitário; e na declaração de direitos e garantias fundamentais. No que tange ao direito de punir, a influência humanista chancela os princípios da responsabilidade individual e da legalidade para os crimes, além de banir, para os cidadãos, as penas de açoites, torturas, marcas de ferro, entre outras penas cruéis (KOERNER, 2006, p. 208).

As práticas ilícitas, anteriormente compreendidas como ofensas dirigidas ao soberano, agora são consideradas como violações a todo o corpo social da nação em processo de consolidação. Logo nada mais coerente do que o deslocamento do centro do sistema de justiça criminal para uma estrutura de justiça nacional e impessoal.

A legislação criminal pós-independência expressa com primazia o caráter híbrido que caracterizou este período de transição, no qual os remanescentes castigos gestados pela ordem escravista eram mesclados como os novos dispositivos de cunho disciplinar. Não obstante tenha apostado na criação e profissionalização de uma justiça pública, a soberania doméstica dos grandes proprietários de terra não foi totalmente extinta, essencialmente no tocante àqueles indivíduos que mantinham com eles relações de dependência e subalternidade. Sustentado no tradicional discurso paternalista, os senhores exerciam a jurisdição de forma paralela aos regramentos legais:

> [...] o senhor adota o papel de pai e atribui ao escravo o de órfão, um ser humano dotado de vontade, mas sem responsabilidade. Vê-se em operação uma relação de troca desigual de proteção contra obediência pela qual o senhor suspende a intimidação imediata sobre o escravo e este aceita a submissão produtiva (KOERNER, 2006, p. 230).

A dualidade distintiva do tratamento penal conferido aos sujeitos sociais ao longo do século XIX é a clara expressão de uma forma de sociabilidade que permitiu e fomentou a convivência entre o poder público e o poder doméstico. Os senhores resistiram incessantemente a qualquer tipo de codificação das relações estabelecidas com escravos, ou com qualquer tipo de indivíduo em situação social inferior, por considerá-las limitadores capazes de alterar tanto as formas de subordinação produtiva, como os tradicionais símbolos dos arranjos paternalistas.

As formas de sociabilidade predominantes no Brasil do século XIX – polarizadas entre o fim da escravidão e a consolidação das formas de trabalho livre – lançaram as bases de um modelo prisional singular, no qual conforme interpretação de Koerner:

> [...] o fracasso aparente do sistema prisional revelava a sua verdadeira função: criar um objeto para as táticas de controle e vigilância. Essas táticas tomavam como seus objetos, virtualmente, todos os homens pobres, livres ou escravos, negros ou pardos, habitantes das cidades que não dispusessem atributos de localização (KORNER, 2006, p. 222).

O Código Criminal do Império de 1830 manteve as penas de açoites, torturas, marcas a ferro quente, castigos cruéis e as penas capitais, essencialmente quando ocorridas condenações por crimes de "homicídio" e "latrocínio". Tais tipificações dirigiam-se claramente aos escravos, principalmente quando seus crimes vitimavam os senhores e suas famílias (SOLAZZI, 2007, p. 119).

Mozart Linhares da Silva ao analisar o Código Criminal de 1830 como a primeira sistematização do pensamento liberal brasileiro, apresenta uma noção bastante singular e profícua acerca do processo de transição entre a sociedade escravista e a liberal brasileira. Conforme o historiador

> [...] ao contrário da concepção de modernidade como ruptura definitiva com a tradição, o que o Código de 1830 expli-

> cita é a capacidade de hibridização de elementos tradicionais e modernos, condizentes com a sociedade e a cultura que lhe conferem significado. Ao mesmo tempo que é reflexo de um conhecimento universal, é particular: não deixa de absorver as peculiaridades de uma sociedade escravista, sem perder o viés liberal da época. Entende-se, nesse sentido, a imposição de algumas penas como galés e os açoites, preferencialmente aplicadas aos escravos, considerados, pelo pensamento coevo, mais perversos, pois mais ignorantes e, por isso, imputáveis de penas mais pesadas que lhes marcassem o espírito sem sutilezas (SILVA, 2004, p. 97).

Neste período de transição do trabalho escravo para o livre parece lógico que a sociedade brasileira potencializasse a sua mais nítida característica: a coexistência entre partes não homogêneas. Logo,

> avessa a qualquer radicalismo, a modernidade brasileira é caleidoscópica, regida pela pluralidade. A especificidade da modernidade no Brasil é sua porosidade, o que permite entendê-la como aberta e avessa ao conflito [...] (SILVA, 2004, p. 100).

A compatibilidade entre os valores de impessoalidade e racionalidade modernos e os valores tradicionais foi à marca persistente da formação social brasileira conforme aponta Ruth Gauer (2004) no artigo intitulado *Fundamenta-se um Moderno Pensamento Jurídico Brasileiro.* Segundo a antropóloga, a heterogeneidade brasileira permitiu a convivência entre elementos modernos e antigos, urbanos e rurais, e múltiplos estilos de vida. Tais aspectos geraram uma superposição de funções – administrativas, políticas, econômicas e sociais - executadas por "uma só unidade social". A natureza patrimonialista evidenciava-se tanto na interferência de critérios familiares na administração, bem como na economia e na política. O mundo político dominava a vida econômica (GAUER, 2004, p. 75).

Os postulados positivistas e a República

O advento da República terá que enfrentar o desafio de construir a nação e a cidadania incorporando não somente os ex-escravos, como também imigrantes europeus e setores médios que começavam a emergir com a diversificação da estrutura social. Os grandes centros urbanos, como o Rio de Janeiro e São Paulo foram palcos privilegiados para o surgimento das novas demandas históricas colocadas pelo período (ALVAREZ, 2003).

Inaugurado em 1889, o regime republicano foi fortemente influenciado pelos ideais positivistas em voga no pensamento ilustrado europeu. O principal reflexo desta incorporação residiu na recepção de uma noção de Estado intervencionista e tutelar, que por meio da articulação de uma rede de instituições especializadas, buscava inibir a desarmonia social, contendo as condutas disjuntivas e ameaçadoras.

A instrumentalização do controle social eficiente e totalizante veio acompanhado pela ascensão de um saber baseado em pressupostos de periculosidade, anormalidade e patologias. A definição do perfil criminal baseado em determinismos sociais, psicológicos e biológicos reinscreveu as táticas e estratégias de controle e sujeição de amplos setores da população mais vulnerável. Tal lógica apresentava plena coerência com a forma com que as elites dirigentes republicanas pensavam o papel que o Estado deveria cumprir no ordenamento político brasileiro (SALLA, 1999:150).

A tensão que marcou toda a Primeira República tem como ponto nevrálgico a coexistência entre as premissas positivistas, adotadas pelo regime político, e as contratualistas, recepcionadas pelo Código Penal de 1890 que, ao instituir a generalidade e a imparcialidade dos critérios penais, representou uma importante ruptura com o passado escravista (ALVAREZ, 2003).

Além da pena de prisão celular, o Código previa outras três modalidades, porém de uso bastante restrito: a pena de reclusão, a prisão com trabalho obrigatório e a prisão disciplinar. A reclusão devia ser cumprida "em fortalezas, praças de guerra, ou estabelecimentos militares"; e era destinada aos crimes políticos, já a pena de prisão com trabalho devia ser cumprida em "penitenciárias agrícolas destinadas e esse fim, ou em presídios militares", e estava prevista para poucas circunstâncias, dentre elas a de "mendigar, fingindo enfermidade", e por fim, a prisão disciplinar que devia ser cumprida em estabelecimentos industriais especiais, destinada aos menores até 21 e maiores de 14 anos, considerados vadios (SALLA, 1999, p. 147-148).

Quanto às diferentes formas de execução das punições, o Decreto Republicano passa a adotar o modelo irlandês ou progressivo, que apostava no paulatino desencarceramento, processo contínuo que envolvia desde o isolamento celular absoluto até o regime aberto. Nesse momento o regime irlandês ganhava adeptos por se diferenciar do criticado sistema auburniano implantados nas casas de correção do Rio e São Paulo (SALLA, 1999, p. 148-149).

Embora não se possa negar que o Código Penal Republicano introduziu importantes mudanças no que tange as modalidades de punição e formas de execução, a aplicação dos critérios de generalidade e igualdade mostrou-se totalmente inviável no contexto jurídico e social em que estava inserido. Alvarez (2003, p. 71-72) afirma que os juristas e médicos adeptos das teorias criminológicas foram responsáveis pelas críticas mais ferrenhas ao Código Penal. Convictos da necessidade em "tratar desigualmente os desiguais", e não de garantir minimamente a igualdade jurídico-penal para o conjunto da população, atacavam os postulados do novo Código considerados demasiados liberais para uma sociedade desigual como a brasileira.

No estudo sobre *As Prisões no Brasil*, Salla (1999) suscita a hipótese de que a ingerência dos postulados positivistas no pensamento intelectual brasileiro possa ter consistido em um dos principais obstáculos para a consolidação dos ideais liberais contidos na Constituição de 1891.

> Mais do que buscar formas que pudessem consolidar os princípios de igualdade e liberdade que vinham contemplados na Constituição de 1891, mais do que lutar por meios que garantissem de um modo geral o exercício da cidadania, as elites compuseram uma representação de sociedade ordeira e disciplina, na qual todo aquele que não estivesse a ela adaptado seria candidato às instituições especializadas para o seu "atendimento". E para justificar a existência desta rede que compreendia o hospício, a prisão, o recolhimento para menores, os asilos para mendigos etc. recorria-se ao discurso da desigualdade entre os indivíduos, das heranças raciais, dos traços culturais, das taras e tantos outros aspectos. Ao negar os direitos que possuiria um cidadão, realçando as determinações incontornáveis das quais ele era portador, legitimava também a tutela na atuação do Estado ao manter a rede de instituições de controle que então se formava (SALLA, 1999:152).

Nesse aspecto particular, vale ressaltar que o elemento cultural da miscigenação serviu como ingrediente fundamental para a legitimação das verdades positivistas estigmatizantes e racistas, que no curso da consolidação republicana informaram as novas políticas de controle e punição.

> Desta maneira, a mestiçagem seria um indicio de propensão criminal, ainda mais se dois grupos de "raças inferiores" de tribos americanas e africanas se "misturassem" entre si, levando à propensão "selvagem", anticivilizacional, em ambos os complexos genéticos. Contudo, nesta perspectiva criminológica, a "raça branca" representaria dentro da mestiçagem, algum conteúdo genético civilizatório... (SOLAZZI, 2007, p. 183-184).

Todos os elementos assinalados até o momento demonstram que a recepção do saber criminológico no Brasil, sob forte influência dos postulados da antropologia criminal, sobretudo das abordagens propostas por Lombroso, não pode ser compreendido como uma mera importação mecânica e acrítica de teorias estrangeiras em voga na Europa. Longe disso, as premissas criminológicas "cientificistas" vinham sendo trabalhadas e disseminadas amplamente nos campos do saber médico e jurídico, desde os primórdios do regime republicano, tendo em vista apresentarem plena consonância com os objetivos políticos de exclusão nas áreas penais e penitenciárias. Os rótulos e as verdades estigmatizantes veiculados pela antropologia criminal foram os artifícios discursivos determinantes para a concretização da máxima que sintetizava a orientação política da Primeira República, nas palavras de Alvarez garantir um *tratamento diferente aos desiguais*.

Conforme observa Paulo Sérgio Pinheiro (2001, p. 264), os obstáculos à consolidação da República ou à democratização perduram porque, em todas as transições, o temor de ruptura das antigas oposições, essencialmente diante das mobilizações populares, formam "coalizões com defecções situacionistas". Num resgate da figura de linguagem utilizada por Michel Debrum, sustenta que o "arquétipo" de todas as transições da República é a conciliação, enquanto forma permanente do pensamento e da ação política brasileira. Adverte, ainda, que o conceito de "arquétipo" não é determinado pelo seu conteúdo, mas pela sua forma, o que significa, para a questão em análise, que pode estar presente em qualquer conjuntura.

O castigo na Era Vargas

A fragilidade das instituições criadas durante as três primeiras décadas da república brasileira, somada a incapacidade de reduzir as disputas regionais e as desigualdades sociais e raciais fomentaram severas críticas aos pressupostos liberais reconhecidos como sustentáculos político-ideológico do regime. A urgência em superar a instabilidade social e promover o desenvolvimento econômico suscitou o surgimento de um projeto de Estado totalizante, que se autoproclamava capaz de envolver e integrar todos os indivíduos e classes sociais.

A constituição desse novo Estado teve como primeiro ato o golpe de 1930, que ao contar com a adesão espontânea das massas, sem qualquer intermediação partidária, não somente possibilitou a supressão dos partidos políticos, expoentes máximos da cultura política liberal, como permitiu a edificação do regime sustentado na figura de Getúlio Vargas (CANCELLI, 1994, p. 19).

O Estado em construção não apostava na intermediação das instituições ou dos partidos políticos. Pelo contrário, ao eleger a nacionalidade como mito fundante, tinha como desígnio produzir nos sujeitos sensações de pertencimento e perenidade que os fizessem abdicar dos interesses e necessidades individuais em favor da totalidade. A assimilação da sociedade pelo Estado, nos termos enunciados pelo projeto político liderado por Vargas, tornava imprescindível a existência de um aparato policial soberano que atuasse tanto na contenção dos conflitos sociais, como na disseminação de um discurso legitimador das práticas autoritárias de segurança. Responsável por garantir a homogeneidade dos comportamentos por meios coercitivos e combater todo o tipo de ação ou manifestação do pensamento tido como subversivo, a polícia impôs novos castigos, encarou o crime de forma diferenciada e exerceu inúmeras formas de vigilância social (CANCELLI, 1994, p. 27).

O Código Penal de 1890, influenciado pelos princípios liberais, consistira até então em um limitador ao exercício arbitrário do poder de polícia, tanto é assim que, já no ano de 1932, o governo Vargas reforma o estatuto por meio da Consolidação das Leis Penais. Posteriormente, durante o Estado Novo, mais precisamente em 1942, aprova o novo Código Penal, sob total e absoluta influência das diretrizes da Escola Positivista (CANCELLI, 1994, p. 78).

O declínio dos ideais da Escola Clássica em favor dos preceitos positivistas foi decisivo para a legitimação dos atos autoritários praticados pelos organismos policiais. Nesse cenário, a polícia era controlada diretamente pelas autoridades governamentais, sem qualquer intervenção do poder judiciário e tinha como foco não apenas os delitos de natureza criminal mas, substancialmente, os de natureza política. Em síntese, a polícia não se ocupava somente do exercício da vigilância no espaço público e da disciplinarização do espaço privado. E as prisões se constituíam em espaços extralegais dominados pelas instituições policiais, e seu caráter secreto e reservado contribuía de forma definitiva para impulsionar o terror (CANCELLI, 1994, p. 30).

Dentre os diferentes inimigos escolhidos pelo Estado, os comunistas foram o alvo prioritário da ação policial. A difusão da crença na conspiração contra a nacionalidade, justificada pelas conexões internacionais e, sobretudo, pelas estratégias de tomada do poder por meio da insurreição armada, fez da perseguição e da repressão aos comunistas a principal tarefa das agências de controle e punição.

Embora os contornos das políticas arbitrárias de controle social viessem sendo rascunhados desde o movimento que deu origem ao Golpe de 1930, foi somente na Constituição de 1934, com a criação do Conselho Superior de Segurança Nacional que ocorreu a institucionalização e a sistematização do modelo final efetivamente adotado pela nova concepção de Estado. No ano de 1935 entra em vigor a Lei nº 38, considerada a primeira Lei de Segurança Nacional que, ao definir os crimes contra a ordem política e social, significou um aporte decisivo no combate às ações consideradas subversivas (BRASIL, 1935, apud CANCELLI, 1994).

A tentativa de golpe contra o Governo Vargas, ocorrida em novembro de 1935, sob a liderança de Luís Carlos Prestes, conhecida como Intentona ou Levante Vermelho, foi o elemento que faltava para legitimar a decretação pelo Congresso Nacional do Estado de Guerra e, preparar o terreno para a ditadura do Estado Novo em 1937 (CANCELLI, 1994, p. 117-118).

O início da Segunda Guerra Mundial foi o marco definitivo para o que o regime de Vargas consolidasse a sua opção totalitária. Nesse momento o campo de atuação policial se alarga substancialmente, uma vez que não se tratava mais de reprimir somente aos comunistas, socialistas e sindicalistas, como durante o primeiro governo Vargas. O espectro dos inimigos públicos se amplia abrangendo alemães, italianos, japoneses e, todos os brasileiros considerados simpatizantes ou colaboradores da Aliança do Eixo.

Com o objetivo de silenciar aqueles que eram considerados "potencialmente perigosos", a polícia política (Dops) apontava o suspeito, construindo o conceito de inimigo-objetivo, que real ou imaginário, interferia na construção da ideia de crime político. Nesse sentido, afirma a historiadora Tucci Carneiro (1999, p. 336)

> O conceito de crime político alterou-se de forma a *decapitar* os movimentos de resistência ao autoritarismo, implicando atos de censura e violência, fosse esta bruta ou apoiada na força do intelecto. Ao Estado não interessava permitir a manifestação de comunidades organizadas (aqui entendidas como grupos com projetos políticos, étnicos ou culturais diversificados), o que explica sua insistência em manter regulamentos que se antecipassem ao risco da rebelião. Esses regulamentos traduziam-se como "atos legais de violência", dando a necessária autoridade à ação policial.

Conclusivamente, se a complexidade que caracteriza a Era Vargas não autoriza análises reducionistas que amputem as descontinuidades e contradições que marcaram esse longo período da história do país, se não é possível falar de um regime linear, mas sim de vários regimes que se sucederam, balizados por mudanças de orientações políticas e sociais, alterações táticas de alianças, bem como diferentes apostas no que tange aos mecanismos de cooptação e controle social da população, também não se pode negar que durante todo o período, mesmo que com maior ou menor ênfase, o projeto político de Vargas tinha como pressuposto a construção de uma nova sociedade e de um novo homem, que abriria mão dos direitos e garantias individuais em prol do fortalecimento e coesão da nacionalidade e do Estado. Assim, nada mais coerente com uma concepção de sociedade orgânica e uniforme do que a intolerância e a repressão a todo e qualquer sinal de conflito, contestação e resistência. É exatamente esse o cenário que possibilitou que a polícia e as prisões se tornem os alicerces do governo, sobretudo a partir do golpe do Estado Novo, em 1937.

O Estado Novo significou o ponto culminante de um lento processo de construção do pensamento autoritário no Brasil que vinha sendo gestado nas décadas anteriores, assim como a interrupção do projeto político democrático que tentou se fortalecer em 1930. Persistindo por quase uma década (1937-1945), o regime autoritário do Estado Novo será reeditado até as últimas consequências em 1964 com o Golpe Militar (CARNEIRO, 1999).

O castigo durante a ditadura militar (1964-1985)

Para a retomada do centro da análise aqui proposta, se faz necessário advertir que não serão abordadas as distintas e complexas dimensões que constituíram o regime de exceção inaugurado com o golpe militar de 1964, mas única e exclusivamente as formas e representações sociais assumidas pelo castigo nesse trágico período da história brasileira.

Dentro da lógica imposta pela Guerra Fria, o mundo no pós-guerra foi dividido em dois polos antagônicos. De um lado, sob a liderança dos Estados Unidos, abrigavam-se os países alinhados com as diretrizes capitalistas e, de outro, sob a liderança da União Soviética, os países alinhados com as diretrizes comunistas. No interior dessa dinâmica mundial é que se localizam as condições que gestaram os regimes ditatoriais, no curso dos anos 60 e 70, em vários países latino-americanos.

O processo de disputa das áreas de influência detonado pela Guerra Fria, fez com que os Estados Unidos apoiassem ou promovesse golpes militares liderados pelas Forças Armadas, que rompiam com a ordem constitucional vigente e, impunham um regime de exceção baseado em credos anticomunistas. O Brasil, além de ocupar tradicionalmente uma posição estratégica dentre os países do continente, estreitara os laços com os Estados Unidos durante a Segunda Guerra. Logo, preenchia todas as condições para ingressar em primeiro lugar na seara autoritária que fez a América Latina mergulhar em 20 anos de trevas.

A Doutrina de Segurança Nacional foi o substrato ideológico que sustentou o conjunto dos regimes autoritários, concretizando-se nos diferentes países por meio das de Leis de Segurança Nacional, cujo objetivo primordial era combater, exterminando os comunistas, bem como todos aqueles classificados como "subversivos". Ao preconizar que o inimigo não se localizava mais no exterior, mas sim no interior, a Doutrina de Segurança Nacional alterou substancialmente a tradicional concepção de defesa nacional até então voltada para a garantia da soberania frente aos outros Estados. Os inimigos da Nação e, portanto, do regime político vigente, estavam dentro das fronteiras nacionais e, para combatê-los, se fazia necessário um amplo aparato repressivo, fortemente estruturado nas agências responsáveis historicamente pela coerção e o controle social. Nesse contexto, as polícias e o sistema prisional assumiram um protagonismo inédito, que superou qualitativamente o papel arbitrário já identificado durante o período da ditadura de Vargas.

José Carlos M. S. Filho ao analisar as ditaduras latino-americanas da segunda metade do século XX, afirma que:

> Todo um aparato técnico de informações e ações organizadas foi montado e colocado a serviço de crimes em massa como: prisões arbitrárias sem direito a qualquer contraditório ou garantia; torturas e sevícias cruéis que deixaram seqüelas permanentes ou resultaram em mortes; seqüestros de crianças, pais, mães e filhos; assassinatos e desaparecimentos; monitoramentos e ameaças constantes que resultavam em prisões e mortes; banimentos e pessoas compelidas ao exílio; a descartabilidade de qualquer garantia ou qualificativo jurídico (SILVA FILHO, 2008, p. 7).

A magnitude e a sofisticação dos mecanismos de repressão acabaram por instalar "um verdadeiro poder paralelo ao Estado", especialmente a partir do ano de 1969. Denominado "anos de chumbo", em razão do recrudescimento do regime, nesse período, sob o manto protetor do Ato Institucional nº 5, os agentes estatais não somente foram autorizados, mas incitados, a praticar os atos mais desumanos, cruéis e degradantes que se possa ter registro na história do país. Contavam para tanto, com as garantias de um marco legal que suspendera o direito ao *habeas corpus*, introduzira prisão perpétua e, também a pena de morte para os opositores envolvidos com a resistência armada e que houvessem praticado crimes letais (BRASIL, 2007).

Um dos aspectos mais perversos e indissociáveis da prática dos crimes de Estado encontra-se no fato de que o agente público que comete crimes não só está legitimado pela organização estatal, como aparece como propagandista de valores sociais que supostamente motivaram suas ações. Nesse contexto, a punição assume feição diversa da habitual: primeiro porque independe da efetiva prática de um ato ilícito, a condenação e a aplicação da pena pouco tem a ver com a comprovação da materialidade ou autoria do delito, na ampla maioria das vezes reflete tão somente a personalidade, a ideologia, as convicções, os comportamentos e as atitudes dos sujeitos; segundo porque a natureza ilegal e violenta da resposta estatal torna o suposto castigo um crime de estado contra a sociedade civil; e, terceiro, porque nessa realidade a pena de prisão, tão cara ao controle social moderno, perde em parte seu protagonismo, uma vez que não raras vezes atua somente como local de custódia, à semelhança dos períodos pré-modernos, ou seja, como passagem para a execução da pena capital.

Por outro lado, importante ressalvar que durante o regime ditatorial as práticas de crimes comuns se mantiveram inalteradas, bem como as tradicionais formas de contenção e punição. Porém, em face ao objetivo do presente capítulo - resgatar as diferentes formas de punição, assim como a substância subjetiva que lhe conferiu consistência nos diferentes períodos da história brasileira - se priorizou o foco nos crimes perpetrados pelo Estado. A opção se justifica tanto pelo fato de que essa, tragicamente, foi a característica que preponderou e notabilizou o momento como período negro da história nacional, como pelo fato de que, ainda hoje, a sociedade civil brasileira é vítima dos resquícios de tais práticas e concepções fortemente arraigadas na cultura das instituições que integram o campo da segurança pública.

O castigo na transição democrática

A intenção de apresentar um panorama, embora breve, das formas assumidas pela punição no curso das formações econômicas e regimes políticos que se sucederam ao longo da história do Brasil, teve como objetivo problematizar o quanto essas tradições histórico-culturais se mantêm e influenciam tanto as instituições jurídicas que alicerçam a pena, como os mecanismos e sentidos que formatam a sua efetivação mesmo em períodos em que os ideais democráticos predominam, embora conquistando uma frágil consolidação.

Inúmeras e distintas são as teses que pretendem explicitar a permanência das desigualdades na aplicação da lei e no acesso à justiça no Brasil, bem como o predomínio das formas e noções arcaicas inferidas à punição. Obviamente que o presente capítulo, tendo em vista não se tratar do seu objeto central e em face ao pouco espaço para o aprofundamento do tema, opta por interpretações pontuais que, mesmo não refletindo toda a complexidade do problema, denotam grande representatividade no campo das ciências sociais.

O principal argumento trazido pelas interpretações selecionadas refere-se às dificuldades de consolidação do Estado de Direito numa sociedade marcadamente desigual. Segundo o cientista político Oscar Vilhena Vieira (2007, P. 28) no estudo "A Desigualdade e a Subversão do Estado de Direito":

> [...] Embora o Brasil ostente um sistema jurídico razoavelmente moderno e um judiciário independente, em conformidade com muitas das chamadas virtudes do Estado de Direito, o país possuí um histórico maculado no que diz respeito à sua adequação ao Estado de Direito, especialmente na maneira pela qual a lei é implementada. Uma explicação para isso é a desigualdade.

A partir do pressuposto de que o Estado de Direito não compreende exclusivamente a expansão dos direitos do ponto de vista formal e normativo, mas sim da medida com que esses direitos são consistentemente implementados pelo Estado, Vilhena Vieira (2007) discute o paradoxo entre a igualdade perante a lei e as profundas desigualdades econômicas, sociais e culturais que dão origem a um social fraturado entre sujeitos invisíveis e demonizados, e outros com imunidade perante a lei.

Para o autor, "invisíveis" são aqueles cujo sofrimento não causa reação moral ou política por parte dos setores mais privilegiados, assim como não impulsiona atitudes adequadas por parte dos agentes públicos; "demonizados" são os que a sociedade desconstitui da imagem humana, legitimando a exclusão do domínio do Direito. E "imunes perante a lei" são os que por ocuparem uma posição bastante privilegiada na hierarquia social estão acima da lei e imunes às obrigações correlatas aos direitos dos outros (VIEIRA, 2007, p. 42-45).

Ao transpor tais elementos de análise para o processo de democratização política vivenciado pela sociedade brasileira, Vieira afirma que embora a Constituição Federal de 1988 apresente como pilar de sustentação os princípios do devido processo legal, da democracia e dos direitos humanos, e que inclua a garantia dos direitos civis, políticos, sociais e econômicos, além da garantia de direitos aos grupos vulneráveis como indígenas, idosos e crianças, o profundo fosso entre as leis editadas e o comportamento dos indivíduos e dos agentes públicos permaneceram inalterado (VIEIRA, 2007).

Na mesma perspectiva teórica, ao examinar o rótulo "democracia" conferido à maioria dos países da América Latina, no estudo *Poliarquias e a (In)Efetividade da Lei na América Latina: uma conclusão parcial*, O'Donnell (1998, p. 338) defende que:

> [...] existe uma ligação estreita entre democracia e certos aspectos da igualdade entre indivíduos que são postulados não apenas como indivíduos, mas como pessoas legais, e em conseqüência como cidadãos – isto é, como portadores de direitos e obrigações que derivam de seu pertencimento a uma comunidade política e de lhes ser atribuído certo grau de autonomia pessoal e, conseqüen-

> temente, de responsabilidade por suas ações. Sejam quais forem as definições de democracia, desde Atenas até hoje, esse é um cerne histórico comum.

Tendo como base tal concepção de democracia, O'Donnell (1998) destaca que as profundas desigualdades socioeconômicas que marcam grande parte dos países latino-americanos, ao condenarem parcelas importantes da população à extrema pobreza, geram uma incompletude no processo de construção do Estado de Direito. De forma mais contundente, sustenta que na América Latina, assim como em outras regiões, os numerosos pontos de ruptura nos circuitos legais bem como seus reflexos nas violações da lei no nível social correspondem a uma cidadania truncada ou de baixa intensidade, cidadania esta na qual muitos indivíduos são cidadãos no que se refere aos direitos políticos, mas não no tocante aos direitos civis (O'DONNELL, 1998).

Nesse diapasão, o autor descreve de forma sintética algumas das principais deficiências para a ampliação da cidadania no contexto latino-americano, as quais merecem menção devido à influência que exercem no âmbito das formas e sentidos outorgados a punição em toda a região e, especificamente no caso brasileiro. A primeira diz respeito às "falhas na legislação existente", consistentes na persistência de leis e regulações que discriminam mulheres e minorias, e que autorizam para acusados na esfera criminal e presos condições diametralmente opostas à noção de processo justo. A segunda refere-se à "aplicação da lei" em conformidade com a longa tradição da América Latina, ou seja, aplicação discricionária que supõe severidade aos fracos e impunidade aos privilegiados. A terceira deficiência reside nas "relações das burocracias com os cidadãos comuns", situação em que se desnuda a privação de direitos dos pobres e socialmente fracos, quando interagem com funcionários estatais em ocasiões em buscam empregos, permissão para trabalhar, candidatam-se a benefícios previdenciários, ou mesmo quando necessitam dirigir-se a um hospital ou delegacia. A quarta diz com as dificuldades encontradas pelos setores desprivilegiados quanto ao "acesso ao Judiciário e a processos justos". A quinta deficiência concerne na "ilegalidade pura e simples", enquanto traço marcante da maioria dos países da América Latina. Traduz-se nos limites alcançados pelo Estado legal, uma vez que, embora em muitas regiões o Estado burocrático esteja presente na forma de prédios e funcionários estatais, o Estado legal está ausente (O'DONNELL, 1998, p. 345-347).

Pinheiro (1999), por sua vez, chama a atenção para o fato de que no caso brasileiro, não obstante a instalação do Estado democrático a partir de 1985, os diferentes governos que se sucederam quando não foram coniventes, demonstraram grande incapacidade para controlar a violência oficial, o que acabou redundando no que descreve como "privatização da função pública", fenômeno caracterizado pela degeneração e decomposição das instituições policiais, que por meio de ações ilegais transformam seus agentes em assassinos e vigilantes, movidos por interesses financeiros ou por anseios de vingança. Por outro lado, aponta que a incapacidade dos poderes constituídos em combater a violência e os novos padrões de criminalidade surgidos na década de 80, fez com que a sociedade civil assumisse o papel de "justiceiros", por meio de grupos de extermínios e linchadores (PINHEIRO, 1999, p. 100).

As dinâmicas violentas e as ilegalidades concernentes à transição democrática não se restringiram única e exclusivamente ao fenômeno da punição legal, ou seja, aquela que decorre de um processo criminal e que redunda na condenação a uma pena de prisão. Propositalmente se optou por alargar o conceito de punição, por lealdade à recepção da teoria que a concebe como instituição social, nos termos elaborados pelo sociólogo inglês David Garland, principal expoente do campo da Sociologia do Castigo (GARLAND, 2006).

Nessa perspectiva, a genealogia da punição no Brasil demonstra que uma formação histórica marcada por profundas desigualdades econômicas, por uma estrutura social extremamente hierarquizada, por relações políticas patriarcais e, ainda por longos períodos de regimes autoritários, não somente produz formas singulares de punir, como permite a convivência entre as mais distintas formas de punir. Logo, o que se observa é que o ingrediente fundamental que compõem e legitima as mais diferentes formas de castigo que coexistem na sociedade brasileira, à semelhança de grande parte das sociedades ocidentais, reside na crença incontestável na retribuição, seja ela em razão do cometimento de um ilícito penal ou político, seja em virtude de práticas consideradas "incivilizadas", seja em face da necessidade de contenção e eliminação de sujeitos incômodos e redundantes.

Nesse sentido, as práticas sociais que compreendem a punição excedem e muito aquelas previstas nas normas legais ou morais. Ao contrário, a imposição do castigo relaciona-se com uma representação social amplamente compartilhada e arraigada, que se caracteriza na crença ao direito legitimo de imposição de dor e sofrimento a outro. Tanto é assim que, embora a sociedade brasileira esteja resguardada por normas atinentes ao Estado Democrático de Direito que restringem a violência estatal e coíbem a violência privada, a realidade instituída é bastante diversa.

O Estado brasileiro é o grande perpetuador e violador dos direitos dos cidadãos, tanto na seara oficial, por meio da imposição de penalidades decorrentes das normas penais no degradado e medieval sistema penitenciário nacional como na seara extraoficial, por meio da conivência e legitimação das ações de seus agentes públicos nos casos de tortura, assassinatos, chacinas, ações dos grupos de extermínio ou nas suas formas mais contemporâneas, as milícias que controlam territórios nas grandes metrópoles do país.

Por tudo o que foi dito, a crítica e o combate às dinâmicas arcaicas e autoritárias que persistem nas formas de punir no Brasil contemporâneo exige a retirada das suas dimensões subjetivas da obscuridade. Ou seja, é preciso identificar os símbolos, crenças e valores que entrelaçam o senso comum com os responsáveis públicos pelas políticas de controle e segurança e, que tornam sincronizadas e legitimadas as mais bárbaras ações de violação. Como toda e qualquer sociedade historicamente definida, existe uma origem cultural comum mínima, assim como uma "intercambialidade dos vocabulários, dos discursos e dos bordões" (SOARES, 2000, p. 44), que possibilita uma sintonia entre as ações repressivas e as angústias e temores da população.

É nesse ponto essencial que reside a importância da investigação problematizada das representações sociais da punição entre os atores da segurança pública, uma vez que a apreensão desse elemento pode configurar um importante aporte para o pensamento sociológico crítico, assim como pode instrumentalizar a construção de mecanismos contra hegemônicos de combate a racionalidade punitivista que marca este campo do saber na contemporaneidade.

Referências

ALVAREZ, Marcos César. *Bacharéis, criminologistas e juristas*: saber jurídico e nova escola penal no Brasil – 1889-1930. São Paulo: Método, 2003.

BATISTA, Nilo. *Matrizes ibéricas do sistema penal brasileiro I*. 2. ed. Rio de Janeiro: Revan, 2000. (Coleção Pensamento Criminológico, 5).

BRASIL. Ministério da Justiça. *Direito à memória e à verdade: Comissão Especial sobre Mortos e Desaparecidos Políticos.* Brasília: Secretaria Especial dos Direitos Humanos da Presidência da República, 2007. Disponível em: <http://portal.mj.gov.br/sedh/>. Acesso em: 10 nov. 2013.

CANCELLI, Elizabeth. *O mundo da violência*: a polícia da era Vargas. 2. ed. Brasília: Editora Universidade de Brasília, 1994.

CARDIA, Nancy. Transições políticas: continuidades e rupturas, autoritarismo e democracia – os desafios para a consolidação democrática. In: PINHEIRO, Paulo Sérgio (Coord.). *Continuidade autoritária e construção da democracia:* relatório final. São Paulo: NEV/USP, 1999. Disponível em: <http://www.nevusp.org/>. Acesso em: 05 set. 2013.

CARNEIRO, Maria Luiza Tucci. O Estado Novo, o Dops, e a Ideologia da Segurança Nacional. In: PANDOLFI, Dulce (Org.). *Repensando o Estado Novo Rio de Janeiro*: Fundação Getúlio Vargas, 1999.

GARLAND, David. *Castigo y sociedad moderna*: un estúdio de teoria social. Madrid: Siglo XXI de España Editores, 2006.

GAUER, Ruth M. Chittó. Fundamenta-se um moderno pensamento jurídico brasileiro. In: CANCELLI, Elizabeth (Org.). *Histórias de violência, crime e lei no Brasil.* Brasília: Editora da Universidade de Brasília, 2004. p. 41-76.

KOERNER, Andrei. *Punição, disciplina e pensamento penal no Brasil do século XIX*. Lua Nova, São Paulo, v. 68, p. 205-242, 2006.

O'DONNEL, Guillermo. Poliarquias e a (in)efetividade da lei na América Latina. *Novos Estudos CEBRAPE*, São Paulo, v. 51, p. 37- 61, 1998. Disponível em: <http://www.scielo.br/>. Acesso em: 08 out. 2013.

PINHEIRO, Paulo Sérgio. *Brasil um Século de Transformações.* São Paulo: Companhia das Letras, 2001.

SALLA, Fernando. *As Prisões em São Paulo 1822-1940*. São Paulo: IBCCRIM, 1999.

______. *Os Impasses da Democracia Brasileira*: o balanço de uma década de políticas para as prisões no Brasil. Núcleo de Estudos de Violência da USP- São Paulo: Lusotopie, p. 419-435, 2003.

SILVA, Mozart Linhares da. O código criminal de 1830 e as ideias que não estão fora do lugar. In: CANCELLI, Elizabeth (Org.). *Histórias de violência, crime e lei no Brasil.* Brasília: Editora da Universidade de Brasília, 2004.

SILVA FILHO, José Carlos Moreira da. O anjo da história e a memória das vítimas: o caso da ditadura no Brasil. *Veritas*, Porto Alegre, v. 53, n. 2, p. 150-178, abr./jun. 2008.

SOARES, Luiz Eduardo. *Meu casaco de general*: 500 dias no front da segurança pública do Rio de Janeiro. São Paulo: Companhia das Letras, 2000.

SOLAZZI, José Luís. *A ordem do castigo no Brasil*. São Paulo: Imaginário, 2007.

VIEIRA, Oscar Vilhena. A desigualdade e a subversão do Estado de Direito. *Sur – Revista Internacional de Direitos Humanos.* Cidade, v. 4, n. 6, p. 28-51, 2007. Disponível em: <http://www.scielo.br/>. Acesso em: 10 out. 2013.

CAPÍTULO 8

JUSTIÇA RETRIBUTIVA E JUSTIÇA RESTAURATIVA: PARADOXOS NECESSÁRIOS PARA O DIREITO PENAL BRASILEIRO

Maicon Rodrigo Tauchert

Introdução

Desde as primeiras formas de organização social o ser humano tem desenvolvido várias maneiras de interação social e a partir dessa, organizamo-nos em grupos e sociedades até a civilização contemporânea e deste convívio o equilíbrio não é a regra. Assim, na interação social entre os indivíduos, os conflitos se fazem naturalmente presentes, bem como o uso da violência como manifestação de crise das relações interindividuais e sociais. Dessa forma, fez-se necessária a criação de um mecanismo que resguardasse os direitos da coletividade e preservasse uma pretensa paz social. Com isso, o direito penal foi criado como forma de controle estatal da violência produzida na sociedade, aplicando sanções as pessoas que adotem conduta contrária ao sistema penal previsto na legislação criminal, avocando para si o monopólio da violência.

Assim, procedemos com uma breve análise do direito penal desde a idade média, com suas aplicações e consequências até a proposta de acoplamento do sistema restaurativo ao sistema retributivo. Reflexão necessária para que compreendamos como o fenômeno punitivo refletiu no modelo penal contemporâneo e a constatação da necessidade de propormos uma nova forma de tratamento penal no Brasil. Para tanto, a metodologia usada para a pesquisa do presente tema foi de abordagem qualitativa, com uso do método dedutivo, pesquisa bibliográfica e documental com análise de dados de conteúdo.

Nos primórdios do direito penal

Com a sociedade sendo meio de organização dos indivíduos desde os primórdios, fez-se mister a criação de um sistema que possibilitasse a convivência pacífica e organizada entre todos, já que não existiam ainda poderes regulamentadores ou normativos. Na idade antiga, as normas eram baseadas nos costumes, hábitos e crenças da época, em respeito ao sistema de crenças religiosas ditados pelo conjunto de regras da sociedade. Acreditava-se que os eventos catastróficos como a fome, peste, doenças e entre outras desgraças, eram uma forma do divino expressar a sua ira pelos crimes cometidos pelo infrator, e diante disto, os sacerdotes, que eram os representantes mais próximos da figura divina, assumiam o papel de aplicadores da justiça, e penalizavam severamente os meliantes, como forma de recomposição da paz divina. Porém, estes meios usados de punibilidade não eram devidamente um instrumento de justiça integro e igualitário.

Desse sistema, surgiu a punição privada, nesta, não havia uma repreensão sob uma perspectiva eminentemente divina, mas a vingança da própria vítima ou seu grupo, contra o ofensor e seu grupo social, punição esta que frequentemente era desproporcional ao crime cometido. Caso o ofensor participasse do mesmo grupo social que o ofendido ocorria o banimento daquele, ou caso contrário, poderia acontecer até a dizimação de um dos grupos inteiro em uma guerra declarada, assim a pessoa que cometesse um ato ilícito não respondia sozinha por seus atos, toda a sua família, tribo, e grupo também eram atingidos.

Como meio de proteger cada grupo e que não houvesse a eliminação de todos eles diante das vastas guerras de vingança, surgiu-se então a Lei do Talião, que limitou a resposta a ofensa ao agressor com aplicação idêntica ao crime cometido, sendo o "Olho por olho, dente por dente." O que foi um progresso no direito penal, pois possibilitou a proporção à ofensa cometida e por reduzir a amplitude desta.

A vingança privada foi a regra até por volta dos anos 1113, quando foi dado início a uma série de mudanças que, ao longo dos séculos seguintes, lançaram os fundamentos para uma abordagem drasticamente nova acerca do crime e da justiça. Essas mudanças levaram séculos para amadurecer e enfrentaram a resistência feroz de muitos. O novo modelo de justiça foi definitivamente implantado somente no século XIX. No entanto, esse processo complexo de transformações, embora demasiadamente longo e em geral ignorado pelos historiadores, constitui uma "revolução jurídica".

Novos argumentos e procedimentos passaram a abrir as possibilidades de intervenção e iniciativa estatal em certos tipos de processo. No continente europeu, começaram a aparecer procuradores de justiça associados ao Estado. Na Inglaterra, por exemplo, juízes de paz saíram do seu papel reativo, para assumir o comando de certos tipos de processos, inclusive recolhendo as provas pertinentes.

Na Europa continental, o estilo das cortes mudou de acusatório para inquisitório. Ali, a corte era responsável por iniciar as acusações, compilar evidências e determinar o resultado – frequentemente em segredo. Ainda, na Inglaterra, foi mantida uma estrutura acusatória, devido ao papel do júri e à retenção da forma de acusação privada. Nesse mesmo contexto, também os agentes do Estado substituíram o cidadão como autoridade orientadora nos processos criminais.

Em tais casos, a natureza do resultado começou a mudar. A punição passou a ter precedência sobre os acordos; as multas – recolhidas aos cofres públicos – substituíam as indenizações às vítimas; a tortura tornou-se, além de uma punição aceitável, uma ferramenta forense para descobrir a verdade. Salienta-se, ainda, que, em meio a toda essa metamorfose, os interesses das vítimas foram perdendo a importância que tinham nos séculos anteriores.

Na continuidade de tal percurso, entre 1470 e 1500, aproximadamente, solidificaram-se as bases da justiça estatal na Europa, por intermédio de novos códigos penais que inauguraram a descrição de certas transgressões e a indicação das punições. Destaca-se que algumas dessas penas eram extremamente severas, incluindo-se a tortura e a morte. As sanções econômicas, por sua vez, também podiam ser impostas em muitas circunstâncias. Assinala-se, assim, que houve uma ampliação das dimensões estatais de certas ofensas mediante o aumento do poder do Estado.

Dois outros fatores históricos contribuíram para a promoção dessa tendência favorável a sanções punitivas administradas pelo Estado: a Reforma Protestante no século XVI e a Revolução Francesa no século XVIII. No primeiro caso, Lutero, com base nos ideais calvinistas, defendia o papel do Estado na administração de punições como agente de Deus, cuja imagem de juiz punitivo enfatizava, com vistas a conferir ao Estado função de garantidor da ordem moral. No segundo caso, o Iluminismo e a Revolução Francesa consolidaram, de vez, a presença do Estado nos processos judiciais. Por volta de 1790, o Estado já reclamava poder absoluto, que exercia de modo incrivelmente arbitrário e abusivo. Torturas e penas quase inimagináveis eram comuns – não apenas para os "criminosos" devidamente julgados e condenados, mas também para suspeitos e inimigos políticos. Nesse período, a coroa se declarava acima da lei, e esta era constituída de costumes e princípios, lógica e arbitrariedade, interesses particulares e imperativos públicos.

A Revolução Francesa foi concebida à base do pensamento iluminista, de acordo com o qual a religião continha superstições ilógicas, portanto irracionais, e defendiam a forma jurídica secular baseada na lei natural e nos princípios e fundamentos da ciência. Assim, os revolucionários iluministas tentaram implantar uma visão de mundo no qual a lei deveria estar acima dos governos e possuir um conteúdo fundamentado em uma racionalidade. Segundo eles, as leis deveriam refletir a vontade da sociedade em geral, e aos governos caberia a atribuição maior de articular e administrar essas leis. A nova lógica, então, era o contrato social com novas responsabilidades estendidas para segmentos sociais bem mais amplos da população e voltado para o direito. Constata-se que os pensadores iluministas, em sua maioria, não eram democratas, mas tinham a visão de construir um governo como representante dos interesses da sociedade em geral, e não de alguns grupos ou da família real exclusivamente.

Dessa maneira, o pensamento iluminista e os desdobramentos práticos que se seguiram reforçaram a tendência de definir as ofensas em termos de violação da lei, ao invés de em virtude do dano real. Diante de danos mais graves, a ênfase recaía cada vez mais sobre a esfera pública em detrimento da privada. Se o Estado representasse a vontade geral, ficaria mais fácil justificar sua definição do Estado-vítima e entregar-lhe o monopólio das intervenções jurídicas. Mais importante, o Iluminismo trouxe consigo a nova física da dor (YOUNG, 1984, p. 76).

Como evidenciado até aqui, os desenvolvimentos ocorridos nos séculos XVIII e XIX foram importantes na formulação do modelo atual de justiça retributiva. Assim, o Estado ganhou nova legitimidade e, também, novos mecanismos para exercer o poder. O direito foi revestido de uma santidade inédita, que tornou a transgressão algo mais repreensível, e suas consequências, mais "merecidas". Os reformadores, dessa maneira, não questionaram a ideia de que, quando um mal é cometido, a dor deve ser administrada. Ao contrário, proporcionaram novos fundamentos e justificativas, instituindo as diretrizes racionais para a administração da dor e os mecanismos para a aplicação das punições.

Essa nova física da dor foi sendo, então, administrada às portas fechadas nas prisões pelo Estado, de modo que a pena de privação de liberdade é que permitia graduar o tempo de punição segundo a gravidade da ofensa. Depreende-se disso que as prisões constituíam um meio de dosar a punição em unidades de tempo, oferecendo uma aparência de racionalidade e mesmo de ciência à aplicação da dor (SPIERENBURG, 1984, p. 156).

No início da Idade Moderna, as formas de punição visavam, sobremaneira, ao corpo, muitas vezes fazendo uso de tecnologias que causavam intenso sofrimento físico e psíquico aos encarcerados. Portanto, a utilização moderna da prisão buscava atingir, principalmente, a alma. Isso se deu em virtude do poder do Estado, à medida que monopolizou todo o procedimento judiciário de liquidação interindividual no inquérito e que passou a exigir reparação por meio de mecanismos pecuniários concebidos como multas e confiscos de bens. Tais recursos ampliaram a fortuna dos soberanos do Estado à proporção que retiravam dos indivíduos o direito de resolver, regular (ou não) seus litígios. O resultado disso é que as comunidades passaram se submeter a um poder exterior a ela – o poder se exerce fazendo perguntas –, que se impõe como poder judiciário.

Assinala-se que, até o século XII, se desconhecia, por exemplo, uma ação pública representando a sociedade. Na verdade, o que havia era uma luta entre indivíduos, famílias ou grupos que poderia terminar numa transação econômica ou em morte (FOUCAULT, 1996). Assim, na Idade Média europeia, a liquidação era realizada entre indivíduos, grupos, famílias sem haver a necessidade de passar pelo Estado, por intermédio dos funcionários do poder judiciário. Essa forma judiciária desapareceu, gradativamente, na medida em que a circulação de bens era precária. Naquele período, os bens que mais circulavam no comércio eram os adquiridos por intermédio da herança, dos testamentos, do roubo, do furto, da ocupação de terras, de castelos, de cidades, da contestação militar, das guerras, sempre no âmbito da comunidade e extrajudicialmente. Ocorre que à medida que a contestação judiciária assegurava a circulação de bens no comércio, o direito de controlar tal contestação foi sendo confiscado pelos grupos mais ricos e poderosos das localidades.

Percebe-se, com base no exposto, que o inquérito – que surge no século XII na Europa, em razão das transformações políticas e nas relações de poder – reorganizou todas as práticas judiciárias na Idade Média, da época clássica e da modernidade. Conclui-se, assim, que o procedimento do inquérito não é resultante apenas do progresso da racionalidade, mas de toda uma nova estrutura política que se tornou possível e necessária em termos de processo no domínio do judiciário. Portanto, o inquérito na Europa Medieval é um procedimento de governo, uma técnica de administração, na realidade, uma maneira de se exercer o poder. A Igreja – única instituição que fazia uso das técnicas do inquérito durante o período da Inquisição – introduziu o inquérito no Direito na Idade Média, substituindo o flagrante delito, cujo status foi preservado, mediante a obtenção de pessoas dispostas a confirmar que testemunharam uma dada situação, que estão a par e podem jurar sobre um determinado delito praticado por um indivíduo. Desse modo, por intermédio do depoimento de testemunhas consideradas justas, sérias, representantes da comunidade, poder-se-ia averiguar o que realmente aconteceu.

E é exatamente nesse contexto que surgem a noção de infração e a figura do procurador – representante do rei, lesado pela simples forma de ter havido um delito ou um crime, passando o dano a ser uma ofensa contra o soberano como representante do Estado. Em outros termos, a sociedade é atingida, na medida em que se concebe que o dano é contra a ordem e a lei.

A experiência nos EUA, por exemplo, da justiça formal centrada no Estado é um dos casos mais elucidativos de que se tem notícia (GITTLER, 1984). Relatos sobre a justiça naquele país enfatizam o desenvolvimento precoce de formas públicas e legalistas de justiça, situando sua origem no período pré-revolução (antes de 1776). No entanto, estudos recentes revelaram que os procuradores públicos tinham papéis bastante limitados, tendo em vista que não gozavam de autonomia para iniciar ou encerrar um processo criminal até a metade o final do século XIX e início do século XX. Em vez disso, outras modalidades de justiça (incluindo mediação, arbitragem e procedimentos cíveis) eram adotadas por um conjunto numericamente expressivo da sociedade e persistiram, inclusive, depois de a justiça estatal triunfar. A restituição, por exemplo, era uma modalidade muita utilizada, ao menos para os crimes patrimoniais, e as vítimas eram parte ativa nos processos. Por fim, o estabelecimento de procuradores públicos com amplos poderes e discricionariedade e a disponibilidade de penitenciárias foram parte importante nesse processo, ao longo do qual a justiça estatal tornou-se hegemônica no mundo ocidental, em particular, nos Estados Unidos e na Europa (CHRISTIE, 1982). Com efeito, a sociedade contemporânea tem seu espaço disciplinar inaugurado (FOUCAULT, 1996) com o advento de práticas penais que caracterizam a atual organização social, as relações de poder subjacentes às referidas práticas, as formas de saber, os tipos de conhecimento produzidos acerca do exposto, bem como os tipos de sujeitos de conhecimento que emergem nessas relações de poder.

No final do século XVIII e início do XIX, surgiu um fato histórico contendo dois aspectos aparentemente contraditórios: a reorganização do sistema judiciário e penal com singularidades em vários países do mundo. Na Grã-Bretanha, por exemplo, as formas de justiça permaneceram relativamente estáveis, ao passo que o conteúdo das leis, o conjunto de condutas penalmente repreensíveis se modificaram profundamente. No século XVIII, havia na Inglaterra, aproximadamente, 313 condutas capazes de levar alguém à forca. Tal situação tornava o Código Penal inglês, naquele período, como um dos mais sangrentos que a história das civilizações conheceu. Essa situação foi profundamente modificada no começo do século XIX, sem que as formas e instituições judiciárias inglesas se modificassem profundamente (CHRISTIE, 1982).

Na França, ao contrário, ocorreram modificações muito profundas nas instituições penais, sem que o conteúdo da lei penal, entretanto, tenha se modificado a partir da reelaboração teórica em Beccaria, Bentham, Brissot, Lepeletier de Saint-Fargeau e em legisladores do Código Penal francês da época pós-Revolução de 1789. Assim, o sistema penal definido por esses legisladores estava assentado no princípio fundamental de acordo com o qual o crime/infração, no sentido penal do termo, não deveria mais estar associado à falta moral ou religiosa. Portanto concebia-se, até aquele momento, que a falta era uma infração à lei natural, à lei religiosa, à lei moral. Então, passou-se a interpretar o crime/infração penal como um modo de rompimento com a lei criada pelo lado legislativo do poder político. Nesses termos, criou-se a seguinte definição: para que haja infração penal é preciso haver um poder político, uma lei e que essa lei tenha sido efetivamente formulada. Conclui-se, assim, que antes de a lei existir, não pode haver crime, e as penalidades poderão ser utilizadas para as pessoas cuja conduta for efetivamente definida como repreensível pela lei. Em outras palavras, uma lei penal passou a definir como repreensível o que é nocivo à sociedade, definindo negativamente o que é útil a ela. Em vista disso, o crime é considerado como um ato que danifica o conjunto social, caracterização que define o criminoso como alguém que rompeu o "contrato social". Ou seja, o indivíduo que rompeu o pacto social passa a ser considerado um inimigo interno (FOUCAULT, 1996).

Diante de tal panorama, surge a necessidade de uma legislação penal voltada apenas à permissão da reparação da perturbação causada à sociedade. Assim, a lei penal deve reparar o mal ou impedir que males semelhantes possam ser cometidos contra o corpo social.

A prisão – não pertence ao projeto teórico da reforma da penalidade do século XVIII –, surgida no início do século XIX, como uma instituição de fato, quase sem justificação teórica, foi se transformando em uma pena cada vez mais comum, até generalizar-se no século XIX. A legislação penal também sofreu uma inflexão ampla no que concerne à função social. Ela não procurará mais visar ao que é socialmente útil, ao contrário, buscará ajustar-se ao indivíduo. Podem-se citar, a título de ilustração, as grandes reformas da legislação penal na França e demais países europeus, entre 1825 e 1860, que consistiram na organização do que se permite denominar "circunstâncias atenuantes": o fato de a aplicação rigorosa da lei, tal como se acha no Código, poder ser modificada por determinação do juiz ou do júri e a depender do indivíduo em julgamento. Desse modo, o princípio de uma lei universal representando tão apenas os interesses sociais é consideravelmente falseado pela utilização das circunstâncias atenuantes que vão assumindo relevância cada vez maior. No século XIX, a penalidade tem como propósito menos a defesa geral da sociedade que o controle e a reforma psicológica e moral das atitudes e dos comportamentos dos indivíduos. Trata-se, pois, de algo muito diferente do que havia teorizado Beccaria, um século antes, ao destacar que não haveria punição sem uma lei explícita e sem um comportamento explícito violando essa lei (ROTHMAN, 1971).

Assim, a grande noção da criminologia e da penalidade em fins do século XIX foi a de que toda a penalidade passa a ser um controle, não tanto sobre se o que as pessoas fizeram está em conformidade ou não com a lei, mas no âmbito do que estão sujeitas a fazer, do que estão na iminência de fazer; ou seja, não ao nível das infrações efetivas a uma lei efetiva, mas das virtualidades de comportamento que elas representam. À justiça atribui-se a função de não mais punir as infrações dos indivíduos, mas de corrigir suas virtualidades. Para tanto, o judiciário precisou interligar várias instituições em teia, instituições essas que não estão abrigadas no poder judiciário, para desempenhar a função do próprio judiciário. O desdobramento dessa questão resume-se da seguinte forma: a instituição penal não pode mais estar sujeita a um poder autônomo, o poder judiciário. Chega-se, desse modo, ao que Montesquieu formulou acerca da independência dos poderes judiciário, executivo e legislativo: além da justiça, foi necessário buscar outras instituições ligadas ao poder executivo, como foi o caso da polícia, e toda uma rede composta por organizações de vigilância e correção – a polícia para a vigilância, as instituições psicológicas e psiquiátricas para a correção no âmbito de hospitais, asilos etc., instituições pedagógicas, como as escolas, e assim por diante.

Para recapitular o que se tratou até aqui, o inquérito, contemporaneamente falando, foi cedendo lugar ao *panoptismo* (Bentham). O primeiro era um procedimento pelo qual, na prática judiciária, procurava-se saber o que havia ocorrido. Tratava-se de reatualizar um acontecimento passado por meio de testemunhos apresentados por pessoas que, por uma ou outra razão – por sua sabedoria ou pelo fato de terem presenciado o acontecimento – eram tidas como capazes de saber.

No *Panóptico*, vai-se produzir algo totalmente diferente (BENTHAM, 1984). Aqui, não há mais inquérito, mas vigilância, controle, exame. Não se trata de reconstituir um acontecimento, mas de algo, ou antes, de alguém que se deve vigiar sem interrupção e totalmente. Ocorre a vigilância permanente dos indivíduos por parte de alguém que exerce sobre eles um poder – professor, diretor, chefe, gerente, médico, psiquiatra – e, que, enquanto exerce esse poder, tem a possibilidade tanto de vigiar quanto de constituir, acerca daqueles que vigia, a respeito deles, um saber que se ordena em torno da norma, em termos do que é normal ou não, correto ou não, do que se deve ou não fazer.

Assinala-se, assim, que o conceito de justiça retributiva começou a ser questionado no século XVIII, especialmente por Cesare Beccaria (1738-1794) e Jeremy Bentham (1748-1832). A partir do século XIX, foi ganhando força a noção utilitarista de que a pena tem como objetivo não a punição pela punição, mas a manutenção da ordem pública. O criminoso deve sofrer uma sanção para desencorajar outras pessoas a imitá-lo. Daí a necessidade de julgamentos públicos e de algum modo ritualizados – o famoso "*due process of law*" (devido processo legal). A pena já não precisa ser tão "cruel" como a ofensa que pretende coibir.

Acredita-se, via de regra, que as prisões foram originalmente criadas como alternativas mais humanas aos castigos corporais e à pena de morte. Assim, o encarceramento deveria atender às necessidades sociais de punição e proteção e, ao mesmo tempo, promover a reeducação dos ofensores. Todavia, poucos anos após a sua implementação, as prisões tornaram-se sede de horrores, nascendo, por decorrência desse desvio, o movimento para a reformulação do sistema prisional.

Quando se identifica algo como um crime, vários pressupostos básicos são acionados com vistas a contribuir para formar a reação das pessoas. Desse modo, presume-se, em primeiro lugar, que a culpa deve ser estabelecida, assumindo o centro de todo o processo penal. Assim, o conceito de culpa, ao conduzir o processo judicial, torna-o limitado, técnico em demasia, caracterizando-o, também, como altamente descritivo (objetivo). Nesses termos, o referido processo é guiado para formular as seguintes perguntas: o acusado (ou a acusada) cometeu os atos descritos em lei? Ele ou ela tinha a intenção de cometer tal ato? Os atos são contrários à lei? Em síntese, a culpa legal questiona somente se a pessoa acusada de fato cometeu aquele ato e, em caso positivo, se esta pessoa é imputável diante da lei. Uma vez estabelecida a culpa, o resultado final recebe pouca atenção, diminuindo, assim, a preocupação com salvaguardas processuais e a garantia e a efetividade dos direitos humanos.

Sendo assim, a preocupação com a determinação da culpa significa que todos os olhares tendem a se voltar para o passado. Determinadas perguntas – tais como: O que aconteceu? Quem fez isso? – têm precedência sobre a questão do que fazer para resolver os problemas que o ofensor criou (e os problemas que levaram à ofensa). Diante disso, percebe-se que, no interior do sistema jurídico, a transgressão e as questões de culpa, na realidade, são colocadas de uma forma muito distinta daquela como são vivenciadas pela vítima e pelo ofensor. Ao que se tem observado, a denúncia poderá guardar pouca semelhança com a ofensa de fato cometida, e a linguagem de culpa e inocência poderá estar desvinculada com o fato ocorrido. Em outras palavras, do ponto de vista legal, culpa e inocência são mutuamente excludentes. A gravidade do delito pode variar, mas no final não há graus de culpa. Ou se é culpado ou não, ou seja, alguns ganham e outros perdem. Conclusão: a mensagem oculta que é passada é que os seres humanos podem ser avaliados em termos de dicotomias simplistas (NEUFELD, 1982).

O olhar para o passado, descrito acima, torna o ofensor, no caso, marcado e caracterizado pelo delito que cometeu, não importando as boas qualidades que já tenha ou venha a desenvolver. O fato de ter cometido um delito definirá suas possibilidades de emprego, seu potencial profissional e o resto de sua vida. Sua culpa (e não suas outras qualidades) determinará, ao que tudo indica, seu futuro. Nada dentro do processo criminal permitirá a superação desse fato – nem mesmo o pagamento da "dívida para com a sociedade" por meio do cumprimento da pena de privação de liberdade.

Em virtude do conceito individualista de culpa e liberdade compartilhado por amplos segmentos das sociedades ocidentais, presume-se que o indivíduo é livre para fazer escolhas, prevendo as consequências dessas mesmas escolhas. Deduz-se que a pessoa modificou seu comportamento, levando isso em consideração. Esses pressupostos passam ao largo da questão de se os indivíduos acreditam ser possuidores de tal liberdade. Parte-se, assim, da concepção de que têm a capacidade de prever consequências remotas. Presume-se que sejam capazes de fazer a ligação entre comportamentos e consequências. Ignora-se, também, a natureza da ação incorreta como padrão complexo de comportamento. Por fim, despreza-se o contexto social, econômico e psicológico no qual a ação se deu. Por isso, a justiça para os ofensores é conduzida sem referência à justiça social e sem questionar o *status quo*. Por decorrência, a punição será merecida, haja ou não o contexto de justiça social. Aqui, levanta-se, ainda, a hipótese de que essa concepção de culpa seja inevitável numa cultura de sociedades que tendem a privilegiar a meritocracia, que define o valor em termos de sucesso material e social e que define o êxito e o fracasso em escalas estritamente individuais. Ou seja, julgam-se as pessoas em razão de seu acesso à riqueza e ao poder. Os excluídos de tais benesses são individualmente responsabilizados por isso, sendo percebidos como perdedores.

O mesmo vale para a culpa, quando definida como um defeito individual, ignorando, portanto, o contexto do comportamento do indivíduo. Nesse caso, parte-se do pressuposto de que os ofensores tiveram várias oportunidades e, tendo escolhido as erradas, merecem ser rotulados como culpados. Em outras palavras, a fixação da culpa é central à noção de justiça nas sociedades ocidentais. Então, a administração da justiça é uma espécie de teatro no qual os temas culpa e inocência predominam. O julgamento ou a confissão de culpa formam o clímax dramático, sendo a sentença o desenlace. Dessa maneira, a justiça preocupa-se com o passado em detrimento do futuro dos ofensores, das suas vítimas e respectivos familiares.

A pessoa que cometeu o delito deve ser responsabilizada pelos seus atos. Uma das dimensões dessa responsabilidade é compreender e assumir a autoria da ação incorreta. No entanto, algumas noções de culpa não estimulam esse tipo de responsabilidade e, na pior das hipóteses, dificultam-no. A falta de procedimentos para solucionar a culpa fomenta o uso de "estratégias desculpadoras", entre as quais a racionalização e os estereótipos, como forma de evitar o pesado fardo que ela representa. Outra hipótese é que o ofensor poderá ser motivado a adotar a profecia contida no rótulo que lhe atribuem.

Enquanto o processo concentra-se nas questões da culpa e da responsabilidade do réu, tende, também, a dispersar a responsabilidade pelos resultados e a negar questões de responsabilidade coletiva pelos delitos. Os principais tomadores de decisão (advogados, promotores, juízes, oficiais de justiça) são estimulados a se enxergarem como executores da lei que estão cumprindo um dever. Eles são levados a conferir a responsabilidade pelo desfecho do caso ao "sistema"; isto é, aqueles que "fazem" justiça podem negar sua responsabilidade pessoal pelos resultados. Igualmente, não são estimulados a reconhecer aquilo que têm em comum com os ofensores, a saber, a condição de ser humano.

Conforme o exposto nos itens anteriores, o crime cria uma dívida moral que deve ser paga, sendo a justiça um processo que devolve o equilíbrio à balança. É como se existisse uma balança metafísica no universo que foi desequilibrada e precisa ser corrigida.

Tal conceito de justiça tende a focalizar abstrações, em vez de se concentrar no mal que foi praticado. Parte do pressuposto de que, em cada caso, o necessário para acertar as contas é algo conhecido e atingível. Presume, ainda, que o necessário para ajustar essa balança é uma punição. As autoridades na esfera judiciária, por sua vez, percebem seu trabalho como o de dispensar níveis adequados de punição. Os ofensores são levados a acreditar que, ao aceitar a punição, estarão pagando sua dívida com a sociedade.

Entretanto, lançando-se um olhar mais aproximado ao fenômeno, constata-se que os ofensores têm dificuldades de acreditar que dessa maneira estarão de fato "pagando sua dívida". O "pagamento" é demasiado abstrato e não há um reconhecimento público no final, quando a dívida já foi paga. Esse pagamento tampouco traz algum benefício para a comunidade. Aliás, custa-lhe muito dinheiro. Ao mesmo tempo, transmitir ao ofensor a mensagem "você fez mal a alguém, então nós faremos mal a você também", simplesmente, aumenta a quantidade de mal.

Max Weber já descreveu o Estado como a organização que chama para si o monopólio legítimo do uso da violência. Como se vê, há muito se reconhece que a ameaça de infligir dor àqueles que desobedecem está na base do sistema jurídico moderno. Assim, as instituições e os métodos do direito são parte integrante do ciclo da violência, estando longe de representarem uma solução para esse fenômeno.

A política penal brasileira no Império

Foi em 1830, sancionado o primeiro Código Criminal do Brasil pelo imperador Dom Pedro I, com determinação da Constituição Brasileira de 1824. O Código era dividido em parte especial e geral, com 313 artigos, dispondo o primeiro capítulo sobre os crimes e as penas, o segundo dos crimes públicos, o terceiro dos crimes particulares e o quarto capítulo dos crimes policiais.

Esse instrumento foi o primeiro código independente da América Latina, criado com o desígnio de "organizar um Código Civil, e Criminal, fundado nas sólidas bases da justiça e equidade" (BRASIL, 1824, art. 179, parágrafo 18). E este em seu artigo primeiro prevê o princípio da legalidade: "Ninguém será obrigado a fazer ou deixar de fazer alguma coisa, senão em virtude de lei" (BRASIL, 1988, art. 5º, II).

Essa nova legislação trouxe para o Brasil um novo paradigma para o sistema penal, pois agora a pena era aplicada somente a quem de fato tinha cometido o crime, começa então, o fenômeno do direito objetivo penal brasileiro, o direito de punir não estava mais nas mãos do ofendido, mas agora na de um terceiro, o Estado. Assim os conflitos passaram de interesse individual para o interesse coletivo, com essa lógica penal, o crime cometido contra um indivíduo é um crime cometido contra a sociedade, assim, autoriza o Estado a aplicar a pena proporcionalmente a dor causada pelo evento crime. Criou-se então, um governo centralizado e fundamentado no interesse público, a lei estatal passou a ser a representação do interesse comum e da proteção do povo. Contudo, além de tencionar a proteção do indivíduo, notava-se também o interesse do império de gerar um artifício de domínio político e social no Brasil por meio de um sistema "civilizado" e sofisticado de aplicação da coerção e do medo.

Esse Código Criminal de 1830 teve constância durante todo o Império e foi complementado mais tarde pelo Código do Processo Penal de 1832, tendo sido sucedido apenas na República em 1890.

A República e o Direito Penal Brasileiro

Em 11 de outubro de 1890 promulga-se o Código Criminal da República, porém em virtude de falhas e irregularidades em seu conteúdo, é posteriormente modificado e complementado para que pudesse ser aplicado, pois sua redação não acompanhava o progresso doutrinário da época, nem as ideias positivistas que estavam surgindo no século XVIII. Não contribuía com o combate aos diversos tipos de crimes praticados, assim, o juiz não dispunha de um meio eficaz para que pudesse aplicar adequadamente as penas e reprimisse outros tantos atos considerados infrações e crimes, que não estavam tipificados no código.

No entanto, por mais falho e incompleto que o código criminal republicano fosse, representava um avanço para o sistema penal brasileiro, pois criou o sistema penitenciário de caráter correcional e anulou a pena de morte e de Galés.

Após perceber que o código republicano não contribuiria de forma significativa para a preservação dos direitos e garantias fundamentais, em 1937, no Estado Novo, Alcântara Machado apresentou um projeto de Código Criminal Brasileiro, que por decreto de número 2.848 de 1940, que passou a ser o mais novo Código Penal, passando a vigorar até os dias atuais, tendo algumas alterações devido às mudanças de usos e costumes da sociedade brasileira e acompanhando os avanços científicos de nossa época.

Dessa maneira, no Brasil, tivemos o Código Criminal do Império de 1830, o Código Penal de 1890 e, por último, o Código Penal de 1940, que vigora até hoje.

O direito penal e a crise do sistema prisional brasileiro

O modelo penal brasileiro foi constituído com o escopo de monopolizar o poder de punir no Estado e concentrar na União a competência privativa para legislar sobre o Direito Penal, dessa forma, manter a regulação delimitada ao grupo que administra o Estado, a produção das normas penais e aplicação pelo Poder Judiciário. Assim, vislumbramos claramente, a tendência elitista do sistema penal brasileiro, no qual, em um universo penal de em torno de 1614 crimes tipificados, constata-se um cenário de maior preocupação em criação de crimes contra o patrimônio do que crimes contra pessoa, manifesto interesse em delimitar um público alvo do direito penal pátrio e por consequência, deter um instrumento de controle da sociedade que se encontra em situação de periferia, de baixa escolaridade e que não possuem acesso ao mercado de trabalho.

Essa "filosofia" penal brasileira acarreta diretamente no sistema prisional brasileiro, o qual no ano de 2016 é o quarto maior do mundo e com índices de reincidência em torno de 80%. Sistema penitenciário que não exerce função pedagógica, ressocializadora, educativa e recuperativa de nenhum interno, porém, exerce papel de neutralizar o indivíduo no sistema prisional por curto lapso temporal e que muitas vezes nem isso é possível, pois no contexto interno dos presídios brasileiros, configuram-se como verdadeiras escolas do crime e da produção da loucura e da violência humana.

Para que possamos proporcionar o aperfeiçoamento desse sistema, a justiça restaurativa demonstra-se como método eficiente e eficaz na redução da reincidência, na humanização da pena e na ressocialização do indivíduo apenado.

A justiça restaurativa no tratamento penal

O sistema restaurativo tem como escopo resolver os conflitos provindos de um evento criminoso da forma mais apropriada possível, de maneira que se consiga a reparação do prejuízo e o equilíbrio social. Refere-se a um sistema que tem a pretensão de encontrar uma saída amigável entre vítima e infrator pelo mal gerado, por meio de diálogos entre os interessados com a ajuda de integrantes da sociedade e de um mediador, já que não há a presença do juiz neste meio.

Ao definir o que é justiça restaurativa, Bianchini preleciona que:

> Trata-se de uma abordagem do delito que envolve a vítima, o delinquente e a comunidade – sociedade – visando estabelecer relações sadias e restruturação da paz social, além de reparar os danos materiais e imateriais causados pela transgressão. (2012, p. 99).

Usando os princípios e a forma de aplicação, Azevedo descreve a justiça restaurativa como uma:

> [...] proposição metodológica por intermédio da qual se busca, por adequadas intervenções técnicas, a reparação moral e material do dano, por meio de comunicações efetivas entre vítimas, ofensores e representantes da comunidade voltadas a estimular: i) a adequada responsabilização por atos lesivos; ii) a assistência material e moral de vítimas; iii) a inclusão de ofensores na comunidade; iv) o empoderamento das partes; v) a humanização das relações processuais em lides penais; e viii) a manutenção ou restauração das relações sociais subjacentes eventualmente preexistentes ao conflito (2005, p. 140) .

Desse modo, a justiça restaurativa é apresenta-se como uma excelente proposta para alcançarmos os objetivos da pena e do tratamento do criminoso e especialmente da vítima, que tem como escopo restabelecer a paz social, o dano causado, restabelecimento dos danos morais, psicológicos e materiais da vítima, participação da sociedade, a responsabilização e ressocialização do infrator, objetivos alcançados pelo mecanismo do diálogo, educação formal, trabalho digno, participação de círculos restaurativos com intenso comprometimento pessoal, reconstruindo a relação entre os envolvidos no processo de educação e responsabilização do infrator.

A justiça restaurativa preocupa-se fundamentalmente com as consequências causadas pela transgressão para a vítima e a sociedade, a convivência social afetada pelo ato ilícito e a reinserção do indivíduo na sociedade. Sendo possibilitado no ato de restauração entre infrator, vítima e sociedade, decisões participativas e sentenças conferenciadas e não pura e simplesmente punitiva/coativa. Assim,

> esse tripé participativo tem como fim a acessibilidade sobre as decisões de interesse social, sobre as decisões por recursos que distribuam o ônus e a responsabilidade de forma igualitária. Por meio do diálogo e da participação das partes e da comunidade na decisão (SALIBA, 2007, p.118).

A vítima é tratada como a principal parte no procedimento, não fica adstrita apenas como objeto de prova para apuração dos fatos e instauração dos procedimentos de persecução penal, mas sim, é central seu papel no diálogo para conscientização e restauração de ambas as partes, oportunizando que haja a compreensão dos motivos que levaram o ofensor à prática do ato ilícito, integrando o autor interno do sistema prisional em programas como a remissão pela leitura, produção de artesanato, produção de hortifrúti para consumo próprio e externo, programas de artes e música e fundamentalmente pela educação formal dentre inúmeros programas que podem ser implantados, dessa forma sendo guiado para o desenvolvimento de uma consciência responsável pelo outro e por si mesmo, visando o não cometimento de outras infrações penais.

O diálogo construtivo é um processo de reinserção social do acusado, e não poderá ser restringido à imposição de uma pena restritiva de direitos pecuniária ou de liberdade, pois as penas previstas em nosso ordenamento não alcançam o fim restaurativo. Observa-se que o controle social indireto que integra essa participação da sociedade alcança soluções e resultados mais positivos no tratamento penal.

Modelos de justiça restaurativa

A primeira experiência de justiça restaurativa no sistema judicial ocorreu em 28 de maio de 1974, no Canadá, em Elmira, província de Ontário, quando dois jovens vandalizaram 22 propriedades e, após indicação de um oficial da condicional, na sentença foi determinado que houvesse um encontro entre as vítimas e os dois jovens, para elaborarem um acordo sobre a reparação dos danos causados, sendo esse o primeiro caso registrado de adoção de práticas restaurativas no sistema judicial. Dois anos depois, em 1976, foi fundado o Centro de Justiça Restaurativa Comunitária de Victoria, no Canadá.

Contudo, a justiça restaurativa inspira-se em modelos tribais de justiça, dentre eles as práticas das comunidades Maori, da Nova Zelândia, as quais foram incorporadas como instrumentos do processo judicial, com prevalência dos interesses coletivos sobre os interesses individuais, com o objetivo primordial de restaurar as relações sociais atingidas pelo delito. A Nova Zelândia é considerada o país pioneiro na implementação da justiça restaurativa para infância e juventude. O Estado neozelandês cria um o sistema de justiça para a infância e juventude, de modo a preservar os costumes culturais da comunidade e prevendo legalmente as práticas restaurativas, aprovando em 1989 o estatuto da criança, que possibilitou à família decidir sobre decisões que recairiam sobre o infrator. Surgindo daí a participação de fato dos interessados do conflito, possibilitando que a vítima tenha participação nas decisões e todos alcancem juntos soluções e maneiras de reparação, dando oportunidade à reintegração da sociedade.

Diante das observações, os neozelandeses verificaram que o número de jovens infratores que voltavam a praticar o delito quando passavam pelo método restaurativo era bem menor do que quando eram mandados para o tribunal dos jovens. Dessa forma, notando-se que construindo uma relação entre o ofendido e o infrator conseguia-se uma ressocialização de forma mais fácil e uma justiça mais eficaz, o País começou a incentivar a aplicação da justiça restaurativa perante a comunidade e ampliou o modelo aos adultos também.

Atualmente, no Brasil, o modelo restaurativo é administrado na esfera da infância e da juventude, nas contravenções penais e nos crimes de menor potencial ofensivo, bem como, em crimes médio e alto potencial ofensivo. A justiça restaurativa se instaurou efetivamente no Brasil em 2005, por meio da Secretaria da Reforma do Judiciário/Ministério da Justiça, que produziu o projeto Promovendo Práticas Restaurativas no Sistema de Justiça Brasileiro, e junto ao Programa das Nações Unidas para o Desenvolvimento/PNUD apoiou três projetos-piloto de Justiça Restaurativa.

Um dos projetos é praticado em São Paulo, na Vara da Infância e da Juventude da Comarca de São Caetano do Sul, os outros dois são realizados no Juizado Especial Criminal de Bandeirante, em Brasília/DF, e na 3ª Vara do Juizado Regional da Infância e Juventude de Porto Alegre/RS, com competência para executar as medidas socioeducativas.

No dia 4 de fevereiro de 2010, o Tribunal de Justiça da Bahia implantou o primeiro Núcleo de Justiça Restaurativa ligado ao 2° Juizado Especial Criminal, relacionado aos crimes de menor potencial ofensivo. Dessa maneira, o que se nota é o progresso das implantações pelo País, por meio de várias iniciativas, que são propostas pelo sistema judiciário.

A Resolução 2002/12 do Conselho Econômico e Social da ONU

O Conselho Econômico e Social da ONU (Organização das Nações Unidas), por meio da Resolução 12 de 2002 da ONU conceitua a justiça restaurativa como:

> [...] qualquer processo no qual a vítima e o ofensor, e, quando apropriado, quaisquer outros indivíduos ou membros da comunidade afetados por um crime, participam ativamente na resolução das questões oriundas do crime, geralmente com a ajuda de um facilitador. Os processos restaurativos podem incluir a mediação, a conciliação, a reunião familiar ou comunitária (conferencing) e círculos decisórios (sentencing circles).

Essa resolução tem como finalidade transmitir os princípios orientadores na aplicação aos programas e núcleos de justiça restaurativa nas esferas criminais e orienta os Estados a realizar o método da seguinte forma:

> 2. Encoraja os Estados Membros a inspirar-se nos princípios básicos para programas de justiça restaurativa em matéria criminal no desenvolvimento e implementação de programas de justiça restaurativa na área criminal;
> 3. Solicita ao Secretário-Geral que assegure a mais ampla disseminação dos princípios básicos para programas de justiça restaurativa em matéria criminal entre os Estados Membros, a rede de institutos das Nações Unidas para a prevenção do crime e programas de justiça criminal e outras organizações internacionais regionais e organizações não-governamentais;
> 4. Concita os Estados Membros que tenham adotado práticas de justiça restaurativa que difundam informações e sobre tais práticas e as disponibilizem aos outros Estados que o requeiram;

> 5. Concita também os Estados Membros que se apoiem mutuamente no desenvolvimento e implementação de pesquisa, capacitação e outros programas, assim como em atividades para estimular a discussão e o intercâmbio de experiências.
>
> 6. Concita, ainda, os Estados Membros a se disporem a prover, em caráter voluntário, assistência técnica aos países em desenvolvimento e com economias em transição, se o solicitarem, para os apoiarem no desenvolvimento de programas de justiça restaurativa.

Em abril de 2005, em São Paulo, foi deferido a Carta de Araçatuba contendo os princípios da justiça restaurativa no Brasil, fortalecendo as determinações contidas na resolução 2002/12 da ONU, alegando que a prática do sistema restaurativo no Brasil ensejará em uma sociedade democrática que preze pelos direitos humanos e a paz social.

Diversos países, como a África do Sul, Alemanha, Austrália, Áustria, Bélgica, Canadá, Escócia, Estados Unidos, Finlândia, França, Noruega e Nova Zelândia, também implementaram a prática da justiça restaurativa, pois perceberam que com ela se tem resultados mais rápidos e satisfatórios quanto à reincidência criminal.

A justiça restaurativa aplicada no Brasil

Em 31 de maio de 2016 o Conselho Nacional de Justiça promulga a resolução 225, que dispõe sobre a política nacional de justiça restaurativa no âmbito do Poder Judiciário, estabelecendo marco fundamental para a implantação da justiça restaurativa como política pública de tratamento penal.

É importante ressaltar que para a aplicação da justiça restaurativa não é necessário desfazer-se do modelo penal vigente, seria incoerente cogitar tal ideia, haja vista que alguns conflitos mais graves tenham a necessidade de medidas mais rigorosas. O que deve ser objetivada é a integração de medidas alternativas que se importem em diminuir a reincidência do infrator, para assim conseguir diminuir populações carcerárias e conseguir uma pacificação social, fazendo com que todos os indivíduos tenham seus direitos resguardados e tenham uma convivência sadia com os outros.

Além da reinserção do infrator na sociedade, para que ele não se sinta excluído e, com isso, volte a praticar ilícitos, deve-se ter cuidado com o ofendido também, para que ele se sinta tranquilo em continuar sua vida normalmente sem traumas psicológicos.

No âmbito nacional já existem alguns projetos pilotos que incorporam a justiça restaurativa no ordenamento jurídico como o Estado de Porto Alegre/RS, São Caetano do Sul/SP e Brasília/DF. Porém, o maior obstáculo que se tem hoje de aplicar a justiça restaurativa é que não há nenhuma legislação específica que a ampare.

Porém atualmente há o projeto de Lei 7.006/2006, que propõe modificações no Código de Processo Penal, bem como a Resolução 225/2016 do Conselho Nacional de Justiça. Nesse, é facultado o procedimento restaurativo na esfera criminal. Contudo, para que haja sucesso na prática do modelo restaurativo, é necessário ampliarmos o conceito de democracia no Brasil, para o sentido de participação da sociedade dos processos restaurativos, de proporcionar a reinserção no mercado de trabalho, na educação formal, para estimular e contribuir com os programas e políticas de inserção social dos egressos penitenciários.

Considerações finais

A recepção da justiça restaurativa em nosso ordenamento jurídico, como mencionado, já deu seus primeiros passos, porém, estamos em adiantado processo tecnológico dessa prática, em virtude dos projetos pilotos implantados a partir do ano de 2005. Para a aplicação desse novo método é necessário, além de superarmos paradigmas, viabilizarmos diálogo comprometido com o tema e com a filosofia, entre instituições públicas e privadas e sociedade civil organizada, para que assim possamos aprimorar ainda mais essa tecnologia e disseminar essa cultura no seio social.

É necessário um novo modelo de justiça, um modelo que não seja apenas punir e coagir, mas sim voltado para medidas que evitem que o indivíduo volte a cometer o ilícito, medidas educativas, conscientizadoras, reintegrativas e que incentivem o indivíduo a resolver seus conflitos de uma forma pacífica e que não exclua qualquer cidadão da convivência social.

Aplicar a justiça restaurativa não significa eximir ou diminuir a culpa do infrator e livrar o judiciário do excessivo número de processos, é grande o equívoco de quem pensa assim, da mesma forma que pensar que o atual modelo judicial tradicional é a única forma de resolver os conflitos entre os indivíduos. Adotar o modelo restaurativo é implementar medidas justas e duradouras, que incluam toda a sociedade na procura de uma maneira para que se aprimore as formas de tratarmos o problema da violência e do crime, no sentido de todos os cidadãos serem responsáveis pela pacificação social. Desconstruindo preconceitos e as barreiras de exclusão do apenado, ajudando-o a (re)construir sua convivência social e diminuindo efetivamente a reincidência.

Referências

AZEVEDO, André Gomma. O Componente Mediação. Vítima-Ofensor na Justiça Restaurativa: uma breve apresentação de uma inovação epistemológica na autocomposição penal. In: BASTOS, Márcio Thomaz; LOPES, Carlos; RENAULT, Sérgio Rabello Tamm (Orgs.). *Justiça Restaurativa*: coletânea de artigos. Brasília: MJ; PNUD, 2005.

BAILIE, Gil. *Violence unveiled:* humanity at the crossroads. New York: Crossroad, 1995.

BECCARIA. *Dos delitos e das penas*. São Paulo: José Bushatsky, 1978.

BENTHAM, Jeremy. *Uma introdução aos princípios da moral e da legislação*. Tradução de Luiz João Baraúna. 3. ed. São Paulo: Abril Cultural, 1984.

BERMAN, Harold J. *Law and revolution:* the formation of the western legal tradition. Cambridge, EUA: Harvard University Press, 1983.

BIANCHINI, Edgar Hrycylo. *Justiça restaurativa:* um desafio a práxis jurídica. Campinas, SP: Servanda Editora, 2012.

BITENCOURT, Cezar Roberto. *Falência da pena de prisão:* causas e alternativas. 2. ed. São Paulo: Saraiva, 2001.

BRASIL. *Constituição Política do Império do Brasil* (1824), elaborada por um Conselho de Estado e outorgada pelo Imperador D. Pedro I. Manda observar a Constituição Politica do Imperio, offerecida e jurada por Sua Magestade o Imperador.

______. Constituição (1988) *Constituição:* República Federativa do Brasil. Brasília, DF: Senado Federal, 1988.

BRUNK, Conrad G. *The spiritual roots of restorative justice*. Albany: State University of New York Press, 2001.

CAYLEY, David. *The expanding prison:* the crisis in crime and punishment and the search for alternatives. Pilgrim Pr., 1999.

CHRISTIE, Nils. *Limits to pain*. Oxford: Martin Robertson, 1982.

Criminologia Crítica e Reforma da Legislação Penal. Disponível em: < http://www.egov.ufsc.br/portal/conteudo/criminologia-cr%C3%ADtica-e-reforma-da-legisla%C3%A7%C3%A3o-penal.pdf>. Acesso em: 20 de ago. 2016.

CUANO, Rodrigo Pereira. História do direito penal brasileiro. *Universo Jurídico*, Juiz de Fora, ano XI, 6 jun. 2001. Disponível em: <http://uj.novaprolink.com.br/doutrina/884/historia_do_direito_penal_brasileiro>. Acesso em: 17 de ago. de 2016.

ELLUL, Jacques. *The theological foundations of law*. Nova York: Seabury Press, 1969.

FOUCAULT, Michel. *A verdade e as formas jurídicas*. Rio de Janeiro: Nau, 1996.

______. *Microfisica del poder*. 2. ed. Madrid: La Piqueta, 1979.

______. *Vigiar e punir:* história da violência nas prisões. Petrópolis: Vozes, 1975.

______. *Vigiar e punir*: o nascimento da prisão. Petrópolis: Vozes, 1986.

GITTLER, Josephine. *Expanding the role of the victim in a criminal action:* an overview of issues and problems. 11 pepp. l. rev. 117, 1984.

GODOY, Gislaine. *A evolução histórica no direito penal.* Disponível em: <http://www.zemoleza.com.br/trabalho-academico/humanas/direito/a-evolucao-historica-no-direito-penal/>. Acesso em: 20 ago. 2016.

GORRINGE, Timothy. *God's Just vengeance*. New York: Cambridge University Press, 1996.

HALEY, Jonh O. Victim-offender mediation: lessons from the japanese experiense. *Mediation Quarterly*, v. 12, n. 3 (num. esp.), primavera de 1995.

IGNATIEFF, Michael. State, civil society, and total institutions: a critique of recent social histories of punishment. In: COHEN; Scull (Eds.). *Social control and the State*. London: Routledge, 1981, p. 75-105.

JAKOBS, Gunther. Direito penal do inimigo. In: MOREIRA, Luiz; OLIVEIRA, Eugênio Pacelii de (orgs.) *Direito penal do inimigo*. 2. ed. Rio de Janeiro: Editora Lumen Juris, 2009.

NEUFELD, Tom Yoder. *Guilt and humannes:* the significance of guilt for the humanization of the Judicial-Correctional System. Kingston: Queen's Theological College, 1982.

ONU. *Conselho Econômico e Social*. Resolução n. 2002/12. Tradução de Renato Sócrates Gomes Pinto. Disponível em: <http://www.justica21.org.br/j21.php?id=366&ordenacoes-do-reino---raizes-culturaisdo-direito-brasileiro/pagina1.html>. Acesso em: 21 ago. 2016.

PIERANGELI, José Henrique. *Códigos penais do Brasil:* evolução histórica. São Paulo: Javoli, 1980.

ROSS, Ruper. *Return to the teachings*. New York: Penguin Books, 1996.

ROTHMAN, David J. *The discovery of the Asylum*: social order and disorder in the New Republic. Boston: Little; Brown, 1971.

SALIBA, Marcelo Gonçalves. *Justiça restaurativa como perspectiva para a superação do paradigma punitivo*. Dissertação (Mestrado em Ciência Jurídica) – Faculdade Estadual de Direito do Norte Pioneiro (FUNDINOPI), Jacarezinho/PR, 2007.

SICA, Leonardo. *Justiça restaurativa e mediação penal*: o novo modelo de justiça criminal e de gestão do crime. Rio de Janeiro: Lumen Juris, 2007.

SPIERENBURG, P. *The spectacle of suffering*: executions and the evolution of repression. Cambridge: Cambridge University Press, 1984.

YOUNG, Davi B. Young. Let us content ourselves with praising the work white drawing the veil its principles: eighteenth-century reactions to Beccaria's. On crime and punishment. *Justice Quarterly*, v. 1, n. 2, p. 150-69, jun. 1984.

ZAFFARONI, Eugênio Raul. *O inimigo no direito penal*. 2. ed. Rio de Janeiro: Revan, 2007.

ZEHR, Howard. *Trocando as lentes:* um novo foco sobre o crime e a justiça. São Paulo: Palas Athena, 2008.

CAPÍTULO 9

OS DESAFIOS DA EDUCAÇÃO NO SISTEMA PENITENCIÁRIO BRASILEIRO: A EAD COMO ALTERNATIVA DE INCLUSÃO

Marcos Aurélio Sloniak

Introdução

A Educação a Distância – EaD é área de extrema importância dentro da visão que pretende planejar e executar cursos formativos diversos com essa forma de educar. As possibilidades da EaD como forma de inclusão são indiscutíveis no mundo globalizado, no qual a escassez de tempo e limitações diversas constituem obstáculos a serem vencidos em prol da busca constante de capacitação pessoal.

Nesse contexto, pesquisas diversas confirmam as potencialidades que a utilização da EaD, em áreas específicas, cuja população é formada por pessoas que se encontram sob situação em que a exclusão e a falta de oportunidades é a regra imperativa.

Sobre esse tema específico, e, tendo como base aqueles que estão privados de liberdade, o presente capítulo analisa as potencialidades da EaD dentro do sistema penitenciário brasileiro como parte da política penitenciária. Nosso objetivo é aprofundar a discussão sobre o espaço que há para atividades educacionais e como a utilização da EaD pode contribuir para a melhoria do cenário atual pelas características mais promissoras quando comparadas ao modelo educativo formal.

Os dados governamentais, do final de 2014, demonstram que o Brasil tinha naquela época uma população carcerária superior à 622 mil pessoas, com um déficit de 250 mil vagas. As mesmas fontes evidenciam que o sistema penitenciário possui um público com baixa escolaridade, em que apenas 9,5 por cento dos encarcerados concluíram o ensino médio (BRASIL, 2015, p. 18).

Mesmo com um público no qual predomina a baixa escolaridade, e para o qual a educação pode representar a possibilidade de evitar o contato e a reincidência criminal, os dados do Departamento Penitenciário Nacional – DEPEN sugerem que apenas 13,5% dos encarcerados estão incluídos em atividades educacionais, demonstrando que, embora haja necessidade de educar, não parece que seja tão simples assim implantar essa questão no contexto prisional (BRASIL, 2015, p. 58).

Essa limitação agrava um problema comum do ambiente penitenciário que, diante da falta de oportunidades, resulta tão somente na ociosidade e na falta de perspectivas para aqueles que estão privados de liberdade, anulando o ideal preventivo da pena, consagrado no ordenamento penal brasileiro (BRASIL, 1984).

Embora a legislação de execução penal brasileira tenha sido aprimorada em 2011, com a possibilidade de utilizar a EaD (BRASIL, 1984, art. 126, parágrafo 2º), alternativamente ao modelo formal de educação, inclusive prevendo o benefício da remição de pena e a possibilidade de modelos alternativos de ensino, os dados oficiais sugerem que prevalece nos estabelecimentos penais brasileiros a exclusão e a falta de oportunidades com a educação, legitimada como parte do tratamento penal na legislação vigente.

Sobre esse viés, discutimos a falta de inclusão por meio da educação no ambiente prisional, e como o modelo atual pode ser aprimorado com a gestão de EaD, criando formatos próprios que permitam a inclusão de pessoas privadas de liberdade em atividades educacionais e assim resultando em melhores possibilidades para aqueles que estão privados de liberdade.

Para tanto, resgatamos versões literárias sobre o ambiente prisional e suas peculiaridades, bem como destacamos a evolução legislativa que aposta na educação como intervenção positiva de tratamento penal. Em seguida, analisamos os dados mais recentes do DEPEN, apresentando o percentual de inclusão de pessoas privadas de liberdade com a atividade formal de educação em cada Estado e no Distrito Federal.

Focamos os resultados de pesquisas realizadas sobre esse tema, as quais sugerem que, aquele que está privado de liberdade, em regra tem interesse pela educação e normalmente apresenta comportamento carcerário melhor quando está inserido nessa atividade, porém, diante da escassez de vagas, é induzido ao ócio e seus efeitos, anulando a pretensa ideia de reintegração social, exaustivamente apresentada socialmente com o tema tratamento penal.

A educação e formação do sistema penitenciário brasileiro

A utilização da educação como meio utilitário da pena no Brasil não é tema novo. As primeiras codificações penais após a Independência da Coroa Portuguesa já sinalizavam com a necessidade de atuar naquele que cumpria pena por meio da educação (BRASIL, 1882).

O Brasil, independente da coroa portuguesa, apresentava um público privado de liberdade formado por pessoas negras, de baixo poder aquisitivo e com baixo nível de escolaridade, compatível com o cenário escravocrata existente no Brasil e o discurso de recuperação de presos, importado dos países europeus, sinalizavam para a importância dessa atividade.

Até a Proclamação da República imperou no Brasil o regimento das Casas de Correção as quais começavam a delinear o modelo do sistema penitenciário brasileiro, definido como um sistema caótico, em que não havia qualquer possibilidade de se pensar que aquele local pudesse abrigar pessoas, pela precariedade e falta de condições mínimas de higiene, bem-estar e humanidade (PERDIGÃO MALHEIROS, 1866, p. 23).

Com a Proclamação da República o cenário fértil de novas codificações sugere o início das construções do sistema penitenciário propriamente dito, ainda no modelo das Casas de Correção, em especial aquela existente no Rio de Janeiro (BRASIL, 1900, art. 2º). Cabe destacar que os modelos recém discutidos na América e na Europa, calcados em Alburn, Filadélfia, e no "*panoptismo benthiano*" já haviam cruzado o continente europeu e americano, e os entusiastas viam, naqueles modelos, os ideais de discussão para o melhor modelo brasileiro e que influenciou diretamente na definição da arquitetura prisional da época[67].

Essa sintonia de pensamentos se mostra pertinente como o processo de reforma penal ocorrido no final do século XVIII na Europa e que sinaliza com a nova visão sobre a finalidade da pena, sedimentando nos pilares dos sistemas penitenciários, a educação e o trabalho como forma de cumprir o ideal ressocializador, que pretende, com a aplicação da pena, atuar de forma eficaz no criminoso, preparando-o para o retorno ao convívio social.

Nesse sentido, as teorias da pena, formatadas no conceito preventivo especial positivo, introduzido por Fran Von Liszt na Alemanha se disseminaram e influenciaram os discursos normativos das políticas penitenciárias no que diz respeito aos ideais do tratamento penal até os dias atuais (VON LISZT, 1995).

Com poucas evoluções práticas, o discurso ressocializador,

[67] *Alburn, Philadhélphia e panoptismo* são modelos de confinamento que associavam confinamento, observação e trabalho como meio de controle e tentativa de recuperação de criminosos. Embora não se utilize no modelo atual essas nomenclaturas, culturalmente a privação da liberdade continua calcada nesses mesmos fundamentos.

focado na utilidade da pena, também encontrou espaço na pauta política brasileira desde o início do Brasil Republicano. Embora a falência do modelo atual questione a possibilidade de ressocializar aquele que está privado de liberdade, a ideologia "*re*", definida por diversos autores ainda predomina na legislação brasileira, mesmo diante de inúmeras pesquisas que retratam o abandono desse ideal no início do século XXI dado ao fracasso de sua concretização[68].

É nesse cenário legislativo, e que perdurou até a década de 1980 do século XX, que o Brasil tentou, de forma frustrada, implementar uma legislação específica que pudesse amenizar as precariedades do sistema prisional.

Esse viés histórico demonstra a dificuldade de inclusão do sistema prisional na pauta política e, quando olhamos para os dias atuais, não nos surpreende pela perenidade de falta de solução, sem muita evolução concreta sobre os problemas que hoje esse sistema apresenta, demonstrando que, embora os discursos pretendam demonstrar preocupação estatal com o sistema prisional, essa questão é mera "*falácia idealista*" (BARATTA, 1991, p. 253) do Estado para tentar demonstrar interesse com o caótico sistema prisional na atualidade.

Desde a Independência da Coroa portuguesa foram 5 tentativas de implementar legislação própria para a execução penal até a aprovação da Lei n. 7.210 em 1984, intitulada Lei de Execução Penal ou LEP e que regula o processo de execução da pena no Brasil até os dias atuais.

Do ponto de vista jurídico, a LEP sempre foi considerada uma

---

[68] Esse é o propósito da pena na legislação brasileira. Porém diversos autores destacam a ineficiência dessa possibilidade. Nesse sentido: ROXIN, Claus. *Derecho penal parte general*: fundamentos la estrutura de la teoria del delito. 2. ed. Trad. Diego Manuel Luzón Penã. Barcelona: Civitas, 2001, p. 89; MUNOZ CONDE, Francisco. *Introducción al derecho penal*. Buenos Aires: Julio Cesar Faira, 2001, p. 71; BITENCOURT, Cezar Roberto. *Falência da pena de prisão:* causas e alternativas. São Paulo: Saraiva, 2012, p. 135; MIR PUIG, Santiago. *Introducción a las bases del derecho penal*. 2. ed. Buenos Aires: Julio Cesar Faira, 2002, p. 56; ZAFFARONI, Eugenio Raul. et al. *Direito penal brasileiro - I*. Rio de Janeiro: REVAN, 2011, p. 116.

lei avançada, com preceitos, direitos e garantias para aquele que está privado de liberdade visando atingir a dupla finalidade da pena no Brasil, qual seja, inibir a conduta delitiva e ao mesmo tempo prevenir, preparando o encarcerado para o retorno ao convívio social.

Até o ano de 2011, o artigo 126 da LEP previa a remição de pena, tão somente pelo trabalho, estabelecendo que a cada 3 dias trabalhados o preso teria 1 dia de pena diminuído.

Embora a educação fosse prevista na LEP, a autonomia dos Estados brasileiros para implementar políticas públicas específicas na área de execução penal representava uma diversidade de modelos para atender a demanda educacional dentro do cárcere.

Assim, nota-se que, nos Estados onde o tema educação prisional encontra maior espaço de discussão governamental, os projetos voltados para a área educacional apresentam alguns avanços, com a implementação de programas específicos tais como a utilização de telecursos e remição pela leitura, os quais permitem ao encarcerado, a redução de pena, normalmente regulamentada por legislações estaduais ou portarias do Poder Judiciário, impulsionando esse tipo de atividade como forma de amenizar os efeitos da *prisonização*[69] e ao mesmo tempo alcançar o pretenso ideal ressocializador.

A morosidade legislativa perdurou até o ano de 2011, quando foi aprovada a Lei nº 12.433 que alterou o artigo 126 da LEP uniformizando a forma e os critérios de remição pelo estudo no sistema penitenciário brasileiro.

As principais inovações trazidas por aquela Lei foram: **(i)** a uniformização de diminuir 1 dia da pena após 12 horas em sala de aula; **(ii)** a possibilidade de remir a pena de forma concomitante

[69] Com os estudos do cotidiano penitenciário, contata-se que a penitenciária não é estruturada para recuperar quem cumpre pena, antes está preparada para adequar aquele que chega às suas regras e simbologias, cujo efeito foi definido por Donald Clemmer como prisonização. Esse conceito seria também abordado por Erving Goffman, anos mais tarde, ao tratar dos efeitos vivenciados nas instituições totais, dentre as quais a penitenciária. (CLEMMER apud ANITUA, 2008, p. 511).

pelo trabalho e pelo estudo, desde que haja compatibilidade de horários; **(iii)** a previsão de métodos de educação a distância no ambiente prisional como forma de política de educação; **(iv)** a bonificação de até 1/3 da remição quando o preso concluir um segmento de ensino completo durante o cumprimento da pena.

Nota-se que o legislador, pelo menos na previsão legislativa preocupado com o perfil prisional brasileiro, permitiu que outras formas de atividades fossem utilizadas como meio de remição da pena. Num sistema penitenciário em que impera a ociosidade e a falta de opção, a inclusão por meio da educação pode resultar em um ambiente menos inóspito e diminuir os reflexos da prisonização.

Por fim a recém editada Lei 13.163, de setembro de 2015, corrige uma distorção enorme prevendo o ensino médio no sistema penitenciário, fundamentando a previsão na universalização prevista na Constituição Federal (BRASIL, 2015).

Contudo, não basta a legislação prever determinada ação ou direito para que o reflexo normativo seja efetivado no cotidiano do sistema prisional. Ao contrário, a cultura prisional, focada na domesticação do preso por meio do processo disciplinador e repressor (FOUCAULT, 2007) são obstáculos contínuos e que por vezes impedem o avanço de qualquer atividade positiva, vez que, a cultura predominante é um dificultador para a implementação de políticas penitenciárias, predominando no cárcere, um sistema que produz, por meio de antonomásia, uma adaptação desintegração (ANITUA, 2007, p. 512).

A estruturação do sistema penitenciário brasileiro

As penas no Brasil são definidas por regimes, os quais são classificados em fechado, semiaberto e aberto. Essa definição, prevista no Código Penal brasileiro, tem como parâmetro o tipo de crime praticado e o tempo de condenação imposto na sentença condenatória. Antes da condenação, a prisão cautelar é amplamente utilizada e significa mais de 40 por cento das pessoas privadas de liberdade no Brasil (BRASIL, 2015a, p. 7).

Esses critérios também influenciam o tempo de permanência do preso em cada regime de pena e até mesmo o tipo de instituição penal na qual a pessoa privada de liberdade será recolhida. Isso porque o Brasil adota o regime progressivo de cumprimento de pena, no qual o preso, após obter critérios objetivos (tempo de pena cumprido) e subjetivos (comportamento prisional), obtém por seus méritos a progressão de regime (BRASIL, 1984, art. 112).

Para cada regime de pena, a legislação prevê um tipo de instituição penal. Assim, as penitenciárias são destinadas para o regime fechado, enquanto as colônias penais agrícolas se destinam ao preso do regime semiaberto e as casas de albergado para os presos no regime aberto (BRASIL, 1984, art. 87-102).

Segundo o DEPEN, a população carcerária brasileira aumentou em níveis estáveis nos últimos anos, com média de 6,5 por cento desde o ano de 2005. Os dados oficiais referentes a dezembro de 2014, informam que o Brasil continha mais de 622 mil pessoas privadas de liberdade.

Embora o crescimento anual messe período demonstre pouca variação percentual, a abertura de vagas no sistema prisional brasileiro não acompanha o déficit existente, tornando o encarceramento uma medida muito mais danosa de ser administrada. Segundo o DEPEN, o Brasil possuía, em 2014, 371.884 vagas, o que representa uma deficiência de mais de 250 mil vagas no sistema prisional.

O Brasil possui a quarta maior população prisional do mundo, caminhando para alcançar a terceira posição (BRASIL, 2015a, p. 14). Nesse descompasso entre encarceramento e falta de vagas, os Estados brasileiros tentam como podem administrar o caos, que por vezes se revela com rebeliões, mortes e afronta generalizada do crime organizado contra o próprio Estado que puniu, despertando a necessidade de rever os critérios que norteiam o encarceramento no Brasil.

Mesmo com tantos estudos demonstrando que o encarceramento deveria ser a última opção para o senso de justiça, defendendo que medidas cautelares como a multa ou o monitoramento eletrônico seriam meios alternativos para evitar o aumento exponencial do encarceramento, cujas consequências naquele que passa pelo sistema, são interferências de grande relevância e estigmatização (GOFFMAN, 1988, p. 146), o Brasil ainda não conseguiu equacionar essa questão.

Uma dessas tentativas, de evitar o encarceramento desnecessário, foi a implantação das audiências de custódia no Brasil, em fevereiro de 2015, e se mostra como importante tentativa de evitar o contato com o sistema prisional, apostando na adoção de medidas cautelares à privação de liberdade. Por essa nova política, o preso deve ser apresentado a um juiz em até 24 horas após a sua prisão para que a autoridade judicial decida sobre o encarceramento ou medidas alternativas a prisão, de acordo com critérios específicos para cada caso (BRASIL, 2015b).

Para Salo de Carvalho o endurecimento legislativo brasileiro ganhou corpo com a chamada Lei de crimes hediondos aprovada na década de 90 e a Lei antidrogas que estimularam significativamente esse aumento da população prisional, haja vista que, a cultura brasileira, aposta na maior sensação de segurança com o encarceramento maciço e isso reflete na dilatação do *input* e no estreitamento do *output* do sistema penitenciário, provocando aumento vertiginoso nos índices de encarceramento (CARVALHO, 2010, p. 146-171).

O imaginário social que aposta na prisão como melhoria da sensação de segurança já foi enfrentado nos meios acadêmicos e demonstra que essa percepção é precária e não resolve o caótico problema de falta de vagas e ações positivas durante o cumprimento de pena resultando no fracasso do ideal ressocializador tão defendido na legislação atual.

Fatores como a reincidência criminal e o mau comportamento prisional também influenciam no tempo de permanência do preso no sistema prisional e o mau comportamento pode ser associado a falta de oportunidades durante a privação de liberdade. Se o Estado não consegue prover alternativas, o ócio faz o seu papel e transforma a mentalidade, induz a indisciplina e a prática de atos contra o próprio sistema punitivo. Esse círculo vicioso é conhecido e ainda não foi enfrentado a contento pelo sistema de justiça brasileiro.

Se o Estado não provê as mínimas condições de dignidade, a resistência e a rebeldia contra o sistema que o confinou se tornam mais evidentes e desencadeiam inúmeros processos de afronta contra os agentes e a própria autoridade estatal, resultando em motins, rebeliões, crises e mortes. Nesse viés, Batista define bem a visão predominante no modelo atual: "Confusamente, nos espíritos, a prisão é concebida com apenas uma porta, a de entrada, o que dispensa a reflexão sobre o estado no qual os presos são libertados" (BATISTA, 1990, p. 132).

O que se vê no sistema penitenciário brasileiro é o paradoxo entre o discurso legislativo e o cotidiano dos sistemas estaduais, em que a presença do crime organizado, da escassez de recursos, da corrupção de servidores e da falta de investimentos são predominantes e demonstram a precariedade de ações voltadas para atingir o ideal previsto na LEP.

Baratta defende que há espaço para ações que tornem o ambiente prisional, não um sistema bom, mas um sistema menos danoso, capaz de atingir o preso com ações positivas. E o crítico italiano vai além, destacando que o sistema não consegue evoluir, porque ainda está estruturado para o "*pagamento da pena*" e não para uma intervenção positiva durante a pena. Por fim, conclui que, essa cultura do sistema prisional somente será modificada, quando o Estado olhar para o preso como um sujeito de direitos e não somente pelo crime que praticou (BARATTA, 1991, p. 254).

Nesse cenário, próprio de uma instituição total (GOFFMAN, 1999, p. 51), com tantas limitações culturais, a EaD pode significar melhora do ambiente existente e permitir, pela flexibilidade e autonomia de aprendizado, evolução para aqueles que estão privados de liberdade. Fatores como a melhoria da intelectualidade, do nível cultural e como efeito reflexo, a diminuição da pena por meio da remição são aspectos de extrema importância por representar menos tempo de encarceramento.

Educação a distância: um universo possível também para o sistema penitenciário

A EaD (educação a distância) é a modalidade de ensino apontada como alternativa para a universalização do acesso à educação superior no Brasil. Esse cenário promissor decorre de fatores como o alto alcance geográfico e o baixo custo de investimento dessa modalidade de ensino.

Pelas suas particularidades, a EaD é, atualmente, a aposta para a expansão e universalização da educação superior, dado seu alcance geográfico e as inúmeras possibilidades de interações que promove com a utilização da internet e de mídias educativas constituindo uma alternativa pedagógica de grande alcance para alcançar os objetivos das práticas educativas implementadas, sendo possível afirmar que, nas próximas décadas, a EaD reunirá mais alunos do que a Educação presencial (NETTO; GUIDOTTI; SANTOS, 2012).

Essa modalidade de ensino provoca a criação de uma nova

demanda desenvolvimentista na área de planejamento, implementação e gestão da EaD, lançando o Brasil em um patamar mais avançado do ponto de vista educacional e pedagógico, pois introduz novas práticas educacionais que potencializam o acesso ao conhecimento e a formação democrática do saber.

Permite, ainda, que a educação seja efetivada como direito previsto constitucionalmente, com acesso irrestrito do ponto de vista geográfico e universal do ponto de vista pedagógico, facilitando o conhecimento e disseminando novas técnicas de ensino, bem como desenvolvendo novas doutrinas em relação à gestão da EaD, adequadas às suas peculiaridades, pontos de equilíbrio e estagnação.

Logo, os avanços e a disseminação das tecnologias de informação e comunicação, somadas a essa nova concepção de ensino, têm reduzido distâncias geográficas, sociais, culturais e criado condições para o maior alcance da educação em um país de dimensões continentais como o Brasil.

Os dados do Censo Escolar de EaD no ano de 2010 mostrou que 47% dos alunos matriculados nessa modalidade de ensino nasceram e cresceram em um modelo de Educação baseado na unidirecionalidade, na qual o professor ensinava e o aluno apenas aprendia, ou seja, sendo mais passivo em seu processo de aprendizagem (NETTO; GUIDOTTI; SANTOS, 2012).

Assim, a evolução ocasionada pela democratização de ensino, por meio da educação a distância exige daqueles que planejam e executam tais atividades, um envolvimento complexo e dinâmico, voltado para gestão efetiva das atividades a serem desenvolvidas e focadas nos resultados a serem obtidos.

Um desafio dessa universalização é alcançar as instituições cujo público é composto por pessoas que se encontram em situação distinta daquela normalmente verificada na vida social.

Goffman estudou algumas dessas instituições, as quais, por

suas peculiaridades, foram por ele definidas como "instituições totais". Dentre as instituições totais, destacam-se os manicômios, prisões, conventos e quartéis, nas quais Goffman identifica peculiaridades e limitações na forma que essas instituições estão formatadas, normalmente com o exercício de poder, desafiando e inibindo a discussão, o debate e a interação, haja vista que tais locais, pelas atividades que exercem, normalmente sintetizam a exclusão do convívio social em detrimento de outra função, qual seja, a pena, a recuperação, a clausura dentre outros (GOFFMAN, 1999, p. 19).

Nas instituições totais há cultura própria, a qual prevalece em detrimento das pessoalidades, e, portanto, um cenário totalmente diferente, com regras e simbologia distintas, cujo terreno para implementação de ideias e alternativas nem sempre se mostra atrativo, vez que, a cultura local, focada na segurança e na disciplina tendem a anular qualquer outra tarefa a ser executada, desafiando a introdução de novas metodologias, inclusive de educação.

Embora a Lei de execução Penal aposte na educação como meio para recuperação daquele que está privado de liberdade, os dados oficiais demonstram que uma parcela mínima está inserida nessa atividade durante o confinamento, tornando a possibilidade de mudança de valores um alvo mais distante.

O interesse dos presos pela educação e os bons resultados que essa atividade pode trazer ao ambiente penitenciário é indiscutível (RIBEIRO, 2012), até mesmo como forma de resistir aos efeitos de um ambiente no qual o índice de stress e tensão é constantemente um desafio a ser enfrentado (MIOTTO, 1980, p. 292).

É nesse espaço que a EaD aparece como alternativa, vez que a formatação e a informalidade de forma de aprendizado contribuem para uma flexibilidade que, se bem gerida, pode se transformar em oportunidade (JULIÃO, 2009).

Se há espaço para esse diálogo, entre a EaD e a instituição total, indaga-se sobre os possíveis entraves a serem vencidos no ramo da gestão, bem como as possibilidades e adaptações necessárias para a EaD nesse tipo de instituição, por vezes antagônicas ao processo natural de diálogo, desenvolvimento e interação entre os que cumprem pena e os gestores que administram tais instituições.

Isso porque o sistema penitenciário cujas bases remetem a inúmeros mecanismos de controle, os quais por vezes ocorrem para legitimar a instituição e "calar" a menor reclamação do custodiado.

Esse modelo não deixa espaço e tampouco pretende possibilitar ações que afrontem esse "poder" falido, que representa, tão somente, o neorretribucionismo da pena, com a visão do "*quanto pior, melhor*", anulando possibilidades mínimas de inclusão e com essa postura devolvendo, para a sociedade que exclui, uma pessoa muito pior que aquela retirada do convívio social.

Os dados sobre a populacional prisional brasileira apontam que, no ano de 2014, dos 622 mil presos que cumpriam pena, 75 por cento possuía o ensino fundamental completo, ou seja, até 8 anos de escolaridade. Outros 25 por cento possuíam entre o ensino médio, completo ou incompleto até o nível superior. Constata-se uma população prisional com baixo nível educacional e, portanto, sujeito à exclusão do mercado de trabalho e consequentemente de oportunidades saudáveis no convívio social que permitam o afastamento da criminalidade (BRASIL, 2015a, p. 46).

Em relação ao número de presos incluídos em atividades educacionais formais, os dados do DEPEN sugerem que, embora tenha havido aumento de quantitativo, esse foi insuficiente quando comparado ao aumento da população prisional brasileira em cada ano.

Segundo o DEPEN apenas 11 por cento da população prisional brasileira está inserida em atividades educacionais. Desse percentual, mais da metade matriculada no ensino fundamental. Nota-se nos dados do DEPEN que 8 Estados brasileiros atendem menos de 10 por cento de sua população prisional com atividades educacionais e o Estado com maior inclusão, chega a 38 por cento dos presos nessas atividades (BRASIL, 2015a, p. 47).

Contudo, os dados do DEPEN nem sempre se mostram confiáveis. O Brasil ainda tem dificuldades de consolidar dados consistentes em relação ao sistema penitenciário. Essa falta de controle é problema comum na execução penal brasileira e que deve melhorar com a implantação de sistemas eficientes de coleta de informações que permitam aos Gestores o conhecimento da realidade enfrentada como ferramenta de decisão para as políticas públicas a serem implementadas.

Todavia, mesmo com a falta de confiabilidade e dados, aqueles que são disponibilizados demonstram a precariedade com que o sistema penitenciário é conduzido no contexto governamental. Embora não haja dúvidas da importância da educação ara qualquer ser humano, Garland destaca que a simbologia punitiva está diretamente relacionada ao ambiente prisional. Nesse sentido, se o ambiente de cumprimento de pena for considerado humanizado, é possível que o preso consiga receber alguma lição positiva de civilidade, porém não é esse o ambiente que predomina quando se olha para o sistema penitenciário (GARLAND, 1999).

Os números apresentados demonstram que a humanização e a educação estão muito aquém de um resultado que possa agir positivamente durante a privação de liberdade. A falta de inclusão com essa atividade legitima a ociosidade e coloca distante o pretenso discurso que pretende, com a prisão, atingir de forma positiva o preso, preparando-o para o convívio social.

Nos dados oficiais, o Amapá apresenta o maior índice de inclusão de presos com a educação formal, superior à 30 por cento enquanto o Goiás e Piauí possuem os menores índices de inclusão, de apenas 4 por cento de sua população prisional.

Um dado relevante é o índice do Estado de São Paulo, vez que aquele Estado representa mais de 36 por cento da população prisional brasileira. Em São Paulo, apenas 7 por cento dos presos estão incluídos na educação formal.

Os dados analisados sugerem que, embora a população prisional tenha baixa formação educacional, a implementação de políticas educacionais é precária e pouco inclusiva. Pesquisas realizadas em diferentes Estados sugerem que os presos têm interesse pelo estudo. Ribeiro desenvolveu pesquisa empírica sobre o interesse da leitura em duas unidades do Distrito Federal. Os resultados da pesquisadora apontam que 60 por cento dos presos leem para obter conhecimento. Entre os presos envolvidos nessa atividade verificou-se uma relação interpessoal melhor com os agentes e com outros presos e um menor envolvimento dos presos em faltas disciplinares (RIBEIRO, 2012, p. 98).

Também por meio de pesquisa empírica, realizada em unidades prisionais de São Paulo, Minas Gerais e Distrito Federal, Carvalho destaca que a EaD apresenta vantagens no ambiente penitenciário dentre os quais destaca a flexibilidade, de horários e locais, permitindo o acesso das pessoas ao conhecimento, mesmo quando estão afastadas da convivência ou de grandes centros, é promissora com a EaD. Daí a empatia desse método com o sistema prisional, para permitir o conhecimento e melhorar a perspectiva daquele que cumpre pena (CARVALHO, 2002).

O contexto de limitação de atividades educacionais no sistema penitenciário tem alguns pressupostos, como a falta de agentes para escolta dos presos e até mesmo a cultura prisional, focada na segurança e disciplina e que inviabiliza possíveis expansões de atividades durante a privação de liberdade.

Essa realidade cultural e de escassez de recursos não é nova no Brasil. Antes, o problema de superlotação nas unidades prisionais inibe qualquer possibilidade de tratamento penal, sendo responsável, ainda, por uma série de problemas que resultam em motins e rebeliões como forma de protesto pelas duras condições de encarceramento.

É nesse cenário de limitações, que a educação a distância encontra um solo fértil. As características de seu desenvolvimento, focadas na flexibilidade e na maior possibilidade de inclusão pode resultar na expansão do modelo atual e significar a inserção de um quantitativo maior de presos em atividades educacionais.

Resta evidente que o próprio sistema prisional gera mecanismos para impedir atividades escolares, demonstrando o quanto a cultura prisional, focada na segurança e disciplina, é reticente com a melhoria dessa possibilidade (GRACILIANO; SCHILLING, 2008, p. 111-132).

Essa disputa de interesses, na qual a imposição de segurança prevalece como forma de controle, é amplamente descrita por Foucault e o filósofo francês explica que esse poder é um dos pilares que justifica a existência da instituição penitenciária (FOUCAULT, 2007, p. 201).

Daí a razão pela qual a implementação de atividades que possam significar diminuição de poder de controle institucional seja cerceada como regra, afinal, a educação é uma das formas que permite a expansão de conhecimento e, consequentemente, de um teor crítico maior, o que certamente pode significar afronta aos valores arraigados ao poderio penitenciário.

O desafio, então, é fazer com que o modelo atual seja testado, e isso somente ocorrerá com a implementação de alternativas. Se o deslocamento dos presos das celas para as salas de aula prescinde de um quantitativo mínimo de agentes, nem sempre disponível, a EaD, desenvolvida com o auto aprendizado, dentro do próprio local de confinamento pode romper com as barreiras culturais e gerar o conhecimento.

No mesmo sentido, o planejamento de cursos profissionalizantes, focados na leitura e sem grandes aparatos formais é atividade que há longa data oportunizou mudanças nos diversos rincões do Brasil nas décadas passadas, em que cartas e apostilas levaram conhecimento para regiões onde o desenvolvimento se mostrava precário.

Esse cenário, vivenciado no Brasil, é plenamente adaptável ao modelo penitenciário e capaz de resultar em ganhos significativos para aqueles que estão privados de liberdade, inclusive com as modernas tecnologias de ensino existentes e empregadas também na EaD.

Ademais, os valores intrínsecos de evolução pessoal, como a auto estima, o exemplo para aqueles que esperam mudança dos encarcerados e o próprio desenvolvimento pessoal, são vertentes que podem ser alcançadas com a utilização da EaD no ambiente penitenciário.

Contudo, o que se vê no Brasil, é o cenário sabiamente descrito por Baratta em que predomina uma "*falácia idealista*", capaz de justificar e não legitimar o derradeiro século XVIII, quando a pena se justificava com o passado do criminoso, sem qualquer perspectiva com o seu futuro, típica das teorias retributivas da pena (BARATTA, 1991, p. 251).

A legislação nacional legitimou o tratamento penal, focado em atividades que estimulem a reflexão, a mudança de caráter e principalmente resultem em possibilidade de afastamento do crime. Contudo, os indicativos analisados demonstram que a cultura punitiva prevalece ao interesse de recuperação e o discurso ressocializador se mostra vazio, distante.

Nesse sentido, melhorias como a educação, com foco na EaD, melhores ambientes e possibilidade de uma privação de liberdade mais humanizada e inclusiva, passam longe de ser benefícios ou flexibilização de pena, antes, podem conviver plenamente com os princípios de disciplina e autoridade, próprias da instituição penitenciária, mas de maneira a estimular a forma de pensar daquele que está prestes a voltar ao convívio social.

Os resultados experimentados pela EaD nos mais diversos segmentos sociais se mostram promissores também no ambiente penitenciário, derrubando preconceitos e obstáculos de falta de meios e estrutura, possibilitando ao preso, ainda que vagamente, a acessibilidade ao processo de reflexão e recuperação de seu caráter e assim mantê-lo afastado da criminalidade.

Conclusão

O sistema penitenciário brasileiro legitimou a educação como uma das formas de interação durante o cumprimento da pena para tentar minimizar os efeitos do encarceramento.

Os dados oficiais, divulgados pelo DEPEN, demonstram que, nesse cenário, no qual impera a escassez e a opressão, o número de presos incluídos em atividades educacionais é bastante precário, embora os mesmos índices governamentais retratem uma população prisional que possui baixo nível de escolaridade, possibilitando assim a expansão do modelo atual com a utilização de meios alternativos, dentre os quais a EaD.

Se de um lado a legislação evoluiu no sentido de legitimar a educação como alternativa de diminuição de pena durante o encarceramento, de outro resta claro que não basta a legitimação para que o quadro atual se modifique. Nesse sentido, os dados demonstram que a maioria dos Estados brasileiros não consegue inserir mais que um quinto de sua população prisional em atividades educacionais.

Nota-se em tais dados a omissão estatal, a falta de gestão e de importância do tema dentro do contexto do tratamento penal, legitimado na Lei de Execução Penal e utópica na rotina da maioria das unidades prisionais brasileiras.

Predomina no sistema penitenciário a cultura que exaspera a segurança e a disciplina, anulando outras atividades nas quais haja necessidade de locomoção, escolta e controle daqueles que estão encarcerados. Sempre que houver embate entre a educação e o discurso da "segurança", certamente esse prevalecerá em detrimento daquelas atividades.

O resultado desse embate é o encarceramento nas celas, sempre lotadas, anulando qualquer possibilidade de um repensar crítico por parte daquele que está privado de liberdade.

As pesquisas são taxativas quanto à disposição do preso para estudar, aprender e assim, dentro do confinamento, gerar algum meio de defesa contra a criminalidade. Contudo, o viés imperativo do cárcere ainda se desenha pela neutralização, pela inocuização, como bem defendida por Von Liszt nos idos do século XVIII. O resultado dessa cultura é a anulação da tese preventiva especial positiva, para a qual, o investimento pelo tratamento penal é a alternativa para diminuir os fatores próprios da prisão e a possibilidade de reincidência criminal.

Por fim, destacamos que a Educação a Distância encontra amplas possibilidades no ambiente prisional, haja vista que essa modalidade de ensino rompe com os paradigmas culturais e permite que, mesmo confinado, o preso consiga estudar, aprender e se aventurar por um cenário evolutivo que possa resgatar naquele cidadão, ainda que preso, valores de convívio social, auto estima e altruísmo capazes de modificar a sua realidade pessoal.

Os exemplos isolados podem ratificar a crença que o Estado do Amapá demonstra. Embora não possamos afirmar que os dados sejam os desejáveis, quando comparados ao restante do Brasil, enaltecem a atividade de Gestão, que privilegiou a educação como tratamento penal naquele Estado.

Contudo, se refletirmos que, no Brasil, não há penas de caráter perpétuo, certamente a percepção de que o investimento positivo durante a privação de liberdade é viável e indispensável podem ganhar espaço no âmbito social e assim representar um sistema penitenciário mais justo, não menos punitivo, mas coerente com a proposta legitimada na Constituição e na legislação vigente, que pretende com a educação do preso, a possibilidade de intervir positivamente gerando resistências que o mantenha afastado da conduta criminosa.

Referências

ANCEL, Marc. *A nova defesa social:* um movimento de política criminal humanista. Trad. Osvaldo Melo. Rio de Janeiro: Forense, 1979.

ANITUA, Gabriel Ignácio. *História dos pensamentos criminológicos.* Trad. Sérgio Lamarão. Rio de Janeiro: REVAN, 2007.

BARATTA, Alessandro . Resocializacion o control social: Por um concepto crítico de "reintegracion social" del condenado. In: ARAÚJO JUNIOR, João Marcelo de (Org.). *Sistema Penal para o terceiro milênio:* Atos do colóquio Marc Ancel. 2.ed. Rio de Janeiro: REVAN, 1991.

BASTOS, A. T.; VIDAL, E. M.; FREITAS, A. A. F.; NUNES, J. B. C. Polos de apoio presencial: requisitos e desafios da educação a distância. CONGRESSO BRASILEIRO DE ENSINO SUPERIOR A DISTÂNCIA, 10, jun. 2013. *Anais...*

BATISTA, Nilo. *Punidos e mal pagos*: violência, justiça, segurança pública e direitos humanos no Brasil de hoje. Rio de Janeiro: REVAN, 1990.

BITENCOURT, Cezar Roberto. *Falência da pena de prisão:* causas e alternativas. São Paulo: Saraiva, 2012.

BITENCOURT, R. L. de. A educação a distância como estratégia de produção de novas identidades. *Prometeus Filosofia em Revista*, ano 2 - n. 3, jan./jun. 2009, p.126-137.

BRASIL. Ministério da Justiça, DEPEN, Departamento Penitenciário Nacional. *Levantamento Nacional de Informações Penitenciárias.* Brasília. 2015.

______. *Decreto n. 5.622, de 19 de dezembro de 2005*, Regulamenta o art. 80 da Lei n. 9.394, de 20 de dezembro de 1996, que estabelece as diretrizes e bases da educação nacional.

______. *Decreto n. 8.386, de 14 de janeiro de 1882*. Dá novo Regulamento para a Casa de Correcção da Côrte.

______. *Decreto n. 3.647, de 23 de abril de 1900*. Dá novo regulamento à Casa de Correcção da Capital Federal.

______. *Lei n. 7210, de 11 de julho de 1984*. Institui a Lei de Execução Penal.

______. *Lei n. 13.163, de 9 de setembro de 2015a*. Modifica a Lei n. 7.210, de 11 de julho de 1984 – Lei de Execução Penal, para instituir o ensino médio nas penitenciárias.

______. Conselho Nacional de Justiça. *Resolução n. 213, de 15 de dezembro de 2015b*. Dispõe sobre a apresentação de toda pessoa presa à autoridade judicial no prazo de 24 horas.

______. *Legislação de educação a distância*. Brasília, DF: 2003. Disponível em: <http://portal.mec.gov.br/index.php?option=com_content&id=12778%3Alegislacao-de-educacao-a-distancia&Itemid=865> Acesso em: 03 maio 2016.

______. Ministério da Educação. SEED. *Referenciais de qualidade para cursos de graduação a distância*. Brasília, DF: 2003. Disponível em: <http://portal.mec.gov.br/seed/arquivos/pdf/ReferenciaisdeEAD.pdf>. Acesso em: 03 maio 2016.

BRITO, N.; MILL, D.; SILVA, A. R. *Gestão da educação a distância (EaD):* noções sobre planejamento, organização, direção e controle da EaD. UFSCar, 2007.

CARVALHO, A. C. C. A. *Educação a Distância como auxílio na reintegração do indivíduo preso.* Dissertação (Mestrado em Engenharia de Produção) – UFSC. 2002.

FOUCAULT, Michel. *Vigiar e punir*: a história da violência nas prisões. 34. ed. Rio de Janeiro: Vozes, 2007.

GARLAND, David. *Castigo y sociedad moderna:* un estudio de teoria social. Madri: SIGLO XXI, 1999.

GAUER, Ruth Maria Chittó (Org.). *Criminologia e sistemas jurídicos penais contemporâneos II*. Porto Alegre: PUCRS, 2010.

GOFFMAN, Erving. *Estigma*: nota sobre a manipulação da identidade deteriorada. Rio de Janeiro: Guanabara, 1988.

______. *Manicômios, prisões e conventos.* São Paulo: Perspectiva, 1999.

GRACIANO, M.; SCHILLING, F. A educação na prisão: hesitações, limites e possibilidades. *Estudos de Sociologia*, Araraquara, v.13, n.25, 2008, p.111-132.

JORGE, B. G. et al. *Evasão na educação a distância:* um estudo sobre a evasão em uma instituição de ensino superior. Maringá, Paraná, 2010. Disponível em: <www.abed.org.br/congresso2010/cd/252010220450.pdf >. Acesso em: 16 abr. 2014.

JULIÃO, Elionaldo Fernandes. *A ressocialização através do estudo e do trabalho no sistema penitenciário brasileiro.* Dissertação de Mestrado em Direito. Universidade Estaddual do Rio de Janeiro: UERJ, 2009.

MIR PUIG, Santiago. *Introducción a las bases del Derecho Penal.* 2. ed. Buenos Aires: Julio Cesar Faira, 2002.

MIOTTO, Armida Bergamini. A violência nas prisões. *Revista de Informações Legislativas.* Brasília: s.n., 17, v. 66. abr./jun. 1980. p. 273-292.

MUNOZ CONDE, Francisco. *Introducción al derecho penal.* Buenos Aires: Julio Cezar Faira, 2001.

NETTO, C.; GUIDOTTI, V.; SANTOS, P. K. *A evasão na EAD*: investigando causas, propondo estratégias. Pontifícia Universidade Católica do Rio Grande do Sul, Rio Grande do Sul, 2012. Disponível em: <http://www.clabes2012-alfaguia.org.pa/ponencias/L1_Presentaciones/5_Netto- Guidotti-Santos.pdf>. Acesso em: 21 abr. 2016.

NOBRE, I.; NUNES, V.; PASSOS, M. *Um modelo de gestão participativa* – processos de interação e comunicação da equipe multidisciplinar com foco na melhoria do ensino-aprendizado. Ifes; Vitória, 2013.

ONOFRE, E. M. C.; JULIÃO, E. F. A educação na prisão como política pública: entre desafios e tarefas. *Educação & Realidade*, Porto Alegre, v. 38, n. 1, jan./mar. 2013, p. 51-69.

PERDIGÃO MALHEIROS, Agostinho Marques. *A escravidão no Brasil:* ensaio histórico-jurídico-social. Rio de Janeiro: Typografia Nacional, 1866.

RIBEIRO, M. L. P da C. O. *Mundo como prisão e a prisão no mundo*: Graciliano Ramos e a formação do leitor em presídios do Distrito Federal. Dissertação (Mestrado em Literatura) – Universidade de Brasília. 2012.

ROXIN, Claus. *Derecho penal parte general*: fundamentos la estrutura de la teoria del delito. 2. ed. Trad. Diego Manuel Luzón Penã. Barcelona: Civitas, 2001.

SIHLER, A. P.; FERREIRA, S. M. B. *A afetividade mediada por meio da interação na modalidade a distância como fator preponderante para diminuição da evasão.* Universidade Católica de Brasília, Brasília - DF, 2011. Disponível em: <www.abed.org.br/congresso2011/cd/116.pdf.>. Acesso em: 21 abr. 2014.

VIEIRA NETO. Luiz Fabricio. *Políticas públicas no sistema prisional.* v. 1. Belo Horizonte, UFMG: 2014.

VON LISZT, Fran. *La idea del fin en derecho penal.* Buenos Aire: Granada, 1995.

ZAFFARONI, Eugenio Raúl, et al. *Direito penal brasileiro - I.* Rio de Janeiro: REVAN, 2011.

CAPÍTULO 10

SOCIABILIDADES EMERGENTES NA CASA DE PRISÃO DE PALMAS-TO

Valcelir Borges da Silva

Introdução

Quanto mais avançam os estudos sobre as prisões, mais se percebe este ambiente caracterizado como um espaço cuja vida cotidiana se reconfigura por uma cultura emergente. Com o objetivo de desvelar aspectos singulares dessa cultura na Casa de Prisão Provisória de Palmas – CPP realizou-se pesquisa de mestrado e de doutorado, utilizando-se do cruzamento de variados instrumentos e processos metodológicos, dentre os quais: entrevistas, observação direta, registros em caderno de campo e análise de fichas de cadastro prisional e de bilhetes escritos pelos presos. Os dados assim obtidos extrapolaram os limites estabelecidos das pesquisas, prestando-se a outros objetivos de análise. De modo muito especial, as "escritas de si"[70] produzidas pelos presos fornecem valiosas informações acerca das relações sociais e modos de sociabilidades internas entre os presos.

É a partir de um novo olhar sobre esse material de pesquisa que se pretende refletir a respeito dos mecanismos de sociabilidades utilizados por presos da CPP. Embora reconhecendo que

[70] A "escrita de si" é uma técnica de pesquisa que permite a utilização de documentos como diários, cartas, bilhetes, e-mails e falas como instrumentos de análise para estudos históricos e sociais, importantes por sua proximidade imediata aos fatos ocorridos, os quais são denunciados por pessoas diretamente envolvidas em tais fatos.

muito dessas estratégias de sociabilidades internas sejam adequações em maior ou menor grau das estratégias de sociabilidades da sociedade extramuros, a atenção está focada nos mecanismos de sociabilidades que emergem no processo de interação dos presos no interior da Casa de Prisão. Isso exige compreender o ambiente interno da prisão como um espaço múltiplo, de vivência ou "sobrevivência" coletiva, em que além das regras formais de condutas impostas pela equipe dirigente, há uma espécie de código interno que orienta muito mais as ações dos presos nos espaços internos da Prisão.

Em um primeiro momento do trabalho se discute o caráter peculiar do ambiente da prisão, tomando como referência teórica o que Goffman (1974) denominou de "instituição total", bem como as contribuições desse autor acerca dos mecanismos utilizados pelos indivíduos para manipulação de suas identidades sociais, sobretudo no que concerne às identidades sociais referidas por estigma (GOFFMAN, 1988). Em seguida, propõe-se a expressão sociabilidades emergentes para se referir ao conjunto de práticas e interações sociais próprias do cotidiano dos presos no interior da Casa de Prisão que caracterizam formas específicas de sociabilidades internas. Essas práticas sociais são estruturadas não apenas por condições materiais, mas também por limitações que atuam sobre e por meio de suas apropriações simbólico-culturais, expressando esquemas de sociabilidades específicas que em certos aspectos se contrapõem ao termo socialização, bastante em voga quando se trata de estudos sobre prisões. Finalmente, discorre-se sobre como esses mecanismos de sociabilidades se efetivam nos espaços internos de convivência entre os presos, tomando como referência empírica a condição dos presos da CPP.

Prisão e sociabilidades

Segundo Foucault (1997), as sociedades desenvolveram ao longo da história variados processos para punir seus criminosos, os quais passaram do suplício ao corpo, da época medieval, às penas de privação da liberdade em prisão no período moderno. Concomitante ao aperfeiçoamento dos mecanismos de punição surgiram mudanças na função social atribuída as penas, que foram perdendo o caráter de castigo aplicado pelo Estado ao sujeito em resposta a sua conduta delituosa e construindo o caráter de "ressocializar" o delinquente. Deixando à parte a pertinência ou não do termo "ressocializar", que alimenta debates no meio acadêmico, o fato é que a função educativa do ambiente prisional nunca se consolidou efetivamente. Como expôs Foucault:

> [...] desde o começo que a prisão deveria ser um instrumento tão aperfeiçoado quanto a escola, a caserna e o hospital, e agir com precisão sobre os indivíduos. O fracasso foi imediato e registrado quase ao mesmo tempo que o próprio projeto. Desde 1820 se constata que a prisão, longe de transformar os criminosos em gente honesta, serve para fabricar novos criminosos ou para afundá-los ainda mais na criminalidade. (FOUCAULT, 1979, p. 131).

Vários estudos têm apontado para a emergência de uma nova fase social da punição a partir de meados da década de 70 do século XX, mostrando a tendência das sociedades contemporâneas em retomarem o maior apreço aos processos de recrudescimento das penas devido ao afastamento dos países de um modelo de Estado do bem-estar social em decorrência de um Estado penitência ou penal (BAUMAN, 1999; CHRISTIE, 1993; GARLAND, 2006, 2008; WACQUANT, 2001; entre outros). O clamor social por mais punição elevou a prisão a uma posição de destaque na preferência do judiciário e nos interesses acadêmicos. Sobre a produção de um saber/poder extraído da maquinaria punitiva Foucault (1997, p. 173-199) expôs que para além da proteção da sociedade, as prisões passaram a ser vistas como empresas para modificar pessoas, pondo os indivíduos punidos no foco do conhecimento técnico-científico.

No Brasil existe as "penas alternativas" que, segundo Lemgruber (2000), apresentam entre outras vantagens as de evitar o alto custo de manutenção de um infrator por crime de baixa gravidade na prisão e o contato deste com a cultura prisional, impedindo assim que se especialize em outros tipos de crime, além de propiciar uma reparação à sociedade por meio da prestação de serviços à comunidade. Apesar disso e das constantes críticas, sobretudo pelos altos custos tanto econômicos quanto sociais, a pena de prisão ainda constitui a forma mais praticada para punir os infratores no país, constituindo assim um grande "paradoxo social" (OLIVEIRA, 2003).

Se por um lado, os problemas sociais que estão na base do encarceramento se acentuaram com o avançar do capitalismo, por outro, no interior das prisões se consolidou cada vez mais uma cultura criminosa especializada, em que indivíduos presos por crimes simples são aliciados e treinados para executarem novos tipos de crimes e/ou para, quando em liberdade, administrarem os "negócios ilegais" dos companheiros com os quais conviveram durante meses e, não raro, anos.

Parece ser consensual que esse caráter criminalizante da pena de prisão se perpetue no contexto de um sistema arcaico, mal estruturado, que acaba por servir de escola para a reprodução do crime. Na prática, apenas segrega temporariamente o condenado, sob a ótica exclusiva da repressão, já que sua única finalidade tem sido a de "proteger a comunidade contra perigos intencionais, e o bem-estar das pessoas assim isoladas não constitui o problema imediato" (GOFFMAN, 1974, p. 16).

Interessa, pois, pensar a prisão nos termos em que propôs Goffman (1974). Para esse autor, todas as instituições sociais apresentam padrões de fechamento com relação à sociedade circundante que dependem das finalidades para as quais foram criadas e de suas realidades específicas. A escola, por exemplo, pode impor regras que regulem a entrada e a saída dos alunos e que direcionem o que estes devem fazer enquanto estão sob seu "controle". O hospital deve destinar tempo, medicamentos e cuidados ao paciente, necessários para que este possa restituir a saúde. Situações similares ocorrem com as igrejas, os bancos e com outras instituições sociais. Todas estas, em maior ou menor grau, se apoderam de um tempo do sujeito e quanto mais fechadas se tornam, mais rígidas são as regras sobre seus internos e menores as permissividades de ação para estes.

Seguindo essa linha de análise, a prisão se configura como uma instituição com extremo grau de fechamento em que seus internos seguem uma rotina rigorosa sob disciplina rígida, o que Goffman (1974) denominou de "instituição total", ou seja, "ambientes de residência e trabalho, em que se concentram pessoas, em condições semelhantes, privadas do convívio com a sociedade, por expressivo período de tempo" (GOFFMAN, 1974, p. 11).

Em seu trabalho a respeito do estigma, Goffman (1988) chama atenção para as diversas estratégias de manipulação do eu utilizadas por grupos de indivíduos estigmatizados, estratégias estas que resultam na construção de identidade coletiva por parte do grupo de indivíduos estigmatizados em contraposição aos ditos "normais". Ao tratar do que considera carreira moral, o autor reforça a importância do aprendizado para o processo de ajustamento das "mudanças na concepção do eu" e explica que pessoas que compartilham de um mesmo estigma "tendem a ter experiências semelhantes de aprendizagem relativa à sua condição e a sofrer mudanças semelhantes na concepção do eu". Assim, há no interior dos grupos de estigmatizados e, portanto, também entre os presos nas prisões, via aprendizado, o compartilhar de experiências entre os indivíduos que lhes dão uma identidade comum, tornando-os parte de um grupo mais homogêneo. Nas palavras de Goffman:

> Nos muitos casos em que a estigmatização do indivíduo está associada com sua admissão a uma instituição de custódia, como uma prisão, um sanatório ou um orfanato, a maior parte do que ele aprende sobre o seu estigma ser-lhe-á transmitida durante o prolongado contato íntimo com aqueles que irão transformar-se em seus companheiros de infortúnio. (GOFFMAN, 1988, p. 46).

Talvez por isso seja comum na literatura a respeito de prisões o uso de algumas expressões como "sub-cultura" (CUNHA, 1991), "microcosmo" (GOES, 2004); "sociedade dentro de outra sociedade" (OLIVEIRA, 2003), "sociedade carcerária" (SYKES, 1974); as quais buscam mostrar o ambiente interno da prisão como um espaço atípico, cheio de especificidades e de cultura própria, no qual os presos trocam informações e produtos, negociam regras e vantagens, desenvolvem estratégias de sobrevivência e de exercício e manutenção do poder.

À primeira impressão, pode parecer que o caráter "quase impermeável" da prisão e o isolamento espacial dos apenado, resguardaria a sociedade extramuros das ações perniciosas dos detentos, do mesmo modo que, estando preso, o indivíduo estaria desligado da realidade extramuros. No entanto, torna-se cada vez mais frequente a ocorrência de atentados contra policiais e contra a sociedade civil sendo comandados pelos próprios presos do interior de suas celas, como a onda de violência comandada por presos que ocorreu em maio de 2006 no Brasil, que atingiu o apogeu com rebeliões em 73 presídios, somente no Estado de São Paulo, seguidos de agressões e ataques contra policiais, agentes prisionais e pessoas civis, além de ataques a prédios públicos e incêndio a ônibus.

Outros presos continuam movimentando seus "negócios ilegais" de dentro dos próprios presídios: tráfico de drogas, sequestros, assaltos a bancos, atentados, entre outros. Por outro lado, integrantes da sociedade livre também têm adentrado o ambiente da prisão, na tentativa de imprimir sobre os presos seus padrões éticos e de moralidade por meio de profissionais liberais, artistas, grupos religiosos, estagiários, voluntários em geral ou mesmo por meio de programas governamentais.

Assim, mesmo com as infindas restrições impostas aos presos, a prisão adquire cada vez mais um caráter fluido de modo que, como qualquer outra instituição social, deve ser vista como parte integrante da sociedade circundante, pois mesmo nas instituições em que as pessoas estão livres há, internamente, o emergir de novas formas de interações reguladas por uma espécie de acordo interno entre seus componentes que, ainda que não seja normatizado, rege o modo de convivência do grupo na instituição e, particularmente, na comunidade de prática vista como grupo de indivíduos que compartilham, na experiência, das mesmas regras de convivência, não sendo isto, portanto, uma característica apenas do ambiente interno da prisão. Além do que, as regras de convivência entre os presos são, em grande medida, ajustamentos de regras da sociedade extramuros. O sistema corporativista desenvolvido pelos presos no interior da prisão, por exemplo, pouco difere do utilizado pelas instituições extramuros. É uma representação em microescala do que sustenta a estratégia de manutenção de poder na sociedade, com a diferença de que, no caso dos presos, as retaliações são menos brandas e disfarçadas aos que se levantam contra seus interesses.

A dinâmica do ambiente da prisão realmente reflete uma organização social própria, mas que não é disjunta da sociedade extramuros. De modo que conceber a prisão como uma sociedade "apartada" pode vir a legitimar a forte rejeição que os presos têm para com a sociedade extramuros, como também o descaso do poder público no cumprimento de suas obrigações para com a comunidade encarcerada, visto que esta, sendo outra sociedade, estaria sob a responsabilidade de outrem.

Um olhar desatento e exterior à prisão pode sugerir que os presos são submetidos a processos homogêneos de socialização já que deveriam ocupar o mesmo lugar social (o de preso, submisso) e independentemente de classe social, nível de escolaridade, crime ou credo, encontram-se em ambiente fechado e sujeitos às mesmas condições de disciplina e controle. Mas, sendo observadas suas práticas cotidianas, vê-se logo que há presos que no período do cumprimento da pena conquistam maior ou menor apreço por parte da equipe dirigente[71], o que normalmente está associado ao bom comportamento carcerário e à capacidade de se mostrar domesticado, docilizado, como bem o denunciou Foucault (1997).

A socialização nesse sentido é um projeto autoritário, pautado num ideal de indivíduo "socializado" cujos aspectos bio-físicos e culturais se reportam aos de um grupo dominante que se impõe como modelo. Como o foco deste capítulo está mais voltado aos mecanismos internos de coordenação de condutas entre os presos do que às orientações e expectativas externas com relação ao comportamento destes, torna-se conveniente seguir a sugestão de Porto, quando argumenta que "[estando] em presença de situações de fragmentação, pluralidade e multiplicidade sociais parece mais pertinente falar em sociabilidades do que em socialização" (2010, p. 25).

É perceptível, portanto, que há uma tensão ou descompasso constante entre a proposta "ressocializadora" empreendida pela equipe dirigente da prisão, a qual se pauta em projetos hegemônicos de socialização e a proposta de "inserção" ou ajustamento ao

[71] 174 Compõem essa categoria o conjunto de todos os agentes prisionais e outros funcionários da Casa de Prisão, responsáveis pela manutenção da ordem e disciplina entre os presos.

grupo, vivenciada pelos presos no interior da prisão, cujo objetivo é dar a cada um deles a identidade de pertencimento ao grupo, o que requer um distanciamento de certos valores aceitáveis pela equipe dirigente, ou mesmo pela sociedade circundante como forma de diferenciação em relação a ela.

Há uma hierarquização dos internos no interior das prisões segundo regras específicas de convívio que eles próprios estabelecem, o que explica o fato de que uns possuem mais influência e poder de decisão do que outros e, até mesmo, o fato de eles poderem impor disciplina e atribuições aos outros. Na maioria das vezes, essa hierarquização não condiz com a realizada pela equipe dirigente. Nem sempre um interno bem considerado pelos dirigentes da Casa de Prisão goza de igual prestígio entre seus companheiros presos e vice-versa. Essa hierarquização interna de prestígio e poder conjugada a outros fatores específicos do ambiente prisional são responsáveis por variados mecanismos internos de sociabilidades.

Quando o preso chega à Casa de Prisão, há um imediato rompimento com o tempo e com o espaço da maneira como se configuravam antes da prisão, de modo que todas as novas atividades que passam a integrar sua nova vivência cotidiana são radicalmente diferentes, pela mudança da rotina, de hábitos, pela privação de contatos com a sociedade extramuros, transformando seu modo de ser e de viver. Por isso, o preso tem sempre o sentimento de que o tempo na cadeia é um tempo vazio, obscuro, perdido; de que ele está morto, enquanto a vida corre lá fora: a cidade muda, o filho cresce, a mulher encontra um amante etc. Sobre todos esses acontecimentos o preso nada pode fazer, somente pensar. Por isso, o corpo do preso fica contido na espacialidade (da cela, da escola, da oficina), mas seus pensamentos estão quase sempre longe (na família, nos atos cometidos, nos problemas).

Não se escolhe pertencer à cadeia, nela se "cai" e a partir de então, tudo passa a girar em torno de um objetivo central – obter a liberdade, e para isso o homem preso é capaz de fazer coisas inimagináveis. A liberdade aqui referida tem sua expressão máxima na liberdade física (de ir e vir), mas não fica limitada a isso, não é só essa liberdade que o preso perde ao "cair" na prisão, mas o preso perde a liberdade de decidir sobre quase tudo que diz respeito à sua vida, das situações mais simples como a de escolher a hora do banho, às mais complicadas como a de acompanhar o sepultamento do pai, mãe ou qualquer outro ente querido por ocasião da sua morte.

Ao "cair" na prisão, o preso é despido de sua própria identidade e passa a incorporar um personagem que se limita a seguir o roteiro do espetáculo do seu aprisionamento, em que obedecer e demonstrar respeito à equipe dirigente é uma regra fundamental. Os presos logo se apercebem de que para sobreviverem à prisão terão que demonstrar a habilidade de assumirem um caráter múltiplo do eu: um para si, um para o pessoal da segurança, um para visitantes e outro para seus colegas de prisão. Uma observação interessante a respeito da imagem projetada por presos no interior das repartições penais é apresentada por Betto (1985, p. 219-221). Para esse autor o preso apresenta uma imagem de arrependido para pessoas externas e de persistência no crime para os companheiros da prisão e, ainda, apresenta a imagem na qual ele – preso – percebe nitidamente o absurdo em que vive, apresentando a vontade de se libertar, mas não vendo nenhuma perspectiva real de que isso ocorra.

Na prisão, mais que em outras instituições sociais, o sujeito perde quase que totalmente o poder de escolha e autonomia na afirmação da sua identidade. Os limites espaciais e simbólicos são apropriados pelo sujeito a fim de manter-se isento de conflitos, portanto nem sempre o preso pode assumir o que pensa e/ou adotar práticas coerentes ao seu pensar. Os espaços da prisão são tão rigorosamente controlados que acabam por restringir as possibilidades de ação dos presos e, assim, produzem mecanismos diferenciados de sociabilidades. Os presos precisam, a todo o momento, estarem cientes do que é ou não permitido fazer nos locais por onde tramitam.

Como observou Goffman (1974, p. 16), as barreiras na prisão se configuram não apenas no plano físico, por meio de "portas fechadas, paredes altas, arame farpado, fossos, água, floresta ou pântanos", mas também estabelecem múltiplas fronteiras no plano simbólico. Parte desses símbolos é composta por um conjunto de regras que disciplinam a convivência interna entre os presos, caracterizando os espaços sobrepostos no interior da instituição, os quais se diferenciam pelo que é ou não permitido fazer e por onde se pode ou não circular.

Outro aspecto característico da prisão é a brusca mudança na relação entre espaço e tempo experimentada pelos homens presos. Contrapondo o tempo em condições de liberdade com o tempo na prisão, Chies (2006) explica que embora o tempo objetivo seja o mesmo para ambas as condições, na prisão há uma particular sensação do tempo que promove uma diferença na forma como o indivíduo encarcerado percebe o passar dele. O tempo social é diferentemente percebido por aqueles que estão fora e os que estão dentro da prisão, sendo que o tempo social para os que estão do lado de fora é "progressivo, criador, cheio", enquanto que para os presos esse tempo se apresenta como "regressivo, improdutivo e vazio".

No ambiente extramuros, devido ao fato do espaço ser demasiadamente amplo, ele precisa ser fracionado em função de sua utilidade. Assim, há lugares específicos para estudar, trabalhar, dormir etc. Em contrapartida, o tempo parece comprimido pela correria do dia a dia, de modo que é comum o homem "livre" contemporâneo ter a sensação de que o tempo passa cada vez mais rápido e que fica cada vez mais difícil cumprir com as obrigações sociais que lhes são exigidas.

No ambiente da prisão, entretanto, ocorre exatamente o inverso: na maior parte do tempo, o espaço físico disponível ao preso fica reduzido à pequena área da cela, tornando-se, assim, aprisionado juntamente com o homem preso. É nesse pequeno recorte espacial que são realizadas todas as suas possíveis ações: o estudo, o lazer, a dormida noturna, as necessidades fisiológicas e até mesmo as atividades mais íntimas. Enquanto isso, o tempo parece passar bem mais devagar; torna-se esvaziado de ações que façam sentido para ele.

Frequentemente, a rotina é utilizada pelos presos como algo ruim, imposto, uma ordem que cabe a eles obedecerem sem questionar, algo definido no externo com vistas ao controle e domínio sobre suas vidas. São enquadradas como rotina as atividades que eles realizam todos os dias e nos mesmos horários, permeadas de similaridades de acontecimentos, materiais, objetivos e pessoas.

Os espaços, sujeitos às mesmas regras por parte da equipe dirigente, podem ser reordenados de maneira diferente pelos códigos internos dos prisioneiros. Cada cela, por exemplo, pode dispor de regras próprias que regem a convivência entre seus ocupantes. Mesmo assim, esses espaços são frequentemente vigiados e vistoriados, o que permite à equipe dirigente impor certa disciplina e controle sobre as atitudes dos internos e, assim, submetê-los a certas condições de vulnerabilidade.

A disciplina imposta aos homens presos transforma o espaço da prisão em palco de mútua negociação. A equipe dirigente, embora imbuída de autoridade para impor as regras de disciplina aos presos, fica na dependência de como estes se comportam no cumprimento ou não das regras. Para controlar as reações dos presos sobre determinadas ações da equipe, é comum que a comunicação entre eles (presos e equipe) seja realizada por meio de material escrito em forma de carta, ou mais comumente, de bilhete. Tais correspondências formam uma rede de relações pela qual é possível visualizar o cotidiano e as condições dos presos nos espaços intramuros da instituição e revelar modos específicos de sociabilidades.

Sociabilidades emergentes

A emergência diz respeito ao surgimento espontâneo de novidades e de novas estruturas complexas a partir de outras mais simples, ou seja, da interação ou fusão de dois componentes com propriedades específicas, resulta novos componentes que mantêm propriedades dos primeiros (individuais) e propriedades decorrentes da combinação/rearranjo entre as propriedades dos componentes iniciais (emergentes). Sendo A e B sistemas com propriedades "diferentes", mas não necessariamente disjuntos, é possível representar o fenômeno da emergência da seguinte forma:

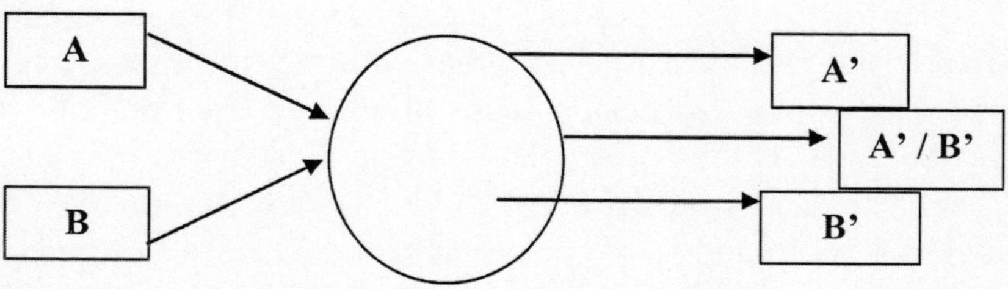

FIGURA 1 - ESQUEMATIZAÇÃO DO FENÔMENO DA EMERGÊNCIA
FONTE: Formulação própria do autor.

Esse esquema se torna esclarecedor para discutir o fenômeno da emergência em contextos diversos. Pode ser usado, por exemplo, para representar a composição de cores secundárias a partir de suas componentes primárias, em que a nova cor, apesar de conter suas componentes, manifesta propriedades únicas em decorrência da interação entre essas componentes. Ou, ainda, para explicitar a composição genotípica de um indivíduo que apesar de ter sido constituído de componentes (genes) de herança paterna e materna, manifesta-se pelo rearranjo/combinação desses componentes na formação de um todo novo, que contém os componentes geradores, mas se torna diferente deles.

Apesar de, inicialmente, o conceito de emergência ter sido explorado em estudos na área biológica, torna-se de uso cada vez mais comum em pesquisas sociais, já que

> [...] em todo o mundo vivo, a criatividade da vida expressa-se através do processo do surgimento espontâneo. As estruturas criadas através desse processo – as estruturas biológicas dos organismos vivos ou estruturas sociais de comunidades humanas – podem, com toda propriedade, ser chamadas "estruturas emergentes. (CAPRA, 2005, p. 130, grifos do autor).

No contexto da prisão interessa pensar a emergência a partir de sua análise como esquemas culturais que implicam em modos específicos de sociabilidades. Voltando à Figura 1, pode-se considerar "A" como códigos culturais do indivíduo constituídos anteriormente a sua prisão e "B" os códigos culturais dos indivíduos na prisão. Assim, os códigos culturais do indivíduo preso se configuram na interação de "A" com "B", ou seja, a sociabilidade do preso atende a esquemas da cultura externa à prisão, mas adquire características próprias do contexto carcerário, sofrendo um processo denominado por Thompson (1991) de prisionização.

O fenômeno da prisionização é um bom exemplo do surgimento de novidades na cultura dos presos que são incorporadas a uma espécie de cultura geral da prisão, sendo utilizadas não apenas pelos presos como também por agentes prisionais e outros funcionários da instituição. De maneira semelhante, muitos componentes advindos desses funcionários, como certas expressões e formas de cumprimentos, tornam-se de uso corrente entre os demais atores da prisão e, até mesmo, entre os presos.

Segundo Capra (2005), as regras internamente estabelecidas por pessoas no interior das instituições sociais são características das organizações vivas em que as estruturas formais e não formais intermedeiam o relacionamento entre seus componentes, de maneira que

> [...] as estruturas formais são as que aparecem nos documentos oficiais da organização [a Prisão, no caso] – seus organogramas, estatuto, manuais e orçamentos, que descrevem as políticas formais, as estratégias e os procedimentos [...] As estruturas informais [emergentes], por outro lado, são redes de comunicações fluidas e oscilantes. Essas comunicações podem ser formas não-verbais de participação num empreendimento conjunto, através das quais permutam-se habilidades e gera-se um conhecimento tácito. A prática comum gera limites flexíveis de significado, que nem sempre são expostos verbalmente. (CAPRA, 2005, p. 121).

As regras emergentes na cultura prisional podem ser solidárias, embora que negociadas em um sistema de perdas e ganhos. Essas regras constituem-se tanto de um conjunto de normas, valores e comportamentos importados da realidade extramuros e adaptados ao contexto prisional, como também são formadas por aquelas regras que emergem na própria dinâmica da prisão, a fim de garantir que esta funcione e se "autoproduza" como tal. Essa manifestação de uma cultura emergente não é característica única da prisão, acontece em todas as instituições sociais, mas no caso da prisão, diferentemente do que ocorre na maioria das outras instituições sociais, o indivíduo não tem horário determinado para frequentá-la, após ser preso ele permanece lá e chega a passar anos ininterruptos em seu interior, de maneira que o tempo de interação entre os presos e, portanto, de aprendizagem da cultura prisional se dá de maneira mais intensa, o que potencializa o emergir de uma cultura própria na sua comunidade de prática.

Assim, a prisão se constitui como um ambiente de convergência entre componentes culturais individuais (das pessoas que a compõem) e coletivos (dos grupos de pessoas), sendo estes últimos agrupamentos de indivíduos por manifestação de aspectos culturais comuns e compartilhados. Dentre várias possibilidades de agrupamentos, deve-se considerar o de presos que já mantinham algum laço de relacionamento antes da prisão, o de presos pelo cometimento do mesmo tipo de crime, os oriundos de uma mesma área (geográfica, física e/ou simbólica) etc. Sob esse aspecto, a cultura interna da prisão é construída na interação entre componentes culturais pessoais e coletivos, não pode ser representada por nenhum deles em específico, no entanto contêm necessariamente todos eles. É assim que, por exemplo, a cultura da prisão incorpora novo vocabulário advindo dos presos, fica sujeita às condições de disciplina e segurança impostas pelos agentes prisionais e constrói um saber prático moldado pelas limitações físicas e simbólicas do cárcere.

São exemplos dessas manifestações práticas próprias do cárcere os inúmeros tipos de artesanatos (crochê, maquetes, dobraduras etc.), os objetos improvisados (perereca, xuncho, tereza, entre outros)[72], as rodas de capoeira, o surgimento de grupos religiosos, as composições de música e poesia, o voca-

[72] **I- Perereca** – Instrumento improvisado com fios metálicos que, ligados à rede elétrica e em contato com a água, faz esta aquecer; **II- Xuncho** – Instrumento constituído de material cortante ou perfurante, normalmente afixado em tubos plásticos por meio do seu derretimento; **III- Tereza** – Corda utilizada para fins diversos, inclusive enforcamentos.

bulário próprio, entre outros. Toda essa diversidade de saberes e fazeres que permeiam a realidade dos presos no interior do ambiente prisional passa a incorporar uma espécie de cultura geral da prisão, implicando novas formas de sociabilidades.

Falar de sociabilidades emergentes na prisão requer, então, esclarecer como essa característica, o aprendizado, manifesta no plano do indivíduo, toma dimensões também externas a ele, mas limitadas à comunidade de prática da prisão da qual o preso faz parte. Ou seja, seria afirmar que existem saberes individuais que quando socializados na comunidade de prática se tornam coletivos e geram conhecimentos novos, mas restritos à comunidade de prática da prisão. A respeito dessa característica do aprendizado no interior dos agrupamentos humanos, Capra argumenta que

> Cada comunicação gera pensamentos e um significado, os quais dão origem a novas comunicações. Dessa maneira, a rede inteira gera a si mesma, produzindo um contexto comum de significados, um corpo comum de conhecimentos, regras de conduta, um limite e uma identidade coletiva para os seus membros. (CAPRA, 2005, p. 119).

A prisão, provavelmente, seja a instituição social em que o fenômeno das sociabilidades emergentes se torna mais evidente. Primeiramente pelo reforço extremo de seus limites e alto controle da entrada e saída dos indivíduos que a compõem, o que potencializa o surgimento de estratégias internas de interesses comuns aos seus membros que giram, quase sempre, em torno da obtenção da liberdade física e de privilégios dentro do sistema carcerário. Em segundo, por agrupar, na maioria dos casos, grande número de indivíduos em condições subumanas de vida, movidos por sentimentos de revolta, ódio e indignação. Finalmente, por não oferecer condições para que esses sujeitos superem suas condições de aprisionamento com o exercício de atividades de cunho laborais e educativos.

Sem que haja maior diversidade de opções de condutas e de divisão do trabalho na prisão, a cultura prisional impõe aos sujeitos presos uma forte identidade coletiva que os tornam parte de um todo, coeso, apesar das divergências e coerente apesar das contradições. Ou seja, essa cultura interna ao mesmo tempo em que permite o surgimento de novas estruturas, mantém a unidade e coerência interna.

No ambiente da prisão há, portanto, manifestação do surgimento espontâneo de novidades, haja vista ser constituído de pessoas, em que junto à rotina diária de regras e ações preestabelecidas (formais), há o surgimento de novas estruturas de regras e ações emergentes (não formais) a partir da complexa interação entre seus componentes. A emergência da cultura prisional e como ela se consolida no ambiente interno da prisão – havendo inclusive algumas regras comuns a outras instituições prisionais, enquanto outras são restritas a pequenos grupos nas celas – é um tema complexo que merece atenção especial, não havendo, portanto, a pretensão de se esgotar a discussão neste trabalho. Mas é suficiente apontar para a existência de uma cultura prisional emergente que possibilita a caracterização da prisão como tal, tornando os presos congruentes ao meio em que essa cultura se desenvolve. Essa congruência se torna possível porque há aprendizado compartilhado, ou melhor, socializado no interior da comunidade de prática dos presos no cárcere.

Espaços de sociabilidades na Casa de Prisão de Palmas

A Casa de Prisão de Palmas não difere de outras Casas de Prisão do Brasil. É uma estrutura montada com amplo esquema de segurança, muros altos, cercas com arame farpado, segurança policial e vigilância 24 horas por dia. A instituição fica localizada na Zona Rural da cidade de Palmas-TO (cerca de 12 quilômetros do marco zero da cidade) e está em funcionamento desde 24 de janeiro de 2002. Foi projetada para receber 260 homens, no entanto comporta, atualmente, 596 presos[73], que estão distribuídos em 60 celas, sendo 56 celas simples e 4 especiais, as quais estão dispostas em dois pavilhões, A e B.

A rotina institucional diária dos presos da CPP inicia por volta das 7 horas da manhã, quando há a troca das equipes de agentes plantonistas. A nova equipe deve fazer a conferência nominal e quantitativa de todos os presos e a conferência dos materiais e equipamentos de uso: armamentos, munição, algemas, chaves das celas e portões. Posteriormente, os agentes retiram alguns presos das celas e os encaminham para as poucas atividades educativas e/ou laborais que existem na instituição. Daí em diante, há correria dos agentes prisionais para retirarem e acompanharem os presos de modo a atender às demandas dos advogados, atendimento às famílias, assistência social, atendimento psicológico, encaminhamento para audiências, tratamento médico e odontológico, entre outras.

O cotidiano da CPP apresenta características singulares, não é raro perceber a proximidade entre os agentes prisionais ou policiais com familiares de presos nos dias de visitas e no de recebimento dos materiais levados por estes aos parentes presos. Apertos de mão, abraços e conversas sobre vivências comuns demonstram certo grau de intimidade, muito embora os agentes prisionais e policiais, por alguns momentos, façam questão de mostrar a distinção sustentada pelos diferentes papéis sociais que exercem na instituição.

Da mesma forma que ao serem conduzidos das celas ao ambiente externo da Casa de Prisão, os presos têm reduzido seu poder de decisão e ação, já que ficam sujeitos às regras dos "outros"; assim também, os agentes prisionais ao fazerem o percurso inverso vão se destituindo de poder. Isso se torna compreensível, já que no

[73] Os dados mais específicos sobre o Sistema Prisional do Tocantins foram coletados do relatório emitido pela Secretaria de Cidadania e Justiça do Estado do Tocantins no dia 01/08/2016.

interior da prisão são os próprios presos que estabelecem as normas de convivência, conforme afirma o interno 05: "Quem faz a cadeia ser "de boa" ou "veneno" são os presos, os policiais comandam lá fora, nas regras deles. Das grades pra dentro é outra coisa!"[74].

No ambiente externo da CPP, isto é, em toda a área de acesso "livre", mas nas limitações das cercas da Casa de Prisão, ficam os presos do regime semiaberto que se dividem entre as atividades da cozinha, de limpeza do pátio, poda das árvores, manutenção do sistema de esgotamento sanitário, os cuidados com a horta e a pocilga destinadas ao consumo local e, ainda, da organização e manutenção de uma igreja evangélica – Cristo Vive – construída próxima ao portão de entrada da Casa de Prisão. O complexo da administração da CPP possui áreas de acesso livre a todos, como é o caso da recepção e dos banheiros e também possui áreas de acesso restrito aos funcionários ou visitantes como as salas da coordenação geral, da chefia de segurança, do atendimento social, do plantão e do recebimento de materiais.

A parte interna da CPP, ou seja, toda a área em que ficam os presos do regime fechado, é composta por três espaços delimitados por tarefas específicas e os horários determinados para a utilização deles ficam sob o controle da equipe dirigente, são eles: a cela, o corredor e o "banho de sol". Nessa área só é permitida a entrada de pessoas específicas em dias e horários determinados e com autorização do coordenador geral e/ou do chefe de segurança. Isso ocorre nos cultos evangélicos três ou quatro vezes na semana, nas visitas aos sábados ou domingos, ou quando há algum evento incomum: casamentos, batizados de capoeira, torneio de futebol, entre outros. Os dois pavilhões da Casa de Prisão, A e B, ficam separados um do outro, sendo cada um deles atravessado por um corredor com as celas distribuídas dos dois lados. No pavilhão A, ficam os presos recém-chegados e os que

---

[74] **I- De boa** – Bacana/Legal; **II- Veneno** – Ruim, mau.

ainda não foram julgados, e no "B" os já condenados e com maior tempo de prisão.

Após o segundo portão gradeado de acesso à área interna da CPP ficam as quatro celas "especiais", as quais formam uma pequena galeria separada da área do convívio dos pavilhões. As celas comuns de ambos os pavilhões da CPP, A e B, estão divididas em três galerias. Na primeira galeria ficam as celas de 01 a 10, na segunda as de 11 a 20 e na terceira as de 21 a 28. Em cada ala ficam, em média, dois presos responsáveis pelos trabalhos de "correria". A Figura 2, a seguir, mostra a movimentação de presos em uma das galerias do pavilhão A da CPP:

FIGURA 2 - VISTA DO CORREDOR DO PAVILHÃO A DA CPP
FONTE: Arquivos pessoais do autor; data da foto: 2013

A cela é o espaço onde os presos passam a maior parte do tempo, considerada o ambiente do convívio, ou seja, é o espaço que mais se aproxima do que no extramuros se classifica como lar. Esse espaço é, via de regra, caracterizado pelo exercício desigual do poder, que fica polarizado, de um lado, pelo "dono" da cela (normalmente o preso mais antigo ou o que negocia a cela com dinheiro ou com uso de violência física e simbólica), o qual impõe regras, distribui tarefas e decide sobre os conflitos ocorridos na cela. Do outro lado, estão os presos "corró" ou ainda os estupradores, infanticidas, homossexuais, entre outros presos por crimes sem prestígio na comunidade encarcerada. No entanto, há celas que fogem a essa regra, a exemplo de uma das celas do pavilhão A que era liderada por um homossexual. Pode ocorrer, também, de determinadas celas servirem de redutos para indivíduos portadores do mesmo estigma interno.

Na cela, cada preso demarca seu território em função do espaço de dormir. Os que estão há mais tempo, normalmente desfrutam de alguns privilégios como os de serem responsáveis por formular as regras do "X," de escolherem um espaço melhor e mais amplo para dormir e de obterem favores e respeito dos outros colegas. As regras de convivência nas celas dependem muito do dono da cela, se este for "camarada"[75] as regras são mais flexíveis, se for "zinca"[76] são bem mais rígidas.

A preocupação maior dos presos da CPP é com a família, principalmente com os filhos. Mostram-se angustiados quando ficam algum tempo sem notícia dos familiares ou quando estes faltam ao dia da visita. O medo de serem abandonados pela família é muito evidente, isso ocorre porque além dos vínculos afetivos, na maioria dos casos, a família é a única intermediação entre eles e a sociedade extramuros, ficando por conta dela alguns favores

[75] Amigo, gente boa, legal.

[76] Ruim, enjoado, malvado.

essenciais prestados ao preso como o acompanhamento de seu processo judicial e a compra de determinados materiais para o consumo na prisão.

A quase totalidade dos bilhetes que os presos enviam ao setor de assistência social da instituição refere-se à família, seja com um simples pedido de ligação telefônica ou até casos mais sérios como o de um preso que foi detido quando a esposa estava nos últimos dias de gravidez e, meses depois, afirmava não saber se ocorrera tudo bem com o nascimento da criança. Por vezes a família "paga" a cadeia junto com o preso, tornando-se sua fraqueza e sua fortaleza, já que pela família o preso é capaz de fazer qualquer coisa. É perceptível, por meio da fala dos presos, o fato de que quando eles estavam livres não davam suficiente valor à família, mas de supervalorizá-la, quando presos, conforme explicitado pelo Interno 57[77]:

> Na realidade, o que eu mais sinto falta aqui mesmo, isso é uma coisa que talvez eu não tenha nem dado tanta atenção, que é minha família, meus filhos. Essa realmente é o que fazia eu respirar, era o alimento do meu espírito, da minha alma, do meu ser, e hoje foi me tirado este alimento, hoje eu vegeto, meu espírito vegeta, não sinto, é, estar assim saindo de mim até um sentimento de amar ou deixar de amar, nada faz sentido mais depois que eu to aqui, [...] Eu poderia até ficar preso junto com a minha família, é, eu viveria normal, então é isso ai. (Escritas de Si/Diálogos: Interno 57)

Na prisão ocorre uma inversão no que concerne ao papel social desempenhado pelo homem preso. Geralmente, sendo pai de família, o preso assumia no universo extramuros o papel de supridor da casa e das necessidades dos filhos. No ambiente da prisão, no

[77] Todos os nomes que aparecem nas "escritas de si" utilizadas no texto foram trocados por outros fictícios. Por conveniência, utilizou-se o mesmo critério de identificação dos presos pesquisados que fora utilizado pelo pesquisador por ocasião de sua pesquisa de doutorado.

entanto, torna-se dependente e suas necessidades precisam ser supridas por outrem. Manifesta-se angustiado, depressivo, com necessidade urgente de alguém para lhe ouvir, aconselhar e resolver problemas de ordem prática do seu convívio na cela:

> Dona Dora, bom dia!
> Preciso da ajuda da senhora.
> Por favor, preciso falar com a senhora em particular, ou com uma psicóloga. Estou muito mal, com pensamentos ruins.
> Me ajude, por favor. Já não acredito nem em Deus mais.
> Só preciso falar com alguém.
> Por favor, me tire por alguns minutos daqui.
> Por favor. (Escritas de Si/Bilhetes: Interno 37)

> Bom dia.
> Venho através deste bimbal, srª. Dora. Eu Geraldo Silva dos Santos, preso no artigo 155, condenado a uma pena de 4 anos e dois meses e já estou cumprindo 11 meses, e de acordo com o artigo 122 o réu primário tem direito ao trabalho externo e saída temporária com um sexto da pena já cumprida e eu já goso todos os direitos, por isso peço a senhora que me ajude, pois eu mesmo não tenho família neste estado e preciso muito que a senhora me ajude pois não conheço ninguém neste estado e só posso contar com a boa vontade da senhora. Quem mais pode me ajudar? Desde já fico muito agradecido e muito grato. E aguardo resposta. (Escritas de Si/Bilhetes: Interno 36)

Muitos presos alegam estar ociosos, já terem cumprido tempo considerável da pena de prisão, como também necessitarem de remissão da pena. Nos bilhetes cujos conteúdos são pedidos de trabalho, esses pedidos aparecem associados a três fins específicos: a fuga da rotina ociosa da cela, o auxílio financeiro às famílias e a remissão de pena:

> Boa tarde mãe Dora. Venho através deste fazer-lhe um pedido, um favor; eu mandei alguns bilhetes para o Sr.

> Feliciano e para a Srª. Simone comunicando-lhes o meu interesse de trabalhar e ganhar remissão. Sou condenado a 10 anos e 3 meses. Preciso da ajuda de vocês. Não importa o setor de trabalho, o que quero é a oportunidade de trabalhar. Vê pra mim mãe Dora a possibilidade minha de trabalhar e ganhar remissão. Deus te abençoe! (Escritas de Si/ Bilhetes: Interno 21)

Para reduzir os impactos da privação material sofrida na prisão, alguns presos utilizam os produtos fornecidos pela administração da casa de prisão (*Kit* rodado) e/ou os trazidos por seus familiares (cobal) como moeda de troca por produtos ou favores, alimentando um comércio de oferta variada com valores flutuantes que seguem uma lógica cambial interna em que, por exemplo, um isqueiro pode valer R$ 10,00; um colchão R$ 50,00; uma faca R$ 100,00 e um pedaço de serrinha até R$ 1.000,00.

Uma das regras comuns a todas as celas é a divisão das tarefas de limpeza e arrumação do "X" entre os presos moradores, havendo variações de cela para cela, na qual há aquelas celas que são limpas apenas uma vez ao dia e outras que são limpas duas, três ou mais vezes. A forma criativa como os presos utilizam os materiais e os espaços disponíveis na cela chama muito a atenção, pois objetos que ocupam maior espaço, normalmente, ficam pendurados por uma espécie de rede trançada de fios de *nylon* ou por "terezas" simples. Algumas celas possuem divisórias feitas com panos. As caixas de papelão viram armários, estantes, mesas, algumas muito bem decoradas e as garrafas *pet* podem ser utilizadas para armazenar água, como contrapeso para manter objetos suspensos, como vasilhame para tomar ou comer algo ou como peso para a prática de exercícios físicos. A Figura 3, a seguir, mostra a organização de objetos nas paredes de uma cela do pavilhão A da CPP:

FIGURA 3 - VISTA DA ÁREA INTERNA DE UMA CELA

FONTE: Arquivos pessoais do autor; Data da foto: 2013

Um dos problemas que afligem os presos nas celas é o convívio com ratos, baratas, muriçocas e outros animais similares. Eles relatam que os ratos estragam suas reservas de alimentos e lhes roem os dedos enquanto dormem à noite. Com relação às "muriçocas", em algumas celas os presos encontraram uma solução para o infortúnio, eles fazem rodízio noturno de plantonistas de "muriçocas", no qual em cada noite um dos presos da cela fica responsável por espantá-las enquanto os outros dormem.

Os presos da CPP mantêm em seus "X" produtos de higiene pessoal e de alimentação rápida como macarrão instantâneo, massas para mingau, café, sucos e outros produtos trazidos na "cobal" por seus familiares ou comprados com o dinheiro de trabalhos realizados no próprio ambiente da prisão (artesanatos, crochês, costuras de bolas etc.), conforme indica o Interno 30:

> Bom dia mãe Dora. Estou te escrevendo para lhe pedir um favor. Ligar para minha irmã e pedir pra ela trazer cobal pra mim. Na visita ela me pediu para fazer uma lista, aqui vai: bolachas, salsichas de cachorro quente, suco, leite, café, açúcar, maionese, sabão em pó e em barra. Peça a

> ela pra trazer bastante bolachas e bastante suco. P/ ela trazer também um refrigerante. [...] . Fale pra minha irmã comprar uns salgados e mandar pra mim. Parabenize minha irmã pelo dia da mulher que foi ontem e lembre a ela que amanhã é meu aniversário 10/03. Pra mim tudo que ela tem sido e feito por mim é um grande presente. Diga que a amo muito. Deus te abençoe mãe Dora! (Escritas de Si/ Bilhetes: Interno 30).

Quando falta algum componente de higiene pessoal no "X", o qual integre os itens que compõem o "*kit* rodado", os presos solicitam-no à equipe dirigente da Casa de Prisão. Os presos reclamam que a quantidade dos produtos contidos no *kit* é insuficiente para o tempo estipulado ao seu uso, conforme pode ser observado no relato abaixo:

> DNª mãe Dora eu esqueci de ti falar se tem como a senhora conceguir 3 kits rodado para nós, por que os que mandaram já acabou e nos estamo sem nem pasta de dente nem sabonete nem sabão e nem papel higiênico. Muito Obrigado!! X-23. (Escritas de Si/ Bilhetes: Interno 55).

Nos bilhetes escritos pelos presos e dirigidos ao setor de serviço social da CPP é comum que eles apresentem denúncias, como a de estarem com o "tempo de cadeia vencido", terem o direito de progressão ao regime semiaberto e permanecerem no fechado, não disporem de materiais para uso pessoal, entre outras. Também é comum encontrar reclamações dos presos por dividirem a cela com um número grande de pessoas, não disporem de colchões para dormir e dividirem cela com colegas que apresentam doenças contagiosas:

> Nossa ilustre, eu Romildo já estou com as mesmas manchas que está neste Luiz Gomes Olha nós já avisamos que este problema deste cara é sério e vocês estão duvidando. Olha já avisamos que vamos jogar ele fora da cela. Por

> causa deste sintoma já estamos todos pestiados. Olha não tem como ele ficar deste jeito junto com nós. Vamos aguardar até o banho de sol. (Escritas de Si/ Bilhetes: Interno 58)

A estrutura interna dos pavilhões da CPP não leva em consideração o clima predominantemente quente e seco do Estado do Tocantins, sua arquitetura foi baseada em projetos de prisões para clima mais temperado e temperaturas mais amenas, de modo que o calor no interior das celas aumenta os conflitos entre os presos e torna o ambiente, por vezes, insalubre. Nas noites mais quentes alguns presos preferem dormir diretamente no chão porque o colchão esquenta muito. É comum entre eles a reserva de água em garrafas *pet* para aliviarem o calor e a sede dos dias quentes.

Quando as celas da CPP são abertas, mas os portões de grade dos corredores que separam as galerias permanecem trancados, os presos passam a circular pelo corredor que se torna um espaço muito importante de interações entre eles, pois além de ampliar significativamente o espaço físico disponível à ação, permite o acesso a todas as celas de uma mesma galeria e, ainda, o intercâmbio com celas de outras galerias por meio dos contatos realizados por entre as grades que separam uma galeria da outra. As práticas sociais internas que exigem mais espaços ou recursos, como os exercícios físicos, normalmente ocorrem nesses corredores das galerias.

A prática de exercícios físicos por meio do levantamento de pesos é supervalorizada pelos presos da CPP. Criar e manter músculos na prisão, entre outros benefícios, passa a representar para os presos uma estratégia de distanciamento do perfil de *boy* (aquele que mantém relação homossexual como "passivo", "mulher de ladrão") da cadeia, seja para potencialização da força física necessária, caso haja enfrentamento físico direto, ou para manter um distanciamento da aparência corporal de um visual desejado por potenciais parceiros. A prática de atividade física na prisão assume, assim, funções simbólicas que se não situa o praticante de vez no perfil de homem hétero, ao menos o coloca do lado "ativo" da relação, a qual se torna mais facilmente tolerada nas relações internas da prisão.

O uso dos corredores da CPP se torna obrigatório nos dias de visita, momento em que todos os presos devem deixar suas celas. Os presos que estão recebendo visita podem ficar nos corredores, enquanto os que estão sem visitantes devem ir para a área do banho de sol. As celas devem ficar a disposição da "tirada do íntimo" para os casais. Nesses dias os presos dividem o espaço da cela com empanadas, onde cada separação estabelece territorialidades para as práticas sexuais. Os que vão "tirar íntimo" ficam logo na cela, se esta estiver liberada, ou esperam sua vez no corredor das alas, nas proximidades da cela, de modo que no corredor só ficam os casais.

Quando ocorre de uma cela ter muito "íntimo" para ser tirado e outra ter pouco, ou nenhum, acordos podem ser feitos para agasalhar um "íntimo" na cela de um "largado" (sem visita) e garantir maior tempo para o amor dos casais. Na maior parte dos casos, o número de repartições feitas nas celas para tirar o "íntimo" não exige muito rodízio, e os casais podem usufruí-las do início ao fim da visita íntima. Os presos que possuem filhos ou outros visitantes lhes esperando, passam menos tempo no "íntimo" para voltar a fazer "sala" aos visitantes e cuidar das crianças. Após a tirada do íntimo, o casal apenas se lava, ou toma banho por completo no banheiro da própria cela e cede o espaço para o próximo casal.

Na CPP é exigida a carteirinha da companheira que comprove a união estável para a visita íntima, mas já houve casos em que foi permitida a entrada de outras mulheres apresentadas por seus companheiros presos e acatadas sem muitas reservas pela segurança. Ocorre, ainda, que uma visita comum de um "truta" possa virar visita íntima do parceiro no decorrer do horário reservado à visitação, por meio dos acordos que são realizados internamente, inclusive envolvendo prostituição, troca de favores e/ou pagamento de dívidas contraídas internamente.

Ter uma mulher com quem tirar o "íntimo" é fundamental e dá prestígio ao preso, pois é uma reafirmação da sua masculinidade e a garantia que o preso tem de ser assistido com mercadorias vindas da rua. Um homem que não consegue trazer uma mulher da rua para "tirar o íntimo" fica mais sujeito a achar uma na cadeia e a mulher de cadeia não dá prestígio ao preso nas relações sociais internas.

Ao término do horário de visitação é chegada a hora dos presos quantificarem o valor da "cobal" que receberam, verificarem os produtos que vieram e os que deixaram de ser trazidos pelos visitantes. Se o preso tiver sorte, junto a esses materiais de entrada permitida na instituição, chegaram outros de entrada proibida como dinheiro, *chips* para celulares e drogas.

Um traficante com negócios ativos na rua e no cárcere pode bancar uma cela, mas isso não lhe fica sem retorno, pois ele cobra dos parceiros a proteção e o devido envolvimento destes para a prosperidade dos negócios, garantindo a venda e o cumprimento dos pagamentos da droga no interior da prisão pelo uso da força física ou por meio de ameaças e intimidações. É na área do banho de sol que ocorre a maioria das cobranças das dívidas. A fim de garantir que as dívidas de drogas sejam pagas, o traficante interno pode recrutar entre os presos dependentes da droga os mais violentos que prestam seus serviços de cobrança de dívidas em troca de um "naco" da droga.

Pode ocorrer que nas revistas de cela algum preso influente na massa carcerária seja informado por olheiros com antecedência, a fim de ganhar tempo para promover um esconde-esconde dos ilícitos na cela. Nesse caso, há sobreposição do campo econômico sobre o disciplinar e a regra, que deveria ser igualmente aplicada a todos, acaba sendo aplicada de maneira diferenciada conforme a posição do transgressor no campo socioeconômico interno da massa carcerária.

Nas galerias da CPP, seis presos do pavilhão A e quatro do B ficam livremente circulando pelo pavilhão para auxiliarem a equipe dirigente em algumas tarefas como: abrir e fechar as celas, repassar a "xêpa"[78], entregar remédios e outros materiais. Esses presos também prestam outros favores aos colegas das celas, fazendo sempre os "corres"[79] entre um colega e outro, avisando a equipe dirigente quando há alguém doente ou que esteja precisando de ajuda.

Ao final de cada corredor, há um portão que dá acesso às áreas do banho de sol, uma área para o pavilhão A e outra para o "B", separadas por uma muralha dupla. Essas áreas são consideradas pelos presos como ambientes sociais da prisão, pois lá acontece a maioria das atividades coletivas como: cultos, torneios, casamentos, batizados de capoeira e outras atividades que só são permitidas de serem desenvolvidas nessas áreas. Um aluno-interno, ao justificar sua falta na escola da CPP, dá um exemplo de atividades comuns de serem realizadas na área do banho de sol:

> [...] peço desculpas pela minha ausência.
> Pois hoje eu vou fazer um favor para um colega da cela.
> Como hoje é banho de sol à tarde e nós só podemos cortar cabelo no banho de sol, eu vou fazer esse favor pro irmãozinho que mora na mesma cela que eu.
> Desde já agradeço por sua compreensão. (Escritas de si/ Bilhetes: Interno 33)

No momento do banho de sol, os presos aproveitam para verem os recém-chegados, jogarem bola e/ou capoeira, conver-

[78] Comida/almoço.

[79] Favores.

sarem com companheiros de outras celas, admirarem o céu e se comunicarem com presos do outro pavilhão por meio de uma pequena brecha no paredão que separa a área do banho de sol do pavilhão A da área do B, o que para eles é muito importante tendo em vista que um preso de um pavilhão pode passar bastante tempo sem ver os colegas presos do outro. A Figura 4, a seguir, mostra o espaço do banho de sol do pavilhão B em um dia de atividade com a presença de visitantes:

FIGURA 4 – VISTA DA ÁREA DO BANHO DE SOL DO PAVILHÃO B
FONTE: Arquivos pessoais do autor; Data da foto: 2015.

O banho de sol é a área mais geral do pavilhão, em que os presos de todas as celas do convívio podem se encontrar. Cada cela pode possuir um *modus vivendi* mais ou menos específico que passa a ser reconhecido pelos presos das demais celas. No entanto nenhum *modus vivendi* particularizado das celas pode se sobrepor aos códigos de conduta mais gerais do convívio dos presos. Um casal de homossexuais, por exemplo, pode até assumir sua relação e trocarem certas carícias em suas celas específicas, mas são proibidos de fazerem isso nos espaços mais coletivos do pavilhão como no corredor e, sobretudo, no banho de sol, sob a presença de outros que não os seus companheiros de cela. Eles têm que respeitar concomitantemente os códigos de ética da massa, principalmente se houver a presença de visitante:

> Aqui, eu fui me adequando as regras daqui, aqui não pode olhar pras visitas, não pode falar com pessoas que não é da nossa família e aqui só entra duas pessoas e ao mesmo tempo as pessoas que ficam pra vir aqui, elas passam muito tempo sem vir aqui porque tem suas dependências lá fora, tem o que resolver, e cada um tem que seguir sua vida e agente segue a vida da gente aqui. (Escritas de Si/ Diálogos: Interno 41)

O preso que circula na área do banho de sol fica liberado para fazer qualquer coisa, menos tirar barato com as visitas e ficar "bicando" a mulher de outros presos. Nos dias de visita, os presos com visitantes ficam do lado sombreado da área do banho de sol, enquanto que os presos sem visitas ficam do lado oposto, expostos ao sol. O respeito em relação aos visitantes que adentram a Casa de Prisão é exigido e controlado pelos próprios presos, pois nesses dias os agentes de segurança se deslocam apenas até a ala das celas especiais, deixando as outras alas, celas e o banho de sol sob o quase total controle dos presos. É essa a territorialidade máxima do convívio interno que os presos das celas especiais e do seguro não gozam, pois para esses presos irem ao banho de sol, eles precisam passar pelos corredores das celas do convívio, o que os deixa bastante sobressaltados acerca da possibilidade de os presos do convívio obterem acesso a eles.

A ampliação do espaço destinado à ação do preso que a área do banho de sol permite, pode lhe expor mais à violência, pois é na área do banho de sol que são feitos os "acertos de conta". Na CPP nenhum preso pode acertar as contas com outro preso pelas costas, pegá-lo de surpresa na "trairagem" ou covardia, pois mesmo que ele esteja com a razão será fortemente condenado pela massa carcerária, podendo inclusive ser submetido à tortura e até à morte.

Os presos da CPP que se encontram no direito à progressão de regime para o semiaberto podem fazer o pedido à direção ou à defensoria pública por meio de bilhete. O pedido será analisado e, a depender do caso, concedido mediante decisão judicial. A partir de então, o interno passa a cumprir a pena na Unidade de Regime Semiaberto (URSA), a qual é externa à CPP.

Considerações finais

O ambiente da prisão, com todos os problemas que possa apresentar, é consubstancialmente um ambiente de muitas aprendizagens, como também de grandes "desaprendizagens". Ainda que privado de liberdade, o sujeito preso permanece aprendendo, porém o ambiente em que vive e emerge as suas aprendizagens é doentio e perverso, exigindo dele a aprendizagem das "negatividades" da prisão, porque dela depende sua sobrevivência. O sistema de privações e a convivência intramuros constituem, assim, a base de uma aprendizagem endêmica que se pauta na praticidade da sobrevivência imediata.

As limitações impostas aos presos na prisão tomam corpo e maior expressividade nas celas, seu local de "morada", causando a necessidade de novas aprendizagens (saberes e fazeres). Com isso, há o surgimento de práticas específicas da reutilização e da reciclagem de materiais, da criação e utilização de novos códigos e linguagens, do exercício do poder/força, da relativização da sexualidade, entre outras.

Na CPP há uma hierarquia na composição das regras de convivência entre os presos que se estabelece do geral para o particular, ou seja, da cadeia para os pavilhões e destes para as celas. Algumas regras são tidas como gerais, por exemplo, a de pagar o que se deve aos outros, não usar o "boi"[80] enquanto os outros estiverem fazendo refeição, ter repulsa aos enquadrados por estupros ou infanticídios (que normalmente ficam em celas específicas) e respeitar as visitas dos companheiros. Outras regras se restringem ao ambiente das celas, por exemplo, poder ou não fumar no "X", ter horário para dormir, obedecer escala para a arrumação e limpeza do "X", entre outras, sendo que jamais as regras da cela podem transpor as do pavilhão como também as regras setoriais dos pavilhões não podem transpor as regras mais gerais da cadeia.

A assimilação do indivíduo à cultura interna de uma comunidade de prática específica se torna possível porque há aprendizado compartilhado e socializado no interior dessa comunidade. As práticas sociais emergentes entre os presos tornam possível a caracterização da prisão como instituição autorreprodutora e dos presos como adaptados ao meio em que essas práticas se desenvolvem, formando uma comunidade mais ou menos fechada e separada da comunidade mais ampla, em que os presos dão novos significados às suas vivências considerando, principalmente, referenciais extramuros. Importam regras, padrões de comportamentos e organização que são ajustadas ao ambiente interno da prisão e, consequentemente, promovem novas formas de sociabilidades.

---

[80] Vaso sanitário.

Referências

BAUMAN, Z. *Globalização*: as consequências humanas. Rio de Janeiro: Jorge Zahar, 1999.

BETTO, Frei. O cárcere visto por dentro. In: QUEIROZ, José J. (Org.). *As prisões, os jovens e o povo.* São Paulo: Paulinas, 1985.

CAPRA, Fritjof. *As conexões ocultas*: ciência para uma vida sustentável. São Paulo: Cultrix, 2005.

CHIES, Luiz Antônio Bogo. *A capitalização do tempo social na prisão*: a remição no contexto das lutas de temporalização na pena privativa de liberdade. 294f. 2006. Porto Alegre: IFCH/UFRGS, Tese (Doutorado em Sociologia), 2006.

CHRISTIE, Nils. *La Industria del Control del Delito – ¿La nueva forma del Holocausto?*. Trad. de Sara Costa. Buenos Aires: Editores del Puerto, 1993.

CUNHA, Manuela Ivone P. da. *A prisão feminina como "ilha de Lesbos" e "escola do crime"*: discursos, representações, práticas: Núcleo de Estudos em Antropologia. 1991. Universidade do Minho. Disponível em: <http://repositorium.sdum.uminho.pt/bitstream/1822/5248/3/A%20pris% C3%A30%20como%20ilha.pdf>. Acesso em: 11 set. 2016.

FOUCAULT, Michel. *Microfísica do poder.* Rio de Janeiro: Graal, 1979. p. 1-14.

______. *Vigiar e punir:* nascimento da prisão. 15. ed. Petrópolis: Vozes, 1997.

GARLAND, David. *A cultura do controle*: crime e ordem social na sociedade contemporânea. Rio de Janeiro: Revan, 2008.

______. *Castigo y sociedad moderna*: un estudio de teoría social. México D.F.: Siglo XXI Editores, 2006.

GOES, Eda Maria. Transição política e cotidiano penitenciário. *História, Franca*, v. 23, n. 1-2, p. 219-238, 2004. Disponível em: <http://www.scielo.br/scielo.php?script=sci_arttext&pid=S0101-90742004020011&lng=en&nrm=iso>. Acesso em: 11 set. 2016.

GOFFMAN, Erving. *Manicômios, prisões e conventos*. São Paulo: Perspectiva, 1974.

______. *Estigma*: notas sobre a manipulação da identidade deteriorada. Trad. Márcia Bandeira de Mello Leite Nunes. 4. ed. Rio de Janeiro: LTC Editora, 1988.

LEMGRUBER, Julita. Pena alternativa: cortando a verba da pós-graduação no crime. In: VELHO, Gilberto; ALVITO, Marcos (Org.). *Cidadania e violência*. Rio de Janeiro: Editora UFRJ; Editora FGV, 2000.

OLIVEIRA, Odete Maria de. *Prisão*: um paradoxo social. Florianópolis: Ed. UFSC, 2003.

PORTO, Maria Stela Grossi. *Sociologia da violência:* do conceito às representações sociais. Brasília: Verbana Editora, 2010.

SYKES, Gresham M. *The society of captives*: A study of a maximum security prison. Princeton: Princeton University Press, 1974.

THOMPSON, Augusto. *A questão penitenciária*. 3. ed. Rio de Janeiro: Forense, 1991.

WACQUANT, Loïc. *As prisões da miséria*. Trad. André Telles. Rio de Janeiro: Jorge Zahar, 2001.

CAPÍTULO 11

ANÁLISE DO EMPREGO DO INSTITUTO DA PRISÃO PREVENTIVA NO ORDENAMENTO JURÍDICO E NO SISTEMA PRISIONAL BRASILEIRO À LUZ DA TEORIA SOCIAL WEBERIANA

Samuel Correa Duarte

Introdução

O presente estudo parte do princípio de que o capitalismo é, para além de um sistema econômico, também um sistema social de caráter totalizante. A ascensão da ética burguesa, na perspectiva da análise weberiana, teria como signo maior a transmutação do materialismo em artefato cultural no contexto da modernidade.

O elemento central que permitiria divisar a modernidade seria a ascensão da racionalidade e da racionalização como base sobre a qual se assenta nossa relação com o mundo. A análise social deve incluir na sua agenda a verificação da influência das estruturas sobre o nível da ação do sujeito, mas também o modo como o sujeito decide seu curso de ação e a relação entre a volição individual e a estruturação social.

Nesse sentido, ação e relação social emergem como técnicas de convivência, sendo que o sistema prisional constitui-se em caso empírico da formação de padrões de interação arbitrários, desde sua estrutura até a (sobre)vivência intramuros. A sociedade conservadora erigida pelo capital estabelece uma relação espúria entre a promoção da privação de liberdade e da segurança individual que implica um acirramento do processo de encarceramento, mesmo que à revelia dos institutos legais criados por essa mesma sociedade.

Aqui se torna essencial denunciar a falácia da propaganda sobre a ideia de reabilitação prisional, visto que estamos diante de instituições que visam a reproduzir a sociedade de classes *in natura*. Isso se evidencia na dualidade entre repressão e prevenção e a opção sistemática pelo Estado burguês pela primeira.

Caso emblemático dessa racionalidade de Estado no contexto do capitalismo é a manutenção por prazo indeterminado da prisão provisória, a despeito da necessidade legal de ter caráter excepcional e não normal. Nesse e em outros casos atinentes ao sistema prisional o que se percebe é a flagrante contradição entre o que se prevê e o que se provê. As consequências são a substituição do poder público pelo crime na gestão do sistema prisional e o reforço à exclusão como tônica do sistema.

Na primeira parte do texto, iremos nos reportar ao debate de matriz weberiana sobre racionalização e ascensão de uma ordem burocrática como marcas da modernidade. Na segunda parte, iremos descrever como o ordenamento jurídico brasileiro projetou a "prisão" enquanto arcabouço legal e aparato institucional. A seguir, iremos apresentar o caso das excessivas prisões preventivas como modelo exemplar de uma reversão do Estado de Direito.

Max Weber, racionalização e burocracia como fundamentos da sociedade moderna

Max Weber admite no seu esquadro teórico como pressuposto fundamental a constatação de que, desde seu nascedouro nas revoluções burguesas o capitalismo constituiu o fator chave para a compreensão da modernidade em função do seu caráter totalizante. Contudo ele foi além e empenhou-se em entender a lógica cultural que permitiu a ascensão e manutenção do capitalismo enquanto sistema social e não apenas como modo de produção econômico.

O sujeito moderno em Max Weber nasce num ambiente envolvente cuja lógica estruturante é material e materialista, racional e racionalista, e cuja mola mestra é o pensamento burguês e sua criação, o capitalismo. De acordo com Riesebrodt (2012, p. 165-166), o que Max Weber deseja incluir na agenda de pesquisa do campo sociológico é justamente todo o conjunto de variáveis culturais que, no escopo do materialismo histórico erigido pelo pensamento marxista, havia sido relegado ao segundo plano como epifenômeno do mundo econômico.

Nesse sentido é que nos estudos sobre a ética protestante Max Weber postula que o *homo oeconomicus* não deriva diretamente do processo de acumulação de capital, mas do advento de uma nova ética, um novo conjunto axiológico que irá orientar o comportamento dos indivíduos numa quadra burguesa.

Ao adicionar os fatores culturais na explicação do comportamento humano, Max Weber irá romper com o determinismo material professado pela *vulgata* marxista, mas não irá abandonar a perspectiva materialista de análise, como bem atesta a tese sobre a secularização e desencantamento crescente do mundo moderno, de modo que, ao contrário de Karl Marx, para o qual o materialismo é o ponto de partida, para Max Weber ele constitui o ponto de chegada: a modernidade é o tempo do reino material. Na ótica de Riesebrodt (2012, p. 167), aqui Max Weber concorda com Karl Marx sobre a natureza da sociedade burguesa, discordando de sua origem e situando-a como um "cosmo cultural no qual emergem invenções como aquilo que viria a ser chamado de individualismo possessivo"[81].

De acordo com Sell (2014, p. 40-42), no modelo de análise derivado do pensamento weberiano podemos identificar três passos da análise social: o primeiro passo consiste em situar a influência das estruturas sobre o nível da ação do sujeito; o segundo passo diz respeito ao processo de identificar o modo como o sujeito decide seu curso de ação; por fim o terceiro nível implica a junção entre a volição individual e a estruturação social.

Aqui reside um divisor de águas analítico weberiano, na medida em que ao nível do sujeito situam-se os instrumentos que orientam suas ações no plano social, enquanto ao nível da estrutura estão as relações sociais orientadas pela ordem econômica ou política vigente, por exemplo o aparato jurídico implica numa prescrição normativa que informa a performance dos indivíduos em suas relações sociais. A analítica weberiana prevê a investigação sobre os fins da ação, os meios empregados e os valores culturais que formam o tecido social no qual se desenrolam as atividades humanas. Isso fica patente na forma como Max Weber (1999, p. 161) caracteriza o Estado moderno, destacando:

> aquela monopolização do emprego legítimo de violência, que culmina no conceito moderno do Estado, como fonte última de toda legitimidade de poderes físicos, e, ao mesmo tempo; aquela racionalização das regras para sua aplicação, que culmina no conceito da ordem jurídica legítima.

Para fins de análise de aspecto do sistema penal brasileiro, iremos aqui procurar distinguir os conceitos de racionalidade e racionalização em Max Weber. Na ótica de Sell (2012, p. 153-158) em primeiro lugar é preciso destacar no pensamento weberiano que cada esfera da vida moderna (religião, economia, educação,

[81] Sobre o tema, vide: MACPHERSON, C. B. *The political theory of possessive individualism*: Hobbes to Locke. Oxford, Oxford University Press, 1962.

justiça) produz sua própria racionalização, mas como vimos anteriormente, o sistema capitalista enquanto ambiente envolvente interfere nas diferentes dimensões da vida na atualidade. Assim podemos distinguir entre um tipo de racionalização que diz respeito a um processo histórico e cultural (a transformação da mentalidade) e a racionalização de cada esfera da vida social em particular, da qual se deriva uma legalidade específica para cada caso, se tratamos de religião, economia, política etc., visto que a interseção entre essas dimensões não implica na sua justaposição. Veja-se o que Max Weber descreve acerca do campo jurídico:

> A necessidade crescente de conhecimentos jurídicos especializados fez surgir o advogado profissional. Estas exigências crescentes de experiência e conhecimentos especializados entre os práticos jurídicos e, com isso, o impulso para a racionalização do direito em geral partem, quase sempre, da importância progressiva da troca de bens e daqueles interessados no direito que nela participam, pois nessa esfera surgem os problemas para cuja solução uma especialização profissional, e isto significa racional, tomou-se uma necessidade imperiosa (WEBER, 1999, p. 85).

Nessa perspectiva iremos verificar com Weber que somente no campo de uma racionalidade prática é que encontramos o sentido possível da ação passível de ser captado no plano sociológico. Mas qual seria o conteúdo dessa racionalidade prática? Ela não é apenas instrumental no sentido de buscar a justa adequação entre meios e fins; também não é puramente eletiva na medida em que seleciona valores para conduzir a escolha dos fins a serem almejados; nem tampouco se resume a uma dimensão normativa na medida em que uma variável axiológica intervém sobre a ação. A racionalidade prática bifurca-se numa linha formal (escolher e ajustar meios e fins) e outra moral (o esquema normativo vigente).

> Obedece-se não à pessoa em virtude de seu direito próprio, mas à regra estatuída, que estabelece ao mesmo tempo a quem e em que medida se deve obedecer. Também quem ordena obedece, ao emitir uma ordem, a uma regra: à "lei" ou "regulamento" de uma norma formalmente abstrata (WEBER, 1956 apud GOHN, 2003, p. 129).

Na tipologia clássica weberiana, temos a ação racional com relação a fins, a ação racional com relação a valores, a ação afetiva e a ação tradicional. Essa tipologia além de não ser mutuamente excludente (a mesma ação pode conter mais de um sentido) também estabelece uma hierarquia entre o ideal e o efetivo, entre o racional que o mundo moderno coloca como *desiderato* e a realidade *irracional* dos valores, tradições e relações de afeto que não podem ser eliminados sob risco de tomar o homem como um ser artificial. Sell (2012, p. 163) lembra-nos que ao apontar o curso da história rumo à racionalização, Max Weber anota que somos *demasiados humanos*[82] e que esse traço incontornável é justamente o ponto a ser analisado pelo prisma sociológico.

Na tópica da sociedade racionalizada, ganha destaque de acordo com a visão weberiana o termo "técnica", que pode ser entendido como o somatório dos meios que a ação emprega para se efetivar. Sobre a "técnica" se impõe o fator econômico para sua consecução: a racionalidade "técnica" depende das condições materiais disponíveis ao agente para que se efetue.

Fazendo o escrutínio da escrita weberiana, Sell (2011, p. 565-577) observa que o termo "técnica" busca reunir sob o mesmo jugo os meios e os fins, no sentido de obter a melhor eficácia: os objetivos irão dimensionar as técnicas e recursos a serem empregados para o sucesso da ação. Mas são os meios que consubstanciam a "técnica" na medida em que são desenhados de acordo com obje-

[82] Sobre o tema, vide: NIETZSCHE, Friedrich. *Humano demasiado humano*. Tradução de Paulo Cezar de Souza. São Paulo: Companhia das Letras, 2000.

tivos e possibilidades – aqui reside o cerne da questão, visto que o espectro histórico e cultural precisa viabilizar uma "técnica" para que ela ganhe concretude. Em suma, a prática depende não só das "técnicas" disponíveis, mas também do ambiente cultural no qual ela se inscreve.

Há de se lembrar que na ótica weberiana a análise sociológica toma como referência o sentido que os atores atribuem aos seus atos no contexto social, de modo que para além da "tecnicidade", enquanto operações no plano do modo de produção material, Max Weber coloca em evidência o papel das mentalidades para a formação de um conjunto de práticas, seja no âmbito jurídico, familiar, econômico etc. Nesse sentido podemos identificar o modo de agir social com o modo de agir técnico, e assim se torna evidente que toda ação social possui uma instrumentalidade intrínseca.

O processo de racionalização nutre-se da substituição dos costumes arraigados pela projeção da ação com base em interesses, que podem ser privados ou coletivos. Assim, a racionalização implica uma colonização do mundo da vida pela instrumentalidade e a tecnicidade, de modo que a secularização e o desencanto do mundo levam a uma forma de vida calcada na racionalização técnica.

Dito isso, Sell (2011, p. 580-581) chega ao veredito de que a prevalência da burocracia sobre o carisma significa que os *meios* passaram a subjugar os *fins*, desviando as instituições de sua atividade fim para outra afeita ao seu aparato burocrático. Se por um lado há um avanço no sentido de despersonalizar as relações de poder, por outro isso implicaria numa crescente petrificação do *modus operandi* de instituições públicas, empresas, partidos, igrejas etc. Assim as práticas administrativas na sociedade moderna levariam a uma irrefutável desumanização das organizações pela imposição de rotinas ao mesmo tempo impessoais e rígidas.

O Código Penal e a condição prisional

Na visão de Silveira (2006, p. 172-173), Max Weber irá distinguir o campo do direito como relativo ao dever ser enquanto o campo da sociologia relativo à realidade efetiva das coisas. Assim o direito se preocupa com as normas e sua lógica interna enquanto ordenamento jurídico. A sociologia por sua vez se debruça sobre a efetividade e legitimidade das leis ante a estrutura e dinâmica sociais.

> É preciso estabelecer uma distinção entre a dogmática jurídica e a sociológica jurídica. A primeira procura estabelecer teoricamente o sentido intrínseco visado por uma lei, controlar-lhe a coerência lógica em relação a outras leis, ou mesmo em relação ao conjunto de um código. A sociologia jurídica, ao invés, tem por objeto compreender o comportamento significativo dos membros de um grupamento quanto às leis em vigor e determinar o sentido da crença em sua validade ou na ordem que elas estabeleceram. Procura, pois, apreender até que ponto as regras de direito são observadas, e como os indivíduos orientam de acordo com elas a sua conduta. Para a dogmática jurídica uma norma é válida desde que seja estabelecida ou figure em um código; para a sociologia trata-se de controlar sua importância no curso da atividade social dos indivíduos, pois não é sempre que uma lei estabelecida é respeitada. (FREUND, 2006, p. 178-179).

Na lógica do sistema penal, a privação de liberdade além de criar a sensação de segurança junto à opinião pública também permite um saber clínico acerca dos infratores, haja vista que estão sob permanente vigilância. Um contraste emerge de saída: a lei exige a individualização da pena, mas seu cumprimento numa instituição total retira qualquer possibilidade de tratamento clínico da questão visto que o detento irá integrar uma *massa amorfa* de presidiários. Caberá ao interno criar por si mesmo as táticas de sobrevivência e descolamento dessa massa de proscritos. Na ótica do detento, a pena prevista é tão somente uma projeção, visto que será a sua trajetória e o comportamento intramuros no cárcere que irão determinar o prazo provável de permanência.

A partir do momento em que o sujeito ingressa no sistema prisional, toma curso um processo de alienação dele em dois sentidos: em direção ao mundo externo, do qual ele deixa de ser membro da sociedade civil, e em direção ao mundo interno à prisão, no qual ele passa a pertencer à instituição e fica submetido à lógica de força e poder das relações internas. Disso decorre, como expõe Fonseca (2006, p. 534-535), a mortificação do sujeito em nome da disciplina e da ordem. A ideia básica da proposta de reabilitação penal consiste em transmutar sujeitos inseridos em práticas criminais em cidadãos ativos, mas a exclusão operada pelo sistema prisional de modo substantivo vai no curso oposto do que se propõe formalmente.

Ainda segundo mesmo autor, os problemas carcerários na realidade brasileira podem ser divisados em dois grupos: de um lado situam-se as mazelas de ordem estrutural como a falta de equipe administrativa e segurança; por outro os problemas da natureza da privação de liberdade que isola o sujeito da família e sociedade, fazendo-o submergir no mundo do crime do qual a carceragem é constituída.

Em termos de segurança pública, de acordo com Cardoso e Monteiro (2013, p. 95-99) o debate é travado entre duas vertentes: a primeira, repressiva, entende que as medidas de combate ao criminoso devem ser a tônica da ação estatal, implicando a expansão do aparato policial, da máquina judicial e prisional, aliado a um maior rigor legal no que tange ao direito penal; a segunda, preventiva, destaca o combate ao crime por meio de ações voltadas para o cidadão comum com a inclusão social, redução da desigualdade e promoção dos direitos humanos.

Nessa perspectiva, os mesmos autores entendem que os governos, no contexto do neoliberalismo, têm procurado tratar da questão de segurança pública com base na ótica da repressão. As consequências dessa escolha foram a expansão das vagas no sistema prisional, ainda que em número insuficiente visto a expansão também da detenção de pessoas e do processo de privação de liberdade[83]. Constata-se que nas delegacias e cadeias se avolumam presos em detenção provisória ou transitada em julgado à revelia do que prevê a legislação. A permanência de detentos acima do prazo legal em instituições desprovidas de amparo legal e estrutural para a guarda deles atenta contra os direitos humanos fundamentais.

Para fins de análise do objeto de tela é mister divisar algumas noções acerca do que prevê nosso ordenamento penal no que tange às regras para encarceramento. Do ponto de vista formal, podemos elencar algumas modalidades de prisão peremptória previstas em lei:

Tipo	Fundamento legal básico	Súmula
Prisão em flagrante	Capitulo II do Código de Processo Penal, modificado pela Lei n. 12.403, de 2011.	Quando ocorre na presença de flagrante delito.
Prisão preventiva	Capitulo III do Código de Processo Penal, modificado pela Lei n. 12.403, de 2011.	Pode ser decretada pelo juiz em qualquer fase do inquérito ou da instrução criminal, para garantir a ordem jurídica e social, exigindo-se a demonstração do *fumus boni juiris* e do *periculum in mora*.
Prisão administrativa	O art. 5º, LXI, da CF e os arts. 319 e 320 do Código de Processo Penal. Foi explicitamente revogado pela Lei n. 12.403, de 2011.	Versa sobre os remissos ou omissos em entrar para os cofres públicos com dinheiro a seu cargo, para compeli-los a que o façam. A prisão administrativa somente poderia ser determinada pelo juiz competente.
Prisão por pronúncia	O art. 373 do Código de Processo Penal, Decreto-lei n. 3.689, de 3 de outubro de 1941.	A prisão por pronúncia deriva de sentença da mesma natureza, para os casos de competência do tribunal do júri nos crimes dolosos contra a vida.

[83] Parafraseando a célebre tese de Thomas Malthus sobre estudos populacionais, podemos dizer que as vagas em instituições penais crescem em termos aritméticos enquanto a demanda do sistema judiciário por encarceramento cresce de forma geométrica.

Tipo	Fundamento legal básico	Súmula
Prisão resultante de sentença condenatória recorrível	O art. 373 do Código de Processo Penal, Decreto-lei n. 3.689, de 3 de outubro de 1941.	Resultante de sentença penal condenatória recorrível, ou seja, situação que ainda não transitou em julgado, mas na qual se considerou o réu culpado e indicando a ele pena privativa de liberdade.
Prisão temporária	O art. 283 do Código de Processo Penal, Decreto-lei n. 3.689, de 3 de outubro de 1941, modificado pela Lei n. 12.403, de 2011.	Resultante de ordem escrita e fundamentada da autoridade judiciária competente no curso da investigação ou do processo.

QUADRO 1 - SÍNTESE DAS MODALIDADES DE PRISÃO

FONTE: Código de Processo Penal (1941/2011). Compilação do autor

De igual modo podemos elencar os vários tipos de flagrantes[84] que implicam detenção.

Tipos de flagrante	Características
Flagrante próprio	Aquele no qual o agente é detido cometendo o crime ou imediatamente após praticá-lo.
Flagrante impróprio	Aquele no qual o agente é perseguido logo após o ilícito, havendo presunção de culpa.
Flagrante presumido	Aquele no qual o agente é detido logo após a ocorrência criminal em posse de instrumentos, armas, objetos ou papéis que permitam presumir ser ele o infrator.
Infração permanente	Exemplo típico dessa modalidade é o caso de sequestro, quando há uma continuidade temporal da ação criminal, nesse caso sendo o agente considerado em flagrante delito enquanto durar a ação.
Flagrante esperado	Aquele no qual a força policial em posse de informação sobre delito em curso age no sentido de deter o infrator e realizar a prisão.

QUADRO 2 - TIPOS DE PRISÃO EM FLAGRANTE

FONTE: Código de Processo Penal (1941/2011). Compilação do autor

[84] Resta observar que no ordenamento jurídico nacional não se permite o flagrante previamente elaborado para fins de prisão, conforme disciplina a Súmula 146 do Supremo Tribunal Federal, que versa sobre a prescrição da pretensão punitiva, na modalidade retroativa, após o advento da Lei n. 12.234/2010.

Indica de forma acertada Soares (2014, p. 80-81) que um dos problemas lógicos da prisão provisória junto ao ordenamento jurídico é que ela conflita com o princípio constitucional da presunção de inocência, visto que esse instituto legal fundamental prevê que nenhum cidadão pode ser considerado culpado até que transcorra o transitado em julgado e tome forma a sentença penal de condenação. Doutra sorte o que temos com a prisão provisória é a antecipação da pena à revelia do processo penal. O que se deseja deixar claro aqui é que, assim como o próprio nome sugere, a prisão provisória não decorre de condenação com trânsito em julgado, diante do que não pode ser definitiva, tendo em vista a presunção de inocência e o devido processo legal que presidem a apuração e o julgamento do acusado. Muitas vezes, só ao final do julgamento, na instância superior, consegue-se provar a inocência daquele que foi acusado indevidamente ou por equívoco. No caso em que se coloque em prática a prisão provisória e no decurso do processo transitado em julgado restar firmada a inocência do réu ficará caracterizado um dano irreparável a ele. Daí o caráter excepcional que deve ter toda forma de prisão provisória.

A prisão preventiva, por sua vez, é passível de aplicação mesmo durante a investigação criminal, cabendo aos casos previstos no capítulo III do Código de Processo Penal, Decreto-lei n. 3.689, de 3 de outubro de 1941, modificado pela Lei n. 12.403, de 2011:

> Art. 311. Em qualquer fase da investigação policial ou do processo penal, caberá a prisão preventiva decretada pelo juiz, de ofício, se no curso da ação penal, ou a requerimento do Ministério Público, do querelante ou do assistente, ou por representação da autoridade policial. (NR)
> Art. 312. A prisão preventiva poderá ser decretada como garantia da ordem pública, da ordem econômica, por conveniência da instrução criminal, ou para assegurar a aplicação da lei penal, quando houver prova da existência do crime e indício suficiente de autoria.

Parágrafo único. A prisão preventiva também poderá ser decretada em caso de descumprimento de qualquer das obrigações impostas por força de outras medidas cautelares (art. 282, § 4º). (NR)

Art. 313. Nos termos do art. 312 deste Código, será admitida a decretação da prisão preventiva:

I - nos crimes dolosos punidos com pena privativa de liberdade máxima superior a 4 (quatro) anos;

II - se tiver sido condenado por outro crime doloso, em sentença transitada em julgado, ressalvado o disposto no inciso I do caput do art. 64 do Decreto-Lei nº 2.848, de 7 de dezembro de 1940 - Código Penal;

III - se o crime envolver violência doméstica e familiar contra a mulher, criança, adolescente, idoso, enfermo ou pessoa com deficiência, para garantir a execução das medidas protetivas de urgência;

IV - (revogado).

Parágrafo único. Também será admitida a prisão preventiva quando houver dúvida sobre a identidade civil da pessoa ou quando esta não fornecer elementos suficientes para esclarecê-la, devendo o preso ser colocado imediatamente em liberdade após a identificação, salvo se outra hipótese recomendar a manutenção da medida. (NR)

Art. 314. A prisão preventiva em nenhum caso será decretada se o juiz verificar pelas provas constantes dos autos ter o agente praticado o fato nas condições previstas nos incisos I, II e III do caput do art. 23 do Decreto-Lei nº 2.848, de 7 de dezembro de 1940 - Código Penal. (NR)

Art. 315. A decisão que decretar, substituir ou denegar a prisão preventiva será sempre motivada (NR).

Lembra Soares (2014, p. 84-87) que a legislação veda a prisão preventiva em casos de crime famélico, legítima defesa e cumprimento da lei ou exercício do direito vigente. Doutra sorte pode ser evocada como forma de garantir a ordem pública e econômica, para fins de instrução criminal, aplicação da lei na evidência de autoria de crime bem como nos casos de ruptura com medidas cautelares previamente impostas. Veja-se que aqui se tratam de situações excepcionais. Na prática comum a prisão preventiva é passível de admissibilidade em presença de crimes dolosos nos quais se tem a previsão de pena restritiva de liberdade. Criminosos reincidentes também são passíveis de submissão ao regime de prisão preventiva.

Sobre a prisão temporária o artigo 1º da Lei n. 7.960/89 dispõe dos casos nos quais ela é cabível:

> Art. 1º Caberá prisão temporária: I - quando imprescindível para as investigações do inquérito policial; II - quando o indicado não tiver residência fixa ou não fornecer elementos necessários ao esclarecimento de sua identidade; III - quando houver fundadas razões, de acordo com qualquer prova admitida na legislação penal, de autoria ou participação do indiciado nos seguintes crimes: a) homicídio doloso (art. 121, caput, e seu § 2º); b) seqüestro ou cárcere privado (art. 148, caput, e seus §§ 1º e 2º); c) roubo (art. 157, caput, e seus §§ 1º, 2º e 3º); d) extorsão (art. 158, caput, e seus §§ 1º e 2º); e) extorsão mediante seqüestro (art. 159, caput, e seus §§ 1º, 2º e 3º); f) estupro (art. 213, caput, e sua combinação com o art. 223, caput, e parágrafo único); g) atentado violento ao pudor (art. 214, caput, e sua combinação com o art. 223, caput, e parágrafo único); h) rapto violento (art. 219, e sua combinação com o art. 223 caput, e parágrafo único); i) epidemia com resultado de morte (art. 267, § 1º); j) envenenamento de água potável ou substância alimentícia ou medicinal qualificado pela morte (art. 270, caput, combinado com art. 285); l) quadrilha ou bando (art. 288), todos do Código Penal; m) genocídio (arts. 1º, 2º e 3º da Lei nº 2.889, de 1º de outubro de 1956), em qualquer de sua formas típicas; n) tráfico de drogas (art. 12 da Lei nº 6.368, de 21 de outubro de 1976); o) crimes contra o sistema financeiro (Lei nº 7.492, de 16 de junho de 1986). p) crimes previstos na Lei de Terrorismo (incluído pela Lei nº 13.260, de 2016).

Conforme prevê o diploma legal, a prisão temporária tem como escopo a cautela prévia ao julgamento e à aplicação da pena. Não está no seu horizonte a aplicação efetiva da pena nem tampouco sua antecipação, seja à revelia do transitado em julgado ou após esse, caso no qual havendo condenação privativa de liberdade, o réu deverá ser encaminhado à unidade prisional.

A intenção da lei em todos esses tipos de prisão até aqui descritos é resguardar a aplicação correta do que se prevê no Código Penal e evitar a elisão do *jus puniendi* por ocasião de impunidade, como no caso de fuga do réu, eliminação de provas e coação de testemunhas, situações que poderiam comprometer as investigações criminais e a aplicação da lei.

Nesse sentido, não é permitido pelo ordenamento jurídico o emprego da prisão provisória para atender ao clamor da opinião pública em casos de grande repercussão midiática, visto que sem o devido transitado em julgado e sem esgotar as investigações e recolhimento de provas nada se pode afirmar em definitivo sem incorrer no risco de imputar crime a inocente. Pelo exposto, resta evidente que a prisão provisória deverá sempre ser precedida da correta aplicação do princípio da presunção de inocência.

Até aqui tratamos daquilo que se prevê na letra da lei. Mas como ensina Max Weber, é papel da sociologia contrapor as ideias aos fatos. Nesse caso, se partirmos do reconhecimento de que as prisões são instituições totalitárias no sentido de sua intencionalidade de disciplinar corpo e mente pelo emprego da repressão fica esclarecido que sua capacidade regenerativa é bastante diminuta a partir do momento em que em nada se assemelha ao *modus operandi* de uma sociedade democrática. Nada é consentido, tudo é imposto. O Estado de Direito por meio do sistema penal proscreve parcela significativa da população a um regime de exceção.

Observa Vigna (2015, p. 1), em outra dimensão, mais operacional e prática, que a própria inviabilidade de efetivação do ordenamento jurídico pode ensejar por parte dos operadores do sistema penal a desobediência calculada tendo em vista sua percepção de que por necessidade de sobrevivência ou para controlar a vida intramuros.

Noutro ponto há de se destacar, de acordo com Matsuda (2015, p. 4), que temas recorrentes na pauta do poder legislativo como a redução da maioridade penal e a ampliação nos gastos com vigilância e construção de unidades prisionais evidenciam a limitação da visão sobre a segurança pública, em geral abarcada pela perspectiva repressiva.

De acordo com os dados do Departamento Penitenciário Nacional (DEPEN) nossa população carcerária indica uma grave seletividade no aprisionamento de pessoas, visto que em geral os detentos são jovens, negros, com baixa escolaridade. Os principais indicadores para o período 2011/2014 estão sumarizados nos quadros a seguir e servem de amostra do que dizemos aqui.

Quantidade de presos por grau de instrução	2011	2014	Variação
Analfabeto	26.410	19.487	-26,21%
Alfabetizado	58.380	32.880	-43,67%
Ensino Fundamental Incompleto	216.660	242.222	11,79%
Ensino Fundamental Completo	59.046	72.216	20,67%
Ensino Médio Incompleto	52.843	68.192	29,04%
Ensino Médio Completo	36.289	46.602	28,41%
Ensino Superior Incompleto	3.757	4.623	23,05%
Ensino Superior Completo	1.906	2.253	18,20%
Ensino acima de Superior Completo	152	107	-29,60%

QUADRO 3 - ESCOLARIDADE DA POPULAÇÃO CARCERÁRIA

FONTE: Infopen, 2011, 2014. Compilação do autor

Quantidade de presos por faixa etária	2011	2014	Variação
18 a 24 anos	134.255	158.185	17,82%
25 a 29 anos	117.602	131.119	11,49%
30 a 34 anos	84.905	99.487	17,17%
35 a 45 anos	76.516	95.600	24,94%
46 a 60 anos	28.752	35.453	23,30%
mais de 60 anos	4.849	5.640	16,31%

QUADRO 4 - FAIXA ETÁRIA DA POPULAÇÃO CARCERÁRIA
FONTE: Infopen, 2011, 2014. Compilação do autor

Quantidade de presos por cor de pele/etnia	2011	2014	Variação
Branca	166.340	188.695	13,43%
Negra	75.883	91.057	19,99%
Parda	198.175	221.568	11,80%
Amarela	2.180	3.312	51,92%
Indígena	769	666	-13,39%
Outras	10.809	1.608	-85,12%

QUADRO 5 - PERFIL ÉTNICO RACIAL DA POPULAÇÃO CARCERÁRIA
FONTE: Infopen, 2011, 2014. Compilação do autor

Tanto entre homens quanto entre mulheres destaca-se a expansão de detenção por crimes relativos ao tráfico de drogas, embora nesse quesito a parcela feminina seja proporcionalmente maior. Até nisso o sistema é discriminatório, visto que o universo do tráfico é um microcosmo que em muito reproduz a sociedade em geral, sendo marcado pelo machismo e a exploração das mulheres. Os chefes de tráfico comumente são pessoas do sexo masculino que empregam mulheres como meio de transporte e distribuição de cargas ilícitas. Essas últimas são mais suscetíveis de aprisionamento, visto que operam na ponta comercial do sistema e não na ponta de gestão.

Criminalidade	2011	2014	Variação
Quantidade de crimes tentados/consumados	493.275	353.181	-28,40%
Crimes contra a pessoa	60.567	68.982	13,89%
Crimes contra o patrimônio	240.848	244.114	1,36%
Entorpecentes	125.560	147.475	17,45%

QUADRO 6 - TIPOS DE CRIMES MAIS COMUNS

FONTE: Infopen, 2011, 2014. Compilação do autor

De acordo com o diagnóstico de Matsuda (2015, p. 6), a chamada lei de drogas (Lei n. 11.343/2006), ao vedar o emprego da pena privativa de liberdade para usuários de drogas, prevendo o tratamento, e não o encarceramento nesses casos (em tese um avanço), levou ao efeito colateral do acirramento da repressão ao comércio de drogas como ferramenta de combate ao uso de entorpecentes (na prática um retrocesso). A população carcerária aumenta em meio a condições precárias de instalação física dos estabelecimentos penais e parcos recursos para manutenção de pessoal e serviços de educação, assistência social e saúde. Não raro, as famílias dos detentos precisam dar suporte com itens básicos que de acordo com a Lei de Execução Penal deveriam ser fornecidos pelo poder público, como no caso de alimentos e higiene. Em vista da ausência de assistência, proliferam os grupos de crime organizado como gerentes paralelos do sistema penal.

Um dos fatores que podem ser elencados para o agravamento na superlotação dos presídios reside na prática da privação de liberdade de pessoas cujo processo ainda não transitou em julgado, de modo que o provisório transforma-se em permanente e acirra o aspecto degradante do sistema prisional. Sem a necessidade de sentença judicial, a prisão antes ou durante o processo criminal deveria ser caso excepcional, mas no contexto do Estado penal e da penalização da pobreza ela se torna a norma.

De fato, pela previsão legal, a prisão provisória e congêneres aqui descritos deveriam ser empregados na defesa e proteção da pessoa acusada, tendo em vista risco vital a essa infligida, mas o que transcorre é o oposto, sendo aplicada como antecipação de pena presumida. Para Tavares e Menandro (2004, p. 86-87), o sistema prisional reforça a exclusão social, ao invés de combatê-la. A precariedade socioeconômica de parcela significativa da população encontra seu eco na precariedade de nossas instituições penais.

Tornar visível a criminalidade pela ação midiática e, a seguir, pela ação do aparato policial tornar invisível o sujeito do crime na condição de apenado é uma estratégia de manutenção de um sistema excludente: "tirar de circulação um meliante" é o correspondente social a uma operação cirúrgica no campo da medicina e uma ação de "limpeza social", como se fosse possível "varrer a criminalidade da cidade" por meio da repressão. Cria-se um círculo vicioso, no qual o grupo social em condição de vulnerabilidade, se por ventura incorrer em infrações legais, irá encontrar a repressão e coação no internato penal. Caso consiga cumprir sua pena privativa de liberdade e retornar à sociedade as condições de exclusão que o levaram ao crime e ao cárcere terão se agravado pelo estigma da sua passagem pelo sistema prisional. Em nenhum momento se questiona as condições de vulnerabilidade a que o grupo está sujeito e, portanto, não será alvo de políticas sociais, restando a ele a face repressiva do Estado. Os quadros seguintes sintetizam as informações disponíveis para os casos de prisões provisórias no Brasil para o ano de 2014, segundo dados do Departamento Penitenciário Nacional – DEPEN por região:

UF	Vagas – presos provisórios – Masculino	Vagas – presos provisórios – Feminino	Presos provisórios (sem condenação): Justiça Estadual Masculino	Presos provisórios (sem condenação): Justiça Estadual Feminino	Presos provisórios (sem condenação): Justiça Federal Masculino	Presos provisórios (sem condenação): Justiça Federal Feminino	Presos provisórios com mais de 90 dias de prisão: Masculino	Presos provisórios com mais de 90 dias de prisão: Feminino
AC	362	5	600	71	0	0	285	0
AM	2163	202	3780	292	90	17	1233	174
AP	706	47	674	39	3	0	392	0
PA	3057	255	5333	425	21	4	1401	2
RO	1047	148	1156	58	31	0	221	1
RR	24	36	772	33	0	2	17	0
TO	943	88	1368	52	15	1	117	32

QUADRO 7 - SÍNTESE DAS PRISÕES PROVISÓRIAS NO BRASIL – REGIÃO NORTE
FONTE: Infopen (2014). Compilação do autor

UF	Vagas – presos provisórios – Masculino	Vagas – presos provisórios – Feminino	Presos provisórios (sem condenação): Justiça Estadual Masculino	Presos provisórios (sem condenação): Justiça Estadual Feminino	Presos provisórios (sem condenação): Justiça Federal Masculino	Presos provisórios (sem condenação): Justiça Federal Feminino	Presos provisórios com mais de 90 dias de prisão: Masculino	Presos provisórios com mais de 90 dias de prisão: Feminino
AL	630	0	1893	186	0	0	38	2
BA	1184	0	6064	383	40	5	1302	148
CE	8161	178	9348	238	0	0	8807	235
MA	2097	129	2306	121	0	0	301	3
PB	1850	76	3195	220	152	4	611	17
PE	4731	223	17528	1036	48	0	3061	116
PI	244	103	1915	116	16	2	29	26
RN	1641	100	2120	160	43	0	490	65
SE	1678	8	2625	251	0	0	895	0

QUADRO 8 - SÍNTESE DAS PRISÕES PROVISÓRIAS NO BRASIL – REGIÃO NORDESTE
FONTE: Infopen (2014). Compilação do autor

UF	Vagas – presos provisó-rios – Masculino	Vagas – presos provisó-rios – Feminino	Presos provisórios (sem condenação): Justiça Estadual Masculino	Presos provisórios (sem condenação): Justiça Estadual Feminino	Presos provisórios (sem condenação): Justiça Federal Masculino	Presos provisórios (sem condenação): Justiça Federal Feminino	Presos provisórios com mais de 90 dias de pri-são: Masculino	Presos provisórios com mais de 90 dias de pri-são: Feminino
DF	1050	84	3462	185	13	10	9	20
GO	2815	268	5973	406	14	3	183	6
MS	336	0	2888	418	221	56	553	213
MT	3693	309	4979	235	244	4	2220	33

QUADRO 9 - SÍNTESE DAS PRISÕES PROVISÓRIAS NO BRASIL – REGIÃO CENTRO-OESTE

FONTE: Infopen (2014). Compilação do autor

UF	Vagas – presos provisó-rios – Masculino	Vagas – presos provisó-rios – Feminino	Presos provisórios (sem condenação): Justiça Estadual Masculino	Presos provisórios (sem condenação): Justiça Estadual Feminino	Presos provisórios (sem condenação): Justiça Federal Masculino	Presos provisórios (sem condenação): Justiça Federal Feminino	Presos provisórios com mais de 90 dias de prisão: Masculino	Presos provisórios com mais de 90 dias de prisão: Feminino
ES	5341	419	6640	544	0	5	3397	278
MG	12582	1056	25494	1780	92	2	2651	155
RJ	8517	273	16741	512	8	770	247	0
SP	31972	1370	64716	1364	33	0	N/I	N/I

QUADRO 10 - SÍNTESE DAS PRISÕES PROVISÓRIAS NO BRASIL – REGIÃO SUDESTE

FONTE: Infopen (2014). Compilação do autor

UF	Vagas – presos provisórios – Masculino	Vagas – presos provisórios – Feminino	Presos provisórios (sem condenação): Justiça Estadual Masculino	Presos provisórios (sem condenação): Justiça Estadual Feminino	Presos provisórios (sem condenação): Justiça Federal Masculino	Presos provisórios (sem condenação): Justiça Federal Feminino	Presos provisórios com mais de 90 dias de prisão: Masculino	Presos provisórios com mais de 90 dias de prisão: Feminino
PR	3592	164	4414	328	191	44	541	49
RS	3359	268	9197	545	23	4	866	55
SC	5614	618	4161	333	18	2	676	75

QUADRO 11 - SÍNTESE DAS PRISÕES PROVISÓRIAS NO BRASIL – REGIÃO SUL

FONTE: Infopen (2014). Compilação do autor

Vamos analisar de forma descritiva os dados apresentados. No quesito capacidade do estabelecimento em número de vagas para presos provisórios na Região Nordeste destacam-se Ceará e Pernambuco na oferta de vagas para o público masculino. Por outro lado, em alguns estados como Alagoas e Bahia não há registro de vagas para mulheres, e no Sergipe são ínfimas. Na Região Norte, o Pará detém a maior parte das vagas destinadas a homens, enquanto no Acre há registro de diminutas vagas destinadas às mulheres. Na Região Centro-Oeste, o estado de Mato Grosso lidera o número de vagas para presos provisórios do sexo masculino, enquanto no vizinho Mato Grosso do Sul não há registro de vagas desse tipo para mulheres. Na Região Sudeste, o estado de São Paulo sozinho tem mais vagas disponíveis para homens do que todos os outros três estados juntos, liderando também a oferta de vagas para mulheres. Por fim, na Região Sul, contrariando a expectativa, por ser demograficamente o menor, é o estado de Santa Catarina que lidera a oferta de vagas provisórias, tanto para homens quanto para mulheres.

No que diz respeito à população prisional provisória na esfera da Justiça Estadual, as estatísticas indicam que na Região

Nordeste, Pernambuco lidera a oferta de vagas muito à frente dos demais estados tanto para homens quanto mulheres. Na Região Norte, as redes estaduais do sistema prisional têm destaque para o estado do Pará, sendo que na Região Centro-Oeste é o estado de Goiás que lidera a oferta para homens, enquanto Mato Grosso do Sul, para mulheres por pequena margem. Na Região Sudeste, como indica o senso comum, o estado de São Paulo detém mais vagas para homens do que todos os outros estados, porém é Minas Gerais que oferta mais vagas para mulheres. Por fim, na Região Sul a maior parcela das vagas está no Rio Grande do Sul, tanto para homens quanto para mulheres.

O quadro a seguir indica a sobretaxa de ocupação em termos de presos provisórios relativos às vagas disponíveis. Observe-se que tanto para homens quanto para mulheres a taxa de ocupação praticamente dobra em vista das vagas disponíveis.

Sexo	Vagas	Presos provisórios	Proporção
Masculino	109523	210710	192,38%
Feminino	6427	11266	175,29%
Total	115950	221976	191,44%

QUADRO 12 - SÍNTESE DAS TAXAS DE OCUPAÇÃO
FONTE: Infopen (2014). Compilação do autor

Após descrever em linhas gerais a disponibilidade do sistema prisional no que tange à prisão provisória, podemos passar aos dados centrais da pesquisa, que residem nos casos de presos provisórios com mais de 90 dias de prisão. Convém aqui discernir os prazos máximos previstos para a prisão preventiva. Legalmente ela não poderá ultrapassar 180 dias quando for decretada no decurso da investigação ou antes da sentença condenatória recorrível. Doutra sorte terá como prazo máximo 360 dias se for decretada ou tiver seu efeito prorrogado por ocasião da sentença condenatória recorrível. Em caráter excepcional esses prazos podem ser prorrogados, quando na avaliação do juiz couber, mas nesse caso ele terá por obrigação indicar de saída qual deverá ser o prazo de duração da medida. Estabelece também o ordenamento jurídico que a prisão preventiva que exceder a 90 dias deverá passar por reexame do juiz ou tribunal de competência, que pode dar prosseguimento ou não após verificar se há persistência dos motivos causais ou mesmo substituir por medida cautelar diversa. Sendo então esse prazo de 90 dias uma espécie de "módulo penal", será utilizado neste estudo como referência para a aplicação do referido instituto da prisão preventiva. O quadro a seguir sintetiza a taxa de detenção provisória por mais de 90 dias. Observe-se que tanto para homens quanto para mulheres a taxa de detenção dessa modalidade acima de 90 dias gira em torno de 15%, ou seja, para cada conjunto de 100 detentos provisórios cerca de 15 estão detidos a mais de 90 dias.

Sexo	Presos provisórios	A mais de 90 dias	Proporção
Masculino	210710	30569	14,50%
Feminino	11266	1705	15,14%
Total	221976	32274	14,53%

QUADRO 13 - SÍNTESE DAS TAXAS DE PRISÕES PROVISÓRIAS A MAIS DE 90 DIAS

FONTE: Infopen (2014). Compilação do autor

Na Região Nordeste, o estado do Ceará é o que detém o maior número de homens e mulheres detidos em regime provisório a mais de 3 meses. Piauí e Alagoas possuem baixos indicadores nesse quesito.

Na Região Norte, o Amapá lidera as estatísticas de presos provisórios com mais de 90 dias de detenção, tanto para homens quanto para mulheres. Por outro lado, Pará, a despeito da proporção demográfica, indica baixos quantitativos no cômputo geral.

Na Região Centro-Oeste, o Mato Grosso é o estado com mais detentos nessa condição de provisoriedade a mais de 90 dias, enquanto o Distrito Federal tem reduzido números para homens e mulheres e Goiás poucos casos para mulheres.

Na Região Sudeste não dispomos de dados sobre o estado de São Paulo, o que dificulta a comparação a nível regional ou nacional. Contudo é digno de nota que o estado do Rio de Janeiro não apresenta nas estatísticas mulheres na condição de presas provisórias com mais de 90 dias e reduzido número de homens nessa condição quando comparado com Minas Gerais e Espírito Santo, aliás cabendo registro de que esse último, a despeito de ser o menor estado da região, detém o maior número de casos registrados para homens e mulheres (ressalvado, como mencionado, a falta de dados sobre São Paulo).

Por fim, na Região Sul do Brasil, os presos provisórios com mais de 90 dias de detenção têm relativa proporcionalidade entre os estados, tanto no caso de homens quanto de mulheres. A maior incidência no caso de homens cabe ao Rio Grande do Sul, enquanto para mulheres é Santa Catarina que guarda a maioria.

Em suma, verifica-se por todo o País que o instituto da prisão preventiva já se estabeleceu como parte da norma vigente em termos de cultura judicial e vem se transformando em sentença contra o sujeito sobre o qual recai a suspeita de crime a despeito da intencionalidade manifesta da legislação em ser instrumento de defesa e proteção para garantia do curso previsto no escopo do processo penal.

Considerações finais

Na perspectiva weberiana, vimos que a análise deve contrapor a projeção legal e sua efetivação prática no contexto social. No campo ideal, Max Weber destaca que a racionalização do mundo da vida leva à formação das práticas burocráticas impessoais, de tal forma que o funcionário não segue mais seus instintos, mas sim rotinas previamente estabelecidas nas normas e regulamentos que devem ser de conhecimento público. Contudo o mesmo autor nos adverte que o processo de racionalização no campo do direito não encontra correspondência no reconhecimento generalizado da validade das normas e, portanto, também não enseja dos indivíduos atenção a elas.

Abre-se então espaço para a vigência de práticas patrimonialistas, nas quais a disciplina das regras formais é substituída pela tradição, pelo privilégio, pelas relações de poder e a "boa vontade" das partes envolvidas. No campo das instituições penais, o que se percebe é que internamente tanto o quadro administrativo quanto detentos apropriam-se da institucionalidade negociando seus interesses conforme a dinâmica de poder. Acima disso paira um Leviatã que meticulosamente gerencia os modos sociais de produção do crime e da criminalidade, conduzindo parcelas significativas da população pobre ao cárcere.

O caso do excesso de emprego de prisões de tipo provisório, evidencia-se que o ordenamento jurídico está sob o jugo do Estado patrimonialista, ao invés de representar a égide do Estado de Direito. Ao invés de auferir seu objetivo de proteger o acusado, torna-se em mecanismo de antecipação de pena à revelia do processo penal em si, levando a uma superlotação do sistema prisional que, longe de ser acidental, é mesmo o resultado de uma prática elaborada no seio de uma sociedade que prevê ressocialização, mas provê a exclusão social como forma de controle das classes subalternizadas.

Referências

BRASIL. *Código de Processo Penal*, Decreto-lei n. 3.689, de 3 de outubro de 1941.

______. *Código de Processo Penal, relativos à prisão processual, fiança, liberdade provisória, demais medidas cautelares*, Lei n. 12.403, de 2011.

FONSECA, Karina Prates da. (Re)Pensando o crime como uma relação de antagonismo entre seus autores e a sociedade. *Psicol. cienc. prof.*, Brasília, v. 26, n. 4, p. 532-547, dez. 2006.

FREUND, Julien. *Sociologia de Max Weber*. Rio de Janeiro: Forense Universitária, 2006.

GOHN, Gabriel. *Max Weber*: Sociologia, 7. ed., 5. Impr. São Paulo: Ática, 2003.

MATSUDA, Fernanda Emy. A centralidade da prisão provisória na gestão dos ilegalismos. ENCONTRO ANUAL DA ANPOCS, 39. GT n. 42. Violência, criminalidade e punição no Brasil. Caxambu, 2015. *Anais...*

MINISTÉRIO DA JUSTIÇA DO BRASIL. *Levantamento Nacional de Informações Penitenciárias – Infopen*. Brasília 2011.

______. *Levantamento Nacional de Informações Penitenciárias* – Infopen. Brasília, 2014.

MONTEIRO, Felipe Mattos; CARDOSO, Gabriela Ribeiro. A seletividade do sistema prisional brasileiro e o perfil da população carcerária: um debate oportuno. *Civitas*, Porto Alegre, v. 13, n. 1, p. 93-117, jan.-abr. 2013.

RIESEBRODT, Martin. A ética protestante no contexto contemporâneo. *Tempo soc.*, São Paulo, v. 24, n. 1, p. 159-182, 2012.

SELL, Carlos Eduardo. Máquinas petrificadas: Max Weber e a sociologia da técnica. *Sci. stud.*, São Paulo, v. 9, n. 3, p. 563-583, 2011.

______. Racionalidade e racionalização em Max Weber. *Rev. bras. Ci. Soc.*, São Paulo, v. 27, n. 79, p. 153-172, jun. 2012.

______. Weber no Século XXI: desafios e dilemas de um paradigma weberiano. *Dados*, Rio de Janeiro, v. 57, n. 1, p. 35-71, mar. 2014.

SILVEIRA, Daniel Barile da. Max Weber e Hans Kelsen: a sociologia e a dogmática jurídicas. *Rev. Sociol. Polit.*, Curitiba, n. 27, p. 171-179, nov. 2006.

TAVARES, Gilead Marchezi; MENANDRO, Paulo Rogério Meira. Atestado de exclusão com firma reconhecida: o sofrimento do presidiário brasileiro. *Psicol. cienc. prof.*, Brasília, v. 24, n. 2, p. 86-99, jun. 2004.

WEBER, Max. *Economia e sociedade:* fundamentos da sociologia compreensiva. Tradução de Regis Barbosa e Karen Elsabe Barbosa; Revisão técnica de Gabriel Cohn. Brasília, DF: Editora Universidade de Brasília: São Paulo: Imprensa Oficial do Estado de São Paulo, 1999.

VIGNA, Ana. Burocracia atrás das grades: a aplicação da norma no sistema prisional. ENADIR – ENCONTRO NACIONAL DE ANTROPOLOGIA DO DIREITO, 4. GT. n. 1: Antropologia nas prisões: sobrecargas de segregações. São Paulo, 2015. *Anais...*

SOBRE OS AUTORES

André Luiz Augusto da Silva - andre0luiz@gmail.com

Assistente Social pela (UFPE), Especialista em Segurança Pública (PUC-RS), Especialista em Segurança Pública na Sociedade Democrática (ULBRA-RS), Mestre em Serviço Social (UFPE), Doutor em Serviço Social (UFPE), Professor Adjunto III da UFT, Diretor do Câmpus UFT de Miracema do Tocantins, Coordenador do Grupo de Estudos e Pesquisas em Ética e Área Sociojurídica da UFT – (GEPE-ASJ-UFT), membro conselheiro do Conselho Penitenciário do Tocantins – Representando o CRESS 25ª, membro conselheiro do Comitê de Educação nas Prisões do Tocantins – representando a UFT, Pesquisador (IPEA, SAL/MJ, CNPQ), Autor e Consultor nas áreas de: Segurança Pública; Sistema Prisional; Assistência Social ; Sociojurídico e Habitação, Estudante de Filosofia da UFT.

Marcos Aurélio Sloniak - matungo@terra.com.br

Mestre em Direito pelo UNICEUB, Especialista em Segurança Pública pela PUCRS, em Gestão de Pessoas pela UFRRJ e em Planejamento de EaD pela UFF, é policial civil no Distrito Federal, com experiência em Execução Penal, tutor da SENASP e da Escola Nacional de Serviços Penais.

Sabrina Celestino - sabrina.celestino@uft.edu.br

Assistente Social (UFF-Niterói), Mestre em Serviço Social (FSS/UERJ), Doutora em Serviço Social (PPGSS-PUC RIO). Professora do Colegiado de Serviço Social da Universidade Federal do Tocantins (UFT). Líder do Grupo de Estudos e Pesquisas em Política Social, Direitos Humanos e a Atuação Profissional do Assistente Social.

André Luiz Augusto da Silva Filho – andre_luiz_128@yahoo.com.br

Bacharel em Direito (Faculdade de Direito do Recife – UFPE); advogado (OAB/PE); Especialista em Direito e Processo do Trabalho (Faculdade de Direito Damásio de Jesus – FDDJ-SP); Membro Pesquisador do GEPE-ASJ-UFT.

Samuel Correa Duarte - samuelcorrea@uft.edu.br

Bacharel em Ciências Sociais pela Universidade Federal de Minas Gerais, área de concentração: Sociologia. Mestre em Ciência Política pela Universidade Federal de Minas Gerais, área de concentração: Política Internacional e Comparada. Mestre em Desenvolvimento e Planejamento Territorial pela Pontifícia Universidade Católica de Goiás, área de concentração: Economia e Desenvolvimento Territorial Doutorando em Sociologia pela Universidade Estadual do Ceará, área de concentração: Mobilizações Sociais, Campo e Cidade Principais Atividades Acadêmicas (graduação em Ciências Sociais 1998 - 2001) Monografia de conclusão de curso de graduação em Sociologia versando sobre o tema geral; mudança social, envolvendo os itens; criminalidade e religião, com o título; Vida Bandida, desenvolvida sob orientação do Professor Dr. Paulo Henrique Ozório Coelho. Principais Atividades Acadêmicas (mestrado em Ciência Política 2002 - 2004) Dissertação de mestrado sobre o tema; segurança internacional, com ênfase no contexto latino americano, com o título El Condor Pasa: a guerra na fronteira entre Peru e Equador, desenvolvida sob orientação do Professor Dr. Marco Aurélio Chaves Cepik. Principais Atividades Acadêmicas (mestrado em Desenvolvimento e Planejamento Territorial 2014-2016) Dissertação de mestrado sobre o tema; política agrícola; e agronegócio, no contexto do cerrado tocantinense, com o título Avaliação do Programa de Desenvolvimento do Oeste do Tocantins (PRODOESTE), desenvolvida sob orientação da Professora Margot Riemann Costa e Silva. Principais Atividades Acadêmicas (doutorado em Sociologia 2017-) Elaboração de Tese sobre o tema Avaliação do Programa de Desenvolvimento do Oeste do Tocantins - PRODOESTE: limites da política desenvolvimentista pautada na expansão do agronegócio, em desenvolvimento sob orientação da Professora Dra. Liduína Farias Almeida da Costa, Professor Assistente da UFT.

Carlos Mendes Rosa - carlosmendesrosa@gmail.com

Doutor em Psicologia Clínica pela PUC-Rio, Mestre em Psicologia Clínica pela PUC-Rio, Especialista em Psicopatologia Clínica pela Universidade Paulista, Professor Adjunto da Universidade Federal do Tocantins (UFT), Docente do Programa de Pós-Graduação em Ensino em Ciências e Saúde da UFT, Coordenador do Curso de Psicologia da UFT – Câmpus de Miracema, Pesquisador Associado do Laboratório Interdisciplinar de Pesquisa e Intervenção Social (LIPIS) da PUC-Rio, Psicólogo.

Junia Vilhena - vilhena@puc-rio.br

Doutora em Psicologia Clínica. Professora do Programa de Pós-Graduação em Psicologia Clínica da Pontifícia Universidade Católica do Rio de Janeiro (PUC-Rio), Coordenadora do Laboratório Interdisciplinar de Pesquisa e Intervenção Social (LIPIS) da PUC-Rio, Membro do GT da ANPEPP "Psicanálise e clínica ampliada", Membro da Associação Universitária de Pesquisa em Psicopatologia Fundamental, membro associado da Euroscience Organization, Investigadora-colaboradora do Instituto de Psicologia Cognitiva da Universidade de Coimbra, Pesquisadora correspondente do Centre de Recherches Psychanalyse et Médecine, CRPM-Pandora. Université Denis-Diderot Paris VII, Psicanalista, membro efetivo do Círculo Psicanalítico do Rio de Janeiro-CPRJ.

Maria Helena Zamora - zamoramh@gmail.com

Doutora em Psicologia Clínica pela PUC-Rio, Mestre em Psicologia Clínica pela PUC-Rio, Professora do Programa de Pós-Graduação da PUC-Rio, Vice-coordenadora do Laboratório Interdisciplinar de Pesquisa e Intervenção Social (LIPIS) da PUC-Rio, Membro da Associação Nacional de Pesquisa e Pós-Graduação em Psicologia (ANPEPP) e da Associação Brasileira de Psicologia Social (ABRAPSO), Psicóloga.

João Pedro Gaspar - gasparjp@fpce.uc.pt

Pós-doutorando em Educação Social, Doutor em Psicologia da Educação pela Faculdade de Psicologia e Ciências da Educação da Universidade de Coimbra, Mestre em Geociências, Licenciado em Geologia pela Faculdade de Ciências e Tecnologia da Universidade de Coimbra; Investigador do Instituto de Psicologia Cognitiva (IPCDHS/FPCE) – Universidade de Coimbra (FCT) e do Centro de Estudos Interdisciplinares do Século XX – CEIS XX (GRUPOEDE) da Universidade de Coimbra, Pesquisador Associado do Laboratório Interdisciplinar de Pesquisa e Intervenção Social – PUC-Rio, Supervisor de equipes técnicas e educativas em Casas de Acolhimento de crianças em risco, Mentor e Coordenador da Plataforma PAJE – Apoio a Jovens (Ex) acolhidos, Professor.

Gislane Santos - gislane_santos2011@hotmail.com

Mestranda no Programa de Pós-Graduação em Sociologia da Universidade do Estadual do Ceará (PPGS/UECE), bacharel em Serviço Social (PPGS/UECE).

Pedro Jorge Chaves Mourão - pjmourao_cs@hotmail.com

Doutorando em Sociologia (UECE), Mestre em Sociologia pela Universidade Federal do Ceará (UFC), Graduado em Ciências Sociais pela Universidade Estadual do Ceará (UECE), Professor Efetivo da Universidade Estadual do Tocantins (UNITINS).

Maicon Rodrigo Tauchert - maicon_rodrigo_tauchert@hotmail.com

Doutorando em Desenvolvimento Regional pela Universidade Federal do Tocantins – UFT, mestrado em Direito pela Universidade Regional do Alto Uruguai e das Missões de Santo Ângelo – RS, especialização em Direito Eletrônico e Tecnologia de Informação pelo Centro Universitário da Grande Dourados – MS, especialização em Metodologia da Pesquisa e do Ensino Superior pela FAPLAN/Anhaguera, Passo Fundo – RS, especialização em Docência do Ensino Superior, pela FacPortal de Passo Fundo – RS, graduação em Direito pela Universidade de Cruz Alta – RS, professor pesquisador de graduação e pós-graduação. Professor Pesquisador da Faculdades Objetivo e FAPAL, professor pesquisador da Escola Superior da Magistratura Tocantinense – ESMAT, professor colaborador da UFT/Palmas, colaborador do Poder Judiciário, Ministério Público, Defensoria Pública e Polícias Civil e Militar do Estado do Tocantins, sócio fundador e conselheiro da PROCER Organização, escritor, consultor jurídico e conferencista, em Filosofia e Sociologia do Direito, concentra atenção especial em suas pesquisas e reflexões com Direito e Multiculturalismo e Direito e Autopoiése. Desenvolve ensino, pesquisa e extensão em Teoria do Estado, do Direito e da Sociedade, Direito Constitucional e em Formas Não Adversariais em Resolução de Conflitos. Atua na área de Direito Constitucional e Formas Não Adversariais de Resolução de Conflitos. Responsável pela implantação e coordenação do Núcleo de Estudos em Negociação, Mediação, Conciliação e Justiça Restaurativa – NEMCONJUR, coordenador do Grupo de Pesquisa em Estado, Sociedade e Direito: tratamento não adversarial em resolução de conflitos como paradigma emergente de justiça para o século XXI, coordenador do Programa Justiça Comunitária. Coordenador do Programa Justiça pelo Consenso e Práticas Restaurativas. Membro do Núcleo Multidisciplinar U.T.P.B.G. Colaborador do Núcleo Permanente de Métodos Consensuais – NUPEMEC – TJ/TO e da criação dos CEJUSCs do Estado do Tocantins e do Núcleo Estadual de Justiça Restaurativa – TJ/TO. Autor de livros, artigos e projetos sociais na área do Direito. Parecerista da Revista Eletrônica do Curso de Direito e da Revista Direitos Emergentes na Sociedade Global, ambas da Universidade Federal de Santa Maria/RS – UFSM, parecerista da Revista Quaestio Iuris da Universidade Estadual do Rio de Janeiro – UERJ, parecerista da Fundação Getúlio Vargas – FGV.

Léia Lediane Gross - leialediane@hotmail.com

Bacharel em Serviço Social (UFT), Membro Pesquisadora do GEPE-ASJ-UFT. Assistente Social do CREAS da Prefeitura de Guaraí – TO.

Felipe Alves da Silva - felipealves@uft.edu.br

Estudante do curso de Serviço Social da Universidade Federal do Tocantins e Membro Pesquisador do GEPE-ASJ-UFT.

Denildes Amaro da Silva - denildessilva@hotmail.com

Especialista em Direito da Educação – IAPE, Bacharel em Direito na Universidade Brás Cubas – SP, Advogada OAB-PE; Membro Pesquisadora do ARCUS-UFPE, Advogada do CRESS 4ª Região e da SERES-PE.

Jônatan Martins dos Santos - onatanstronda91_@hotmail.com

Estudante do curso de Serviço Social da Universidade Federal do Tocantins e Membro Pesquisador do GEPE-ASJ-UFT.

Wellington Macedo Coutinho – wellington_mix@live.com

Estudante do Curso de Serviço Social da Universidade Federal do Tocantins e Membro Pesquisador do GEPE-ASJ-UFT.

Sabrina Katyelly Martins Fontinelle - sabrinafontenelle23@hotmail.com

Estudante do curso de Serviço Social da Universidade Federal do Tocantins e membro Pesquisadora do GEPE-ASJ-UFT.

Rodrigo Barbosa e Silva - rodrigo.bs@unitins.br

Doutor em Comunicação (UFBA), Mestre em Educação (PUC/SP), Pedagogo (UNESP), Professor Titular da Universidade Estadual do Tocantins – UNITINS.

Christiane Russomano Freire - christianerussomano@gmail.com

Pós-doutoranda em Ciências Sociais pela PUCRS, Doutora em Ciências Criminais pela PUC-RS, Professora do Programa de Especialização em Direito Penal, Processo Penal com ênfase em Segurança Pública na Universidade Ritter dos Reis, Poa/RS.

Valcelir Borges da Silva - valcelirbs@gmail.com

Doutorando em Sociologia pela Universidade de Brasília (UnB), Mestre em Ciências do Ambiente (UFT), Especialista em Metodologia do Ensino e da Pesquisa em Matemática e Física (FIA-SP), licenciado em Matemática (UEPA), Professor efetivo do quadro da Secretaria de Educação do Estado do Tocantins, Pesquisador no Grupo de Pesquisa Lattes/CNPq "Educação, Cultura e Transversalidade", Presidente do Comitê Estadual de Educação nas Prisões do Tocantins, membro do Fórum Permanente Estadual de Educação de Jovens e Adultos e Diretor de Políticas e Projetos de Educação para o Sistema Prisional da Secretaria de Cidadania e Justiça do Estado do Tocantins.